राष्ट्रीय स्वयंसेवक संघ

अतीत और भविष्य

राष्ट्रीय स्वयंसेवक संघ

अतीत और भविष्य

समीर चौगाँवकर

वाणी प्रकाशन

प्रकाशन के उत्कृष्टतम 61 वर्ष

vaniprakashan.com

पेपरबैक पहला संस्करण : 2024

वाणी प्रकाशन

4695, 21-ए, दरियागंज, नयी दिल्ली-110 002

फ़ोन : +91 11 23273167, 23275710

शाखाएँ

अशोक राजपथ, पटना-800 004, बिहार

कॉफ़ी हाउस कैम्पस, महात्मा गांधी मार्ग, प्रयागराज-211 001, उत्तर प्रदेश

महात्मा गांधी अन्तरराष्ट्रीय हिन्दी विश्वविद्यालय, वर्धा-442 001, महाराष्ट्र

36/ए, शेक्सपियर सरणी, रानी बिरला गर्ल्स कॉलेज के पास, कोलकाता-700 017, प. बंगाल

sales@vaniprakashan.in
vaniprakashan@gmail.com

Rashtriya Swayamsevak Sangh : Ateet aur Bhavishya
by Sameer Chougaonkar

ISBN : 978-93-5775-461-3
History

मूल्य : ₹ 399

जी.एस. ऑफ़सेट द्वारा दिल्ली-110 095 में मुद्रित

वाणी प्रकाशन का लोगो मक़बूल फ़िदा हुसेन की कूची से

अपना जीवन समर्पित कर
देश और दुनिया में संघ कार्य में जुटे
'राष्ट्रीय स्वयंसेवक संघ'
के स्वयंसेवकों को समर्पित

अनुक्रम

नागपुर में केशव का बचपन और राष्ट्रप्रेम का प्रदर्शन

केशव बलिराम हेडगेवार के पूर्वज आंध्र प्रदेश के निज़ामाबाद ज़िले की बोधन तहसील के कन्दकुर्ती नामक गाँव में रहते थे। कन्दकुर्ती नाम का यह गाँव महाराष्ट्र और आन्ध्र प्रदेश की सीमा पर इन्दूर (निज़ामाबाद) ज़िले के बोधन ताल्लुके में स्थित है। बलिराम हेडगेवार के परिवार में वेदों और शास्त्रों का अध्ययन कुल की परम्परा थी और परिवार के सभी सदस्य वेदों और शास्त्रों में पारंगत माने जाते थें। वेदों में पारंगत होने के साथ ही शारीरिक सुदृढ़ता भी इस कुल की पहचान थी।

उस समय हैदराबाद में निज़ाम का शासन था और निज़ाम के शासन में हिन्दुओं को प्रताड़ित करने और सार्वजनिक रूप से अपमानित करने के साथ ब्राह्मणों को मिल रही प्रताड़ना से परेशान होकर हिन्दुओं के एक बड़े वर्ग ने निज़ाम के शासन से दूर जाने का मन बना लिया था। इनमें से एक केशव के पूर्वज भी थे, जिन्होंने निज़ाम राज को छोड़कर भोसले शासित नागपुर को अपना निवास बनाया।

नागपुर आने के बाद हेडगेवार घराने ने कुछ ही दिनों में अपनी विद्वता, अपने ज्ञान और अपने मिलनसार व्यवहार और लोगों के सुख-दुःख में सहभागी होने के कारण प्रतिष्ठा और सम्मान अर्जित कर लिया। हेडगेवार कुल को नागपुर में अपने व्यवहार और ज्ञान के कारण सम्मान और राज्य का संरक्षण दोनों प्राप्त हुआ। नागपुर में वेदों के अध्ययन और अध्यापन से सन्तुष्ट जीवन व्यतीत कर रहे वेदमूर्ति बलिराम पन्त हेडगेवार और रेवतीबाई हेडगेवार को छह सन्तानें हुईं। छह सन्तानों में तीन पुत्र और तीन पुत्रियाँ थीं।

बलिराम पन्त हेडगेवार के सबसे बड़े बेटे का नाम महादेव था। महादेव के बाद दो बेटिया हुईं। एक का नाम राजू और दूसरी बेटी का नाम शरयू था। इन दो बेटियों के बाद एक पुत्र हुआ जिसका नाम सीताराम रखा गया। इसके बाद एक बेटी रंगू और एक बेटा हुआ जिसका नाम केशव रखा गया। जिस दिन केशव का नागपुर में जन्म हुआ, उस दिन गुड़ी पड़वा था और तारीख़ थी 1 अप्रैल 1889। दिल्ली में

ईस्वी सन् 1206 में विदेशी शासन की नींव पड़ने के 683 वर्ष बाद केशव बलिराम हेडगेवार का जन्म हुआ था। भारत के लिए सात शताब्दियों लम्बा यह समय हर तरह से विपत्ति-काल था। आमतौर से इसे भारत के हिन्दू राजाओं की हार और तुर्क, अफ़ग़ान और पठानों की विजय और फिर अंग्रेज़ों के राज के रूप में देखा जाता है।

नागपुर में जिस समय केशव का जन्म हुआ, उस समय केशव के पिता बलिराम पन्त हेडगेवार अपनी बुद्धिमता और अपने व्यवहार से शहर में प्रतिष्ठा हासिल कर चुके थे। नागपुर में उनका नाम सम्मान से लिया जाता था। बलिराम पन्त हेडगेवार की आर्थिक स्थिति अच्छी न होने के बाद भी वे बेहद स्वाभिमानी थे। बलिराम पन्त ने ॠग्वेद का अच्छा अध्ययन किया था। यह वह समय था जब अंग्रेज़ो के शासन के अत्याचारों का असर नागपुर में भी पड़ने लगा था। अंग्रेज़ों की ज़्यादातियों और ब्राह्मणों को परेशान करने के कारण नागपुर के ब्राह्मणों की स्थिति ख़राब होने लगी। केशव के पिता बलिराम भी इससे अछूते नहीं रहे और घर की आर्थिक स्थिति ख़राब होने लगी। आर्थिक तकलीफ़ों में आने के बाद भी बलिराम हेडगेवार ने धैर्य और हिम्मत के साथ अपना सम्मान बनाये रखते हुए परिवारिक भरण पोषण और बच्चों की शिक्षा के लिए दिन-रात मेहनत करते रहे। अपने स्वभाव के अनुसार बलिराम ने लोगों की यथासम्भव मदद करने का काम जारी रखा और इस बुरे समय में भी उन्होंने परिवार में वेद अध्ययन की परम्परा को बनाये रखा और आर्थिक स्थिति ख़राब होने के बाद भी उन्होंने अपने बच्चों के वेद अध्ययन और शिक्षा जारी रखी।

वेदमूर्ति बलिराम हेडगेवार ने आर्थिक स्थिति ख़राब होने के बाद भी अपने बच्चों को शिक्षा देने में कोई कसर नहीं छोड़ी और उनको अच्छी शिक्षा देने का हर सम्भव प्रयास किया। बलिराम हेडगेवार ने अपने सबसे छोटे बेटे केशव का नाम संस्कृत पाठशाला में लिखवाया था। बलिराम पन्त परम्परागत मूल्यों, धार्मिक रीति रिवाज़ों एवं कर्मकाड़ों को बहुत महत्त्व देते थे। बालक केशव पाठशाला जाने लगा था। घर में भी केशव सभी श्लोक, रामरक्षा का पाठ नियमित करता था। केशव का प्राथमिक शिक्षण होने के पूर्व ही केशव के बड़े भाई सीताराम को अंग्रेज़ी पाठशाला में न भेजते हुए नागपुर के श्रीरुक्मिणी मन्दिर में स्थित वेदशाला में भर्ती करवा दिया गया। यह वेदशाला प्रसिद्ध विद्वान नानाजी वझे की देखरेख में चल रही थी। कुल की परम्परा के अनुसार केशव को भी प्राथमिक शिक्षण के उपरान्त उसी वेदशाला में जाना चाहिए था, परन्तु केशव की कुशाग्र बुद्धि और प्रतिभा को जल्द ही केशव के पिता ने पहचान लिया और यह तय कर लिया कि केशव को अंग्रेज़ी शिक्षा में

दाख़िला करायेंगे और केशव का नाम नागपुर के महल में स्थित प्रसिद्ध नील सिटी स्कूल में दर्ज करवा दिया।

नील सिटी स्कूल में दाख़िल होने के पूर्व ही बालक केशव के मन में देशभक्ति के विचार अंकुरित होने लगे थे। स्कूल में पढ़ाए जाने वाले छत्रपति शिवाजी महाराज के चरित्र को केशव पूरे मनोयोग से सुनता था और आत्मसात् करता था। महाराष्ट्र में छत्रपति शिवाजी की वीरता की गाथा घर-घर में सुनी और सुनायी जाती थी। केशव के स्कूल में भी देशभक्त शिक्षक छात्रों को उनके जीवन की घटनाएँ एवं शौर्य के प्रसंग रोचक ढंग से सुनाते थे। शिवाजी की गौरव गाथा सुनकर बचपन में ही केशव के जीवन पर शिवाजी की वीरता, संकल्प-शक्ति एवं देश-प्रेम का भाव घर कर गया था। नागपुर में लोक-कलाओं के कलाकार, मन्दिरों के कथावाचक, स्कूलों के देशभक्त शिक्षक छात्रों को बताते थे कि किस तरह हमारी एकजुटता के अभाव और राजाओं की गद्दारी से देश-गुलाम बना। अंग्रेज़ों के आतंक और देशभक्तों पर होने वाले ज़ुल्मों की कहानियाँ केशव बलिराम हेडगेवार बचपन से गम्भीरता से सुनते थे। अंग्रेज़ों के ज़ुल्म और देश में अंग्रेज़ों के आतंक के क़िस्से सुनकर केशव के मन में देशभक्ति और देश के लिए अपना सर्वस्व न्योछावर करने का भाव बचपन से ही उत्पन्न हो गया था। देश को अंग्रेज़ों के शासन से आज़ाद कराने के सपने केशव बलिराम हेडगेवार बचपन से ही देखा करते थे और इसकी झलक केशव के बचपन में ही दिखनी भी शुरू हो गई थी। 22 जून 1897 को ब्रिटेन की महारानी विक्टोरिया के राज्यारोहण के साठ वर्ष पूर्ण होने पर पूरे भारत में जश्न मनाया जा रहा था। उस समय केशव की उम्र सिर्फ़ आठ वर्ष थी। सरकारी आज्ञा से राज्यरोहण के दिन पूरे भारत के हर शहर, गाँव में उत्सव मनाये गये। प्रत्येक स्कूल और विद्यालय में राजनिष्ठा प्रकट करने वाले कार्यक्रम आयोजित किये गये। झण्डे, पताका, हार, तुर्रे, वाद्य नाच, गानों के साथ स्कूली बच्चों को मिठाई बाँटने का कार्यक्रम भी इन समारोह में रखा गया। केशव बलिराम हेडगेवार के स्कूल में भी इंग्लैंड की महारानी और ब्रिटिश सत्ता के गुणगान के कार्यक्रम आयोजित किये गये। बालक केशव बलिराम हेडगेवार ऐसे किसी भी कार्यक्रम में शामिल नहीं हुआ और अपने दोस्तों से भी ऐसे कार्यक्रमों से दूर रहने का आग्रह किया। केशव के स्कूल में भी मिठाई वितरित की गयी। केशव ने मिठाई को खाने से इनकार करते हुए अपने दोस्तो से कहा कि, "यह मिठाई नहीं विष की पुड़िया है। जिन्होंने हमें ग़ुलाम बनाया और हमारे देश पर क़ब्ज़ा कर लिया है, उनकी रानी के समारोह में हमें सहभागी नहीं होना चाहिए और न ही ख़ुशी मनानी चाहिए। यह हमारे लिए ख़ुशी की बात नहीं हैं। ऐसी मिठाई दे-देकर अंग्रेज़ हमें

सदा के लिए ग़ुलाम बनाये रखना चाहते हैं।" केशव ने ख़ुद अपनी मिठाई को फेक दिया और अपने साथी मित्रों से भी मिठाई फेंकने का आग्रह किया। यही स्वाभिमान 1901 में इंग्लैंड के बादशाह एडवर्ड सप्तम के राज्यरोहण के अवसर पर भी केशव के व्यवहार में दिखा। उस दिन नागपुर के एम्प्रेस मिल के मालिकों ने आतिशबाज़ी कर अपनी राजनिष्ठा का परिचय दिया। आतिशबाज़ी को देखने जब केशव की मित्र मण्डली जाने लगी तो केशव ने अपने मित्रों को टोकते हुए कहा कि विदेशी राजा का राज्यरोहण मनाना और उसके आनन्द में सहभागी होना हमारे लिए शर्म की बात है। मैं यह आतिशबाज़ी देखने नहीं जाऊँगा और तुम्हें भी नहीं जाना चाहिए। केशव का यह दृढ़ निश्चय देखकर उसके साथी भी आतिशबाज़ी देखने नहीं गये।

बालक केशव बलिराम हेडगेवार के अन्दर ऐसे देशभक्ति से ओतप्रोत विचार बचपन में ही दिखने लगे थे। देशभक्ति का भाव और विदेशी शासन के विरोध का विचार केशव के मन में बचपन से ही था। 'केसरी' में छपे तिलक के लेखों और उनके आह्वान– 'स्वराज मेरा जन्मसिद्ध अधिकार है'– से केशव अत्याधिक प्रभावित थे। मातृभूमि के लिए सबकुछ न्योछावर कर देने का भाव और संकल्प केशव हेडगेवार के मन में बचपन से था। अपने निजी जीवन और स्वार्थ का उनके जीवन में बचपन से ही कोई स्थान नहीं था। बचपन ही की अपने देश को अपना जीवन अर्पित करने का संकल्प ले चुके केशव हेडगेवार ने आगे जाकर अविवाहित रहने का निर्णय किया और सारा जीवन हिन्दू समाज को संगठित करने में लगा दिया।

राष्ट्रभक्ति से ओतप्रोत केशव के मन में उन दिनों नागपुर के सिताबर्डी के क़िले पर अंग्रेज़ों का यूनियन जैक फहरता देख बड़ी पीड़ा होती थी। केशव ने सोचा–क्यों न इस यूनियन जैक की जगह भगवा ध्वज लहरा दिया जाये? जिससे क़िला फ़तह हो जायेगा। बालक केशव ने अपने मन में आये विचार को अपने क़रीबी मित्रों से साझा किया और इस योजना को मूर्त रूप देने के लिए मित्रों के साथ योजना बनाने लगे। विचारविमर्श के बाद केशव और उनके मित्रों की टोली में इस बात पर सहमति बनी कि एक सुरंग बनाकर क़िले तक जाने का रास्ता बनाया जाये। केशव और उसके सहपाठी छात्रों ने वझे गुरुजी की पढ़ने के कमरे में से सुरंग खोदना आरम्भ किया। केशव और उसकी टोली गुरुजनों की नज़रों से बचकर कमरे में सुरंग खोदने का काम करते थे। सुरंग खोदने के लिए छात्र कमरे को अक्सर बन्द रखते थे। वझे गुरुजी को छात्रों का कमरा जब अधिकांश समय बन्द दिखने लगा तो उन्हे शंका हुई और वे जब अपनी शंका को दूर करने कमरे में दाख़िल हुए तो वे अचम्भित रह गये। कमरे में काफ़ी बड़ा और गहरा गड्ढा देखकर गुरुजी वझे ने गड्ढा खोदने

का कारण पूछा तो केशव ने सच्चाई बता दी। केशव से सच्चाई जानने के बाद वझे गुरुजी ने छात्रों को पढ़ाई पर ध्यान देने और इस तरह की गतिविधि से दूर रहने की हिदायत दी। लेकिन वझे गुरुजी भी मन ही मन केशव के अन्दर इतने कम उम्र में देशभक्ति को देखकर गर्व का अनुभव कर रहे थे और इस बात का ज़िक्र उन्होंने केशव के कलकत्ता डॉक्टरी पढ़ने जाने के दौरान केशव के बचपन को याद करते हुए अपने मित्रों के साथ साझा किया था।

सन् 1903 में नागपुर में प्लेग का भयंकर प्रकोप हुआ था। उस समय केशव हेडगेवार 14 साल के थे। प्लेग के कारण नागपुर में बड़ी संख्या में लोग मौत के मुह में समा रहे थे। अंग्रेज़ सरकार लोगों की मदद को लेकर उदासीन थी। नागपुर में प्लेग ने विकराल रूप धारण कर लिया था। ऐसे मुश्किल समय में आसपास हो रही मौतों से विचलित हुए बिना केशव के पिता बलिराम हेडगेवार लोगों की हर सम्भव मदद करते रहे। केशव के पिता बलिराम हेडगेवार को इस बात की जरा भी चिन्ता नहीं थी कि इस सेवा-भाव में लिप्त होने के कारण उनको भी प्लेग हो सकता है। अपनी परवाह छोड़कर बलिराम हेडगेवार लोगों की मदद करते रहे हालाँकि बलिराम हेडगेवार अपने परिवार को प्लेग से सुरक्षित रखने के लिए घर के साफ़-सफ़ाई का विशेष ध्यान रखते थे। अपने घर प्लेग का असर न हो, इसकी हर सम्भव कोशिश बलिराम पन्त हेडगेवार ने की। इसके बाद भी दुर्भाग्य से प्लेग ने बलिराम हेडगेवार के घर दस्तक दी। प्लेग से बचने के लिए बलिराम पन्त हेडगेवार अपने परिवार के साथ बड़कर चौक में रहने वाले अपने रिश्तेदार विंचुरे के यहाँ रहने चले गये। यहाँ रहने के बाद भी वे दैनिक पूजा पाठ के लिए अपने घर जाते थे और सामाजिक गतिविधियों में भी हिसा लेते रहे। सामाजिक कर्तव्यों को निभाने के लिए दिन भर भागदौड़ करने के कारण बलिराम पन्त भी एक दिन प्लेग के शिकार हो गये। उनके साथ उनकी पत्नी भी प्लेग की चपेट में आ गईं। विंचुरे परिवार और बलिराम पन्त हेडगेवार के बच्चों ने अपने माता-पिता की जी जान से सेवा की, लेकिन सब व्यर्थ गया। प्लेग की चपेट में आने के कारण बलिराम पन्त हेडगेवार ने और उसी दिन कुछ समय बाद उनकी पत्नी रेवती बाई हेडगेवार ने दम तोड़ दिया। जिस दिन केशव बलिराम हेडगेवार के माता-पिता की मृत्यु हुई, उस समय केशव बलिराम हेडगेवार की उम्र सिर्फ़ बारह वर्ष थी। माता-पिता को एक ही दिन और इतनी कम उम्र में खो देने के बाद बालक केशव ने एक ज़िम्मेदार परिवार के सदस्य के रूप में अपना योगदान देना शुरू कर दिया। माता-पिता के रहते सिर्फ़ पढ़ाई पर ध्यान देने वाले केशव ने माता-पिता को खोने के बाद पढ़ाई के साथ-साथ घर के कामों में भी हाथ

बँटाना शुरू कर दिया। माता-पिता को खोने के बाद परिवार को आर्थिक तंगी से गुज़रना पड़ा। बालक केशव अपने बड़े भाई के साथ घर के काम में अपने सामर्थ्य से अधिक हाथ बँटाने लगा था। इस विपत्ति ने केशव को अधिक दृढ़ और गम्भीर बना दिया। महादेव ने पिता की इच्छा के अनुरूप छोटे भाई सीताराम पन्त को वेद अध्ययन करने के लिए इन्दौर भेज दिया और केशव की शिक्षा नील सीटी स्कूल में जारी रखी। केशव घर की सफ़ाई, पानी भरने और भोजन पकाने में भी मदद करते थे। घर के कामों में हाथ बटाने के बाद भी केशव स्कूल के साथ-साथ अखाड़े में भी अपना समय व्यतीत करते थे। हालाँकि केशव कभी स्कूल में प्रथम नहीं आये लेकिन कक्षा के पहले पाँच बच्चों में वे हमेशा रहते थे।

एक बार केशव के बड़े भाई महादेव ने केशव को भाँग घोटने के लिए कहा। केशव ने इस कार्य को करने से साफ़ मना कर दिया। अपनी आज्ञा न मानने पर नाराज़ महादेव ने केशव की जमकर पिटाई की लेकिन केशव ने मार खाना स्वीकार किया लेकिन भाँग घोटना मंज़ूर नहीं किया। माता-पिता की मृत्यु के बाद बड़े भाई के व्यवहार से केशव का तालमेल नहीं बन पा रहा था। केशव घर के काम में हाथ बँटाकर घर के बाहर अधिकांश रहता था और मित्रों के साथ समाज की स्थिति पर चर्चा करता था। केशव बलिराम हेडगेवाार आर्थिक रूप से कमज़ोर होने के बाद भी नियमित अखाड़े जाते थे। केशव को कसरत का बचपन से शौक़ था। नागपुर में शिवराम गुरु का अखाड़ा राष्ट्रवादी सोच रखने वालों के बीच बेहद लोकप्रिय था। इसी अखाड़े में 1904 में केशव पर डॉ. बी.एस. मुंजे की दृष्टि पड़ी। डॉ. मुंजे क्रान्तिकारी विचारधारा के प्रबल समर्थक एवं तिलक के क़रीबी कार्यकर्ताओं में गिने जाते थे। केशव के इतनी कम उम्र में गम्भीर चिन्तन, प्रतिबद्धता, अनुशासन और राष्ट्र के लिए कुछ करने के विचार से डॉ. मुंजे प्रभावित हुए। यह वही समय था जब केशव डॉ. मुंजे के क़रीब आये। उस समय मुंजे की उम्र 30 वर्ष के क़रीब थी। उनके द्वारा प्रकाशित दो समाचार-पत्र 'केसरी' और 'मराठा' मध्य प्रान्त में और विशेषकर नागपुर में लोकप्रिय थे। राष्ट्रवादी विचारधारा के प्रसार में इन दोनों समाचार-पत्रों का महत्त्वपूर्ण योगदान था। तिलक ने 1902 में नागपुर का दौरा किया था। उस समय केशव को तिलक को सुनने और उन्हें देखने का अनुभव प्राप्त हुअ। केशव कच्ची उम्र से ही 'केसरी' के नियमित पाठक थे और 'केसरी' का पाठक होने के कारण भी उनके मन में तिलक के प्रति अटूट श्रद्धा एवं सम्मान का भाव था। अमरावती में बी.जी. खापर्डे एवं नागपुर में डॉ. मुंजे तिलक की विचारधारा के मुख्य प्रवक्ता थे।

लोकमान्य तिलक ने स्वदेशी को प्रोत्साहित करने और विदेशी सामान का बहिष्कार करने का आह्वान किया। नागपुर में तिलक के इस आह्वान को साकार करने के लिए जो प्रयास हुए उसमें बालक केशव भी तन, मन से जुट गया। नागपुर में स्वदेशी वस्तुओं के प्रचार के लिए आर्य बान्धव वीथिका की स्थापना की गई थी। इसके संस्थापक प्रसिद्ध क्रान्तिकारी पी.एस. खानखोजे थे। डॉ. खानखोजे ने 'केसरी' में अपने लेख में लिखा था कि] "स्वदेशी काम के प्रचार में गणू जोशी, मोरू अभ्यंकर, खरे, सप्रे, बाबू राव सुतार और केशव हेडगेवार जैसे युवाओं का भरपूर साथ मिला"। डॉ. खानखोजे के स्वदेश बान्धव संगठन की ओर से स्वदेशी वस्तुओं का प्रचार करने के लिए नागपुर में आर्य बान्धव विथिका की स्थापना की गयी थी। इसमें हाथ के बने साबुन, बटन, काग़ज़, लिफ़ाफ़ें आदि वस्तुएँ बिक्री के लिए रखी गई थीं। इस दुकान में केशव हेडगेवार बिक्री के लिए भी बैठते थे और स्कूलों और अन्य जगहों पर जाकर स्वदेशी का प्रचार भी करते थे।

मुंजे के साथ ज़्यादा समय रहने के कारण केशव हेडगेवार के मन में क्रान्तिकारी आन्दोलन की प्रवृत्ति जन्म लेने लगी थी। यह सब मुंजे की देखरेख में और अधिकांश मुंजे के घर होता था। 1905 में मुंजे ने 'विद्यार्थी समाज संगठन' की स्थापना की और केशव को स्कूली छात्रों को इस संगठन से जोड़ने की ज़िम्मेदारी सार्वजनिकी गयी। यह वह समय था जब केशव हेडगेवार क्रान्तिकारी विचारधारा के लोगों के साथ उठने-बैठने लगे थे और क्रान्तिकारी गतिविधियों में हिस्सा लेने लगे थे। केशव ने इस दौरान अपने सहपाठियों के साथ विचार-विमर्श कर एक 'चर्चा मण्डल' की स्थापना की थी। इसका उद्देश्य राष्ट्रीय घटनाओं और देश को प्रभावित करने वाले सरकार के निर्णयों पर चर्चा करने के साथ ही युवाओं में क्रान्तिकारी गुणों का विकास करना था। इस कार्य में केशव हेडगेवार की मदद भाऊजी कावरे करते थे। केशव ने इसका नाम 'देशबन्धु समाज' रखा था। वर्धा में 'बान्धव समाज' नामक संस्था खानखोजे के नेतृत्व में चल रही थी। खानखोजे के बान्धव समाज की शाखा नागपुर में भी खुली। केशव हेडगेवार 'बान्धव समाज' से जुड़ गये थे। इसकी दो शाखाएँ थीं। एक शाखा गोपनीय थी, दूसरी सबके लिए खुली थी। मोरोपन्त अभ्यंकर, जमनालाल बजाज एवं भवानीशंकर नियोगी खुली शाखा के सक्रिय सदस्य थे तो खानखोजे और केशव हेडगेवार गुप्त शाखा के नेता थे। इस शाखा को 'समर्थ शिवाजी समाज' के नाम से जाना जाता था। इसका कार्य शस्त्र एकत्रित करना और प्रान्त के विभिन्न भागों में फैले क्रान्तिकारी विचारवाले नौजवानों में समन्वय स्थापित करना था। इसके सदस्यों को मराठी में शपथ दिलायी जाती थी।

"करितो सन्मित्र हो निश्चये
आपल्या पुढ़े या पणा।
अर्पणी देहास देशकार्यी मी
जे रुचे आपणा।"

(हे मेरे मित्र! मैं आपकों गवाह मानकर यह प्रतिज्ञा करता हूँ कि अपनी प्रिय मातृभूमि की सेवा में मैं अपने शरीर और आत्मा को अर्पित करता हूँ।)

वन्दे मातरम् आन्दोलन में केशव हेडगेवार की भूमिका

29 सितम्बर, 1905 को अंग्रेज़ सरकार ने मुसलमानों के तुष्टीकरण के लिए बंगाल को दो हिस्सों में बांटते हुए बंगाल विभाजन की घोषणा कर दी। पूरे देश में इसका तीव्र विरोध हुआ। बंगाल में 16 अक्टूबर को शोक दिवस मनाया गया। पूरे देश ने शोक दिवस का समर्थन किया। देश के साथ-साथ नागपुर में भी अंग्रेज़ों के इस दमनकारी निर्णय के विरोध में आन्दोलन शुरू हुए। नागपुर में केशव हेडगेवार और उनके दोस्तों ने विदेशी कपड़ों की होली जलाने, अंग्रेज़ी वस्तुओं का बहिष्कार करने और स्वदेशी को अपनाने की प्रतिज्ञा ली। डॉ. केशव हेडगेवार उस समय 16 वर्ष की किशोरावस्था में थे और अपने राष्ट्रवादी मित्रों की टोली के साथ तिलक के क़रीबी डॉ. मुंजे के घर उपस्थित होते थे। उस समय मुंजे मध्य भारत के प्रमुख कांग्रेसी नेता थे। मुंजे आगे चलकर 1927 से 1937 तक हिन्दू महासभा के अध्यक्ष भी थे। मुंजे नागपुर के सम्मानित व्यक्ति थे जिनका समाज में बड़ा आदर था। डॉ. मुंजे का केशव हेडगेवार पर अत्याधिक प्रेम था। बंगाल विभाजन के विरोध में युवा छात्र इस आन्दोलन में जमकर भाग लेने लगे। स्वदेशी के प्रचार और वन्दे मातरम् में केशव का मन रम गया। नागपुर में केशव के नेतृत्व में केशव के स्कूल के साथी शाम को सड़कों और चौराहों पर वन्दे मातरम् का नारा लगाते हुए शहर का भ्रमण करते। बंग विभाजन के बाद अंग्रेज़ सरकार ने छात्रों के आन्दोलन करने पर प्रतिबन्ध लगा दिया। सरकार ने एक परिपत्र जारी कर छात्रों की राजनीतिक गतिविधियों और आन्दोलन करने पर पाबन्दी लगा दी गईं। पूरे देश में इसका तीव्र विरोध हुआ। 'वन्दे मातरम् की जय' जैसे नारों को दण्डनीय अपराध घोषित कर दिया गया। महर्षि अरविन्द घोष ने वंदे मातरम् समाचार-पत्र में "टू मीनिंग ऑफ़ रिस्ले सर्कुलर" नामक लेख लिखकर साम्राज्यवादी सरकार पर आरोप लगाया कि वह छात्रों और युवाओं को देशभक्ति की धारा, भाव एवं कार्यक्रमों से वंचित करके बौद्धिक जगत् से दूर करना चाहती है। इसका वास्तविक उद्देश्य साम्राज्यवाद विरोधी आन्दोलन को कमज़ोर करना है।

नागपुर के नील सिटी स्कूल में भी यह सर्कुलर आया था। इस सर्कुलर के विरोध में केशव ने अपनी संगठनात्मक कौशल का परिचय देते हुए छात्रों को इस सर्कुलर के ख़िलाफ़ एकजुट करने की रणनीति तय की और सभी कक्षा के लगभग सभी छात्र केशव का साथ देने के लिए तैयार हो गये। केशव के नेतृत्व में छात्रों ने तय किया कि भविष्य में जब भी कोई निरीक्षक विद्यालय की जाँच करने आयेंगे तो कक्षा के छात्र वंदे मातरम् का जयघोष कर उनका स्वागत करेंगे। सभी छात्रों ने केशव की इस योजना से सहमति जतायी। कुछ दिनों बाद जैसे ही निरीक्षक मुख्याध्यापक जनार्दन विनायक ओक के साथ कक्षा में पहुँचे, सभी छात्रों ने एक साथ वंदे मातरम् कहकर उनका स्वागत किया। छात्रों के अन्दर जोश और वंदे मातरम् का जयघोष सुनते ही निरीक्षक हक्के-बक्के रह गये। निरीक्षक तिलमिला गये। निरीक्षक की शिकायत पर अंग्रेज़ प्रशासन ने विद्यालय प्रबन्ध समिति के चेयरमेन सर विपिन कृष्ण बोस को पत्र लिखकर दोषी छात्रों को अनुशासनहीनता के लिए दण्डित करने को कहा। विपिन बोस ने सभी छात्रों को सम्बोधित करते हुए माफ़ी माँगने के लिए कहा और कहा कि मैं ख़ुद भी रोज़ रात को वंदे मातरम् गाता हूँ, लेकिन स्कूल में यह नहीं चलेगा। छात्र अपनी ग़लती मानकर माफ़ी माँगें। जैसे ही विपिन बोस की बात ख़त्म हुई, केशव के नेतृत्व में सभी छात्रों ने ज़ोर से वंदे मातरम् का जयघोष किया। नाराज़ स्कूल प्रबन्धन ने केशव के साथ क्लास के सभी बच्चो को स्कूल से निष्कासित करने के आदेश जारी कर दिये।

स्कूल प्रबन्ध समिति के निर्णय के विरुद्ध स्कूल के सभी छात्र अनिश्चितकालीन हड़ताल पर चले गये। इस हड़ताल में नागपुर का मारिस कालेज भी शामिल हो गया। केशव हेडगेवार तथा उनके सहयोगी डॉ. मुंजे तथा 'देशसेवक' समाचार-पत्र के सम्पादक श्री अच्युत बलवन्त कोल्हटकर से मिले और विचार-विमर्श के बाद तय हुआ कि जब तक बिना दण्ड दिये सभी छात्रों को स्कूल में प्रवेश की अनुमति न मिले तब तक विद्यालय का ही बहिष्कार किया जाये। केशव के नेतृत्व में जुलूस, प्रभात फेरी शुरू हो गई और छात्र इसमें भाग लेने लगे। वन्दे मातरम् आन्दोलन को चलाने और स्कूलों के विद्यार्थियों को संगठित करने में बालक केशव बलिराम हेडगेवार ने महत्त्वपूर्ण भूमिका निभायी। स्कूल बन्द होने पर बच्चों की पढ़ाई को लेकर बच्चों के अभिभावक चिन्तित हो गये। स्कूल प्रबन्धन भी हड़ताल से परेशान था और छात्रों की हड़ताल ख़त्म करने का रास्ता ढूँढ़ रहा था। आख़िर में अच्युतराव कोल्हटकर की मध्यस्थता में रास्ता निकाला गया कि स्कूल के दरवाज़े पर प्रिंसिपल खड़े होकर बच्चों से कहेंगे कि, "ग़लती हुई थी ना?" इस प्रश्न पर छात्र "हाँ" कहकर

स्कूल में प्रवेश करेंगे। इसे न्यूनतम सज़ा मानकर सभी अभिभावक तैयार हो गये। लेकिन दूसरे दिन जब स्कूल खुला और केशव बलिराम हेडगेवार स्कूल पहुँचे और स्कूल के दरवाज़े पर जैसे ही शिक्षक ने कहा कि "ग़लती हुई थी ना?" इस पर केशव बलिराम हेडगेवार ने मना कर दिया। केशव ने कहा– वंदे मातरम् कहना ग़लत नहीं है। अगर मातृभूमि की आराधना अपराध है तो यह अपराध मैं हर बार करूगा और मिलने वाली सज़ा को सहज स्वीकार करूँगा। नील सीटी हाईस्कूल में विद्यार्थी आन्दोलन का नेतृत्व करने के कारण और इसी स्कूल में वन्दे मातरम् बोलने के लिए माफ़ी न मागने के कारण उन्हें स्कूल से निकाल दिया गया।

वंदे मातरम् आन्दोलन के कारण स्कूल से निकाले गये केशव हेडगेवार के शिक्षा की व्यवस्था मुंजे ने लोकनायक एम.एस. अणे द्वारा संचालित यवतमाल की राष्ट्रीय स्कूल में करा दी। केशव वहाँ लोकनायक अणे की छत्रछाया में रहने लगे। विदर्भ प्रान्त का यवतमाल नगर उन दिनों देशभक्तों का एक महत्त्वपूर्ण केन्द्र था। लोकनायक बापू जी अणे यवतमाल में ही रहते थे और केशव के क़रीबी और विदर्भ के कांग्रेस नेता मुंजे के क़रीबी मित्र थे। इस स्कूल के मुख्य शिक्षक विष्णु आपटे थे। स्कूल के शिक्षक भी क्रान्तिकारी विचारधारा से ओतप्रोत थे। यहाँ पर भी केशव ने क्रान्तिकारी गतिविधियों के लिए छात्रों को एकत्रित करने का काम शुरू कर दिया। कुछ ही महीनों बाद यवतमाल की पुलिस चौकी के पास बम फटा। प्रशासन को इसी स्कूल के छात्रों पर शक हुआ। छात्रों पर नज़र रखने के लिए स्कूल के पास ही पुलिस चौकी खोल दी गई। पुलिस चौकी से डरे बिना केशव के नेतृत्व में छात्र संगठित होते रहे और देशभक्ति की गतिविधियों में शामिल रहे। स्कूल में धार्मिक आयोजन केशव के नेतृत्व में होने लगे। स्कूल के छात्रों ने 5 अप्रैल 1909 को हनुमान जयन्ती मनायी। इस जयन्ती की आड़ में अंग्रेज़ों के ख़िलाफ़ क्रान्ति का आह्वान किया गया। लोकनायक अणे और केशव ने भाषण दिये। इसी भाषण को आधार बनाकर और सन्देहास्पद गतिविधियों में शामिल होने का आरोप लगाकर अणे के स्कूल को ग़ैरकानूनी घोषित कर बन्द कर दिया गया। तब केशव को यवतमाल छोड़ना पड़ा परन्तु उसने हिम्मत नहीं छोड़ी। केशव की शिक्षा जारी रखने के लिए केशव को डॉ. मूंजे ने पूना भेजा।

कलकत्ता में डॉक्टर की पढ़ाई और क्रान्तिकारियों से सम्पर्क

पूना से पढ़ाई कर नागपुर लौटे केशव हेडगेवार पहले की तरह ही सामाजिक कार्यों में बढ़-चढ़कर हिस्सा लेने लगे। नागपुर में केशव डॉ. मुंजे के घर ही रहते थे। नागपुर के क्रान्तिकारी युवाओं के साथ केशव हेडगेवार का मेलजोल बढ़ रहा था। नागपुर के क्रान्तिकारी दल ने कलकत्ता की अनुशीलन समिति के साथ सम्बन्ध जोड़ लिया था। इस समय केशव को डॉक्टर की पढ़ाई करने के लिए डॉ. मुंजे कलकत्ता भेजने पर गम्भीरता से विचार कर रहे थे। डॉ. मुंजे चाहते थे कि केशव हेडगेवार डॉक्टर की पढ़ाई करने के लिए कलकत्ता जाये और वहाँ डॉक्टरी की पढ़ाई करने के साथ-साथ अनुशीलन समिति के साथ भी जुड़कर क्रान्तिकारी गतिविधियों में शामिल रहे। केशव हेडगेवार को कलकत्ता शिक्षा के लिए भेजने के पीछे उद्देश्य कलकत्ता के क्रान्तिकारी पुलिस बिहारी दास के अनुशीलन समिति से सम्बन्ध जोड़ना और क्रान्तिकारी संगठन सम्बन्धी जानकारी प्राप्त करना था। कलकत्ता देश के क्रान्तिकारियों के लिए केन्द्रीय स्थान रखता था। केशव हेडगेवार के मन में भी कलकत्ता जाकर क्रान्तिकारियों से जुड़ने की इच्छा थी लेकिन आर्थिक स्थिति केशव को अनुमति नहीं देती थी कि वे कलकत्ता जैसे महानगर में पढ़ने का ख़र्चा उठा सके। केशव हेडगेवार के अन्दर गहरे तक बैठे राष्ट्रप्रेम, सबको साथ लेकर चलने का मौलिक गुण, अनुशासन और काम के प्रति समर्पण से सभी केशव से प्रभावित रहते थे। केशव की आर्थिक स्थिति ख़राब होने के कारण तिलक के सभी अनुयायियों ने मिलकर केशव को कलकत्ता भेजने और डॉक्टरी पढ़ने के दौरान होने वाले ख़र्चे को वहन करने की ज़िम्मेदारी उठायी।

डॉक्टर की पढ़ाई करने के साथ क्रान्तिकारी गतिविधियों में शामिल होने का उद्‌देश्य लेकर केशव हेडगेवार 1910 में नागपुर से कलकत्ता के लिए रवाना हुए। कलकत्ता में पहुँचने पर केशव बलिराम हेडगेवार सर्वप्रथम महाराष्ट्र लॉज में रहे। उस समय महाराष्ट्र लॉज 70, बड़ा बाज़ार मार्ग पर था। यह स्थान कलकत्ता

पहुँचे केशव बलिराम हेडगेवार का अस्थायी निवास था। कुछ समय बाद केशव हेडगेवार प्रेम गुजराल मार्ग स्थित शान्तिनिकेतन में रहने लगे। केशव के साथ यहाँ पर अमरावती के सुप्रसिद्ध देशभक्त दादा साहब खापर्डे के सुपुत्र अण्णासाहब तथा उनके मित्र श्री शंकरराव नाईक भी रहते थे। यह शान्तिनिकेतन लॉज हेडगेवार के नेशनल मेडिकल कॉलेज के पास ही था। ये लॉज विशेष रूप से महाराष्ट्र से आने वाले विद्यार्थियों की सुविधा के लिए खोले गये थे। ये लॉज विद्यार्थी राजनीति के अड्डे थे और इन लॉजों में बंगाल के क्रान्तिकारियों का आना-जाना लगा रहता था। भूमिगत रहते श्यामसुन्दर चक्रवर्ती यहाँ यदा-कदा आया करते थे। ये क्रान्तिकारियों के ठहरने, छिपने, शस्त्रों को सुरक्षित रखने के स्थान भी बन गये थे। इस दौरान केशव हेडगेवार ने बांग्ला भाषा सीखने के साथ-साथ समाज सेवा के काम में भी हाथ बँटाते थे। कलकत्ता पहुँचकर केशव हेडगेवार अनुशीलन समिति से जुड़ गये। हेडगेवार ने जल्दी ही अनुशीलन समिती में अपना प्रमुख स्थान बना लिया और वे सबके चहेते बन गये। केशव का लॉज क्रान्तिकारी गतिविधियों का केन्द्र बन गया। क्रान्तिकारियों के बीच हेडगेवार का छद्म नाम 'कोकेन' था। अपने पाँच वर्ष के कलकत्ता जीवन में हेडगेवार ने क्रान्तिकारी जीवन का क़रीब से अनुभव किया।

हेडगेवार जब कलकत्ता पहुँचे, वह समय क्रान्तिकारियों पर अंग्रेज़ों के दमन का दौर था। क्रान्तिकारी संगठनों को, जिनमें बान्धव वर्ती, अनुशीलन साधन समिति, आत्मोन्नति समिति प्रमुख थे, को ग़ैरक़ानूनी घोषित कर दिया गया था। उस समय सरकार द्वारा प्रतिबन्धित संगठनों की संख्या पचास के उपर थी। अनुशीलन समिति की स्थापना 1901 में की गयी थी। अनुशीलन समिति पूरे बंगाल की सबसे लोकप्रिय एवं संगठित क्रान्तिक्रारी संस्था थी। इसके संस्थापक पी. मित्रा थे। बंगाल के सभी प्रमुख क्रान्तिकारी जिनमें अरविन्द घोष, विपिनचन्द्र पाल, त्रैलोक्यनाथ चक्रवर्ती, नलिनीकिशोर गुहा, प्रतुल गांगुली आदि मुख्य थे। प्रतिबन्ध के बाद समिति एक गुप्त संस्था के रूप में परिवर्तित हो गयी थी और इसके प्रमुख नेताओं की गिरफ़्तारी के बाद समिति का नेतृत्व स्कूल और कालेजों के युवाओं के हाथ में था। त्रैलोक्यनाथ चक्रवर्ती ने अपनी आत्मकथा 'जेल में तीस वर्ष' में लिखा है कि समिति के सदस्यों में आपसी प्रेम, त्याग की क्षमता एवं गोपनीयता बरतने की आदत के कारण समिति की गतिविधियाँ सरकारी दमन के बावजूद चलती रहीं।

नेशनल मेडिकल कालेज की स्थापना डॉ. एस.के. मल्लिक एवं महाराजा मणीन्द्र चन्द्र नन्दी एवं दूसरे राष्ट्रवादी नेताओं की मदद से की गई थी। इस संस्था में देश भर के उन छात्रों को नामांकन दिया जाता था, जिन्होंने नेशनल कौंसिल ऑफ़

एजुकेशन के तहत पढ़ाई की थी, क्योंकि उन छात्रों का सरकारी मेडिकल कॉलेज में प्रवेश निषिद्ध कर दिया गया था। नेशनल मेडिकल कॉलेज में देश भर के छात्र आते थे और इसका अखिल भारतीय चरित्र था। केशव हेडगेवार 1910 से 1915 तक नेशनल मेडिकल कॉलेज कलकत्ता के विद्यार्थी थे। क्रान्तिकारी आन्दोलनों में अपनी भूमिका के साथ-साथ उन्होंने बंगाल के दो जनआन्दोलन में भी सक्रिय रूप से भाग लिया था। 1911 में दिल्ली दरबार के बहिष्कार आन्दोलन और 1914 में सरकार द्वारा राष्ट्रीय मेडिकल कालेजों की डिग्री न मानने के ख़िलाफ़ प्रभावशाली जनआन्दोलन तैयार करके आन्दोलन चलाया था। सरकार के निर्णय के पीछे नेशनल मेडिकल कालेजों के छात्रों की क्रान्तिकारी प्रवृत्ति मुख्य कारण थी। 'आनन्द बाज़ार पत्रिका' ने 16 नवम्बर, 1915 को सम्पादकीय लिखकर इस क़ानून का विरोध किया। पत्रिका के सम्पादक मोतीलाल घोष ने हेडगेवार को हर तरह की मदद देकर आन्दोलन को मज़बूत स्वरूप प्रदान किया। हेडगेवार ने नागपुर पहुँचकर इस आन्दोलन के समर्थन में सभा का आयोजन किया और बिल के ख़िलाफ़ प्रस्ताव पारित किया गया। आख़िरकार सरकार को 1916 में इस काले क़ानून को वापस लेना पड़ा। क्रान्तिकारी प्रशिक्षण के साथ केशव हेडगेवार ने डॉक्टर की पढ़ाई भी पूरे मनोयोग से की। केशव हेडगेवार ने सितम्बर 1914 में 70.8 प्रतिशत के साथ मेडिकल की डिग्री हासिल की। उन्होंने व्यावहारिक चिकित्सक का कार्य करने के बाद 1915 के मध्य में दो महीने तक कलकत्ता के विक्टर अस्पताल में प्रशिक्षण का कार्य किया था। मेडिकल परीक्षा पास करते ही मेडिकल कालेज के प्रिंसिपल ने केशव हेडगेवार से कहा कि अगर तुम बर्मा जाने को तैयार हो तो वहाँ पर तुम्हारे लिए अच्छी नौकरी है। तीन हज़ार रुपये वार्षिक वेतन तुम्हें मिलेगा। हेडगेवार ने साफ़ मना कर दिया और बड़ी विनम्रता से कहा कि मुझे नौकरी नहीं करना है। यह जीवन देश के लिए समर्पित है।

अविवाहित रहकर राष्ट्रसेवा का संकल्प

केशव हेडगेवार 1915 के अन्त में डॉ. केशव हेडगेवार बनकर वापस नागपुर आ गये। डॉ. हेडगेवार के रिश्तेदार चाहते थे कि डॉ. केशव ख़ुद की प्रैक्टिस शुरू करे और शादी कर गृहस्थ जीवन में प्रवेश करे। उस समय बरार और मध्य प्रान्त में डॉक्टरों की कुल संख्या सत्तर से ज़्यादा नहीं थी और इस कारण नागपुर में डॉक्टर पेशे का बड़ा महत्त्व और सम्मान था। कम डॉक्टर उपलब्ध होने के कारण डॉक्टरों की माँग भी बहुत थी। डॉक्टरों की माँग के कारण और इस व्यवसाय में पैसा भी अच्छा होने के कारण केशव हेडगेवार के दोस्त जहाँ उन्हें मेडिकल प्रैक्टिस शुरू करने के लिए कहते और वहीं रिश्तेदार डॉ. केशव हेडगेवार पर शादी कर गृहस्थी बसाने का आग्रह करतें। लेकिन डॉ. हेडगेवार को न प्रैक्टिस करके पैसा बनाना था और न ही शादी करके घर बसाना था। डॉ. केशव हेडगेवार तो अपना जीवन अपनी मातृभूमि के लिए समर्पित करने का मन बना चुके थे। विवाह का प्रस्ताव आने पर प्रस्ताव को टालने के लिए डॉ. हेडगेवार कह देते थे कि अभी उनके बड़े भाई सीताराम की शादी बाक़ी है। उनकी शादी होने के बाद वह शादी के प्रस्ताव पर विचार करेंगे। लेकिन यह बहाना भी ज़्यादा दिन नहीं चल सका क्योंकि 1917 में डॉ. केशव हेडगेवार के बड़े भाई सीताराम का विवाह हो गया। सीताराम के विवाह के तुरन्त बाद केशव के पास शादी के प्रस्तावों की बाढ़ आ गयी। इससे बचने के लिए जो भी शादी का प्रस्ताव लेकर आता, उससे कह देते थे कि रामपायली जाकर आबाजी से बात करों। आबाजी केशव के चाचा थे और उनका केशव पर अत्यधिक प्रेम था। केश आबाजी को अपने पिता तुल्य मानते थे। केशव के चाचा, जिन्हें केशव आबाजी कहते थे, भी चाहते थे कि अब डॉक्टर बनने के बाद केशव गृहस्थ जीवन में प्रवेश करे। केशव हेडगेवार से शादी पर उनका मन टटोलने के लिए आबाजी ने केशव को पत्र में लिखा कि गृहस्थ जीवन में रहकर भी देश और समाज की सेवा की जा सकती है। हमारे सामने ऐसे कई राष्ट्रभक्त मौजूद हैं जो पारिवारिक जीवन

में रहकर देश और समाज की सेवा कर रहे हैं। आबाजी ने केशव को समझाया कि परिवार राष्ट्र-कार्य में बाधक होने के बजाय जीवन को सम्पूर्णता देकर उसमें अप्रत्यक्ष रूप से सहायता ही करता है। यह जीवन को सन्तुलन प्रदान करता है। परिवार को आगे बढाना उतना ही बड़ा दायित्व है जितना देशसेवा करना।

आबाजी और केशव में बहुत निकटता थी। आबाजी के प्रति केशव हेडगेवार के मन में अपार श्रद्धा थी तो आबाजी के मन में केशव के लिए अत्यन्त प्रेम था। आबाजी को केशव के देशप्रेम के कारण नौकरी से हाथ धोना पड़ा था। 1908 में रामपायली में केशव के वंदे मातरम् कहने राष्ट्रद्रोह के मुक़दमे का सामना करने की स्थिति उत्पन्न होने, पुलिस की नज़र में आ जाने और केशव के आबाजी के घर में रहने के कारण आबाजी को नौकरी से निकाल दिया गया था। केशव की सभी गतिविधियों को आबाजी का समर्थन मिलता रहा। केशव पर अगर किसी का सबसे अधिक नैतिक अधिकार था तो वह आबाजी ही थे। केशव के मन में आबाजी के प्रति अगाध सम्मान था। आबाजी लिखे पत्र में केशव हेडगेवार ने विस्तार से अपने निर्णय से आबाजी को अवगत कराया। केशव ने लिखा 'मैंने विवाह न करने का विचार काफ़ी सोच-समझकर लिया है। घर गृहस्थी बसाकर मैं पारिवारिक दायरों में सिमटना नहीं चाहता हूँ। मैं तन, मन से राष्ट्र के लिए जीना चाहता हूँ। मैं राष्ट्र को विदेशी दासता से मुक्त देखना चाहता हूँ। देश की स्वतन्त्रता के लिए मुझें हिंसा और अहिंसा दोनों मार्ग प्रिय हैं। हमारे देश की दासता नयी नहीं है। दासता की शृंखला रही है। ऐसा क्यों है, कि हमारा देश हर बार दासता में जकड़ जाता है। देश की दासता मुझे परेशान करती है। मुझे हमारी ग़ुलामी में कायरता एक बड़ा कारण नज़र आता है। हमारे देश में राष्ट्र के लिए मर मिटने की भावना की कमी है। देश की स्वतन्त्रता का बोध नहीं है। हमारे देश के अधिकांश लोग स्वतन्त्रता से जीने और देश के लिए सर्वस्व छोड़ने का मानस नहीं बना पाये। निजी स्वार्थ राष्ट्रप्रेम पर हावी हो गया है और इस कारण मुट्ठीभर अंग्रेज़ हमारे देश को ग़ुलाम बनाये हुए है। सिर्फ़ क्रान्तिकारियों पर ही नहीं महात्मा गांधी के अहिंसावादी अनुयायीयों पर भी जुर्म किए जा रहे हैं। क्या हम अंग्रेज़ों से मुक्ति नहीं पा सकते? क्या स्वतन्त्रता का सपना देखना गुनाह है? युवाओं को जागना होगा और राष्ट्र के लिए सर्वस्व निछावर करने का निश्चय करना होगा। राष्ट्रीयता का प्रसार करना होगा, देश में घर कर गयी हीनता की भावना से देश के युवाओं को निकालना होगा। राष्ट्रभक्ति का दीया जलाना होगा। मेरी कोशिश अविवाहित रहकर देश के लिए सेवा करने और अपना सर्वस्व अर्पण करने की है। यह सही है कि विवाहित रहकर भी नारायणराव,

विनायकराव सावरकर, लोकमान्य तिलक, महात्मा गांधी आदि देशभक्तों ने राष्ट्र के लिए अथक कार्य कर रहे हैं। लेकिन मैं विवाह के लिए ख़ुद को मन से तैयार नहीं कर पा रहा हूँ। मेरा ऐसा मानना है कि मै अविवाहित रहकर देश और समाज की ज़्यादा सेवा कर सकूँगा। मुझे हर पल हमारी दासता परेशान करती है। मेरा मन, मेरा तन और मेरा पूरा जीवन और समय राष्ट्र के लिए है और मैं इसे किसी के साथ बाँट नहीं सकता। मैं अविवाहित रहने के अपने निर्णय पर अटल हूँ। कृपया मेरी शादी का प्रस्ताव ना भेजें।' केशव के इस पत्र के बाद डॉ. केशव हेड़गेवार की शादी की चर्चाओं पर पूर्ण विराम लग गया।

क्रान्तिकारी गतिविधियों से मोहभंग और कांग्रेस में सक्रियता

कलकत्ता में पढ़ते समय क्रान्तिकारी अनुशीलन समिति और अन्य प्रान्तों के क्रान्तिकारी संगठनों से बने सम्पर्कों का नागपुर आने के बाद क्रान्तिकारी गतिविधियों में तेज़ी लाने के लिए डॉ. केशव हेडगेवार इस्तेमाल करने लगे। पुलिस से बचने और पुलिस की आँखों में धूल झोंकने के लिए 'नरेन्द्र मण्डल' नामक सांस्कृतिक मंच की स्थापना की गयी। इसी मंच के नाम पर बैठक की जाती थी। क्रान्तिकारियों की समर्पित टीम और उसके लिए शस्त्र ख़रीदने को पैसों की व्यवस्था करना हेडगेवार का प्रमुख काम था। युवाओं को क्रान्तिकारी दल से जोड़ने के लिए डॉ. हेडगेवार के सहयोगी अण्णा खोत ने नागपुर व्यायाम शाला की स्थापना की और वर्धा में हरेकृष्ण जोशी ने वाचनालय की शुरूआत की। युवाओं को क्रान्तिकारी दल में शामिल करने से पहले उन युवाओं में आत्मविश्वास, उनकी त्याग भावना, साहस, संकल्प और देश के लिए मर मिटने की भावना देखी जाती थी। इन युवाओं को शिवाजी की यशोगाथा, सावरकर द्वारा रचित 'इंडियन वार ऑफ़ इंडिपेंडेस, बंगाल के क्रान्तिकारियों की कहानियाँ, अनुशीलन समिति का साहित्य पढ़ने को दिया जाता था। डॉ. हेड़गेवार देश के लिए सर्वस्व न्योछावर करने वाले दृढ़ इच्छाशक्ति के युवा तैयार करना चाहते थे। डॉ. हेडगेवार ने कम समय में 150 से ज़्यादा क्रान्तिकारियों का दल बना लिया था। नाना साहेब टालाटुलें इन युवाओं को बन्दूक़ चलाने का प्रशिक्षण देते थे। डॉ. हेडगेवार के क़रीबी सहयोगी धर्माधिकारी को गोवा, कलकत्ता और हैदराबाद जैसे स्थानों पर हथियार ख़रीदने के लिए भेजा जाता था। डॉ. हेडगेवार इन युवाओं को शिवाजी और समर्थ रामदास के नाम पर देश के लिए सब कुछ न्योछावर करने की शपथ दिलाते थे। नागपुर में एकत्रित धन और हथियारों को ज़रूरत पड़ने पर अन्य प्रान्तों के क्रान्तिकारियों के लिए भी भेजा जाता था। कई क्रान्तिकारियों की

डॉ. हेडगेवार ने नागपुर में छिपने में मदद की थी। हथियार कलकत्ता, हैदराबाद और गोवा के अलावा देश के अन्य शहरों से मँगवाए जाते थे। इसके लिए बेहद गोपनीयता बरती जाती थी और कोड वर्ड का इस्तेमाल किया जाता था। ख़राब हो चुकी पिस्तौल को साफ़ करने और उनको ठीक करके फिर से इस्तेमाल करने लायक़ बनाने का काम भी हेडगेवार के एक मित्र दादा साहब बख्शी नागपुर में ही करते थे।

जहाँ डॉ. हेडगेवार नागपुर के युवाओं को अंग्रेज़ों के ख़िलाफ़ क्रान्तिकारी गतिविधियों के लिए तैयार कर रहे थे, वही दूसरी ओर कांग्रेस के नेतृत्व में देश भर में युवाओं को विश्वयुद्ध में ब्रिटेन की ओर से लड़ने के लिए प्रेरित किया जा रहा था। मध्य प्रान्त में भी ब्रिटेन की ओर से लड़ने के लिए युवाओं को प्रेरित करने के लिए प्रान्तीय चयन समिति का गठन किया गया। इस समिति में लोकमान्य तिलक के अनुयायी जी.एस. खापर्डे को अध्यक्ष बनाया गया। डॉ. मुंजे सचिव और नीलकंठराव उधोजी को उपाध्यक्ष बनाया गया था। डॉ. हेडगेवार इससे सहमत नहीं थे। डॉ. हेडगेवार का कहना था कि ब्रिटेन का यह संकट भारत के लिए एक अवसर लेकर आया है और भारत को अंग्रेज़ों के इस संकट में फँसे होने का पूरा फ़ायदा उठाना चाहिए। डॉ. हेडगेवार चाहते थे कि कांग्रेस नेतृत्व अग्रेज़ों के इस संकट के दौर में ब्रिटेन की सैन्य कमज़ोरी को देखते हुए देश को सम्पूर्ण स्वतन्त्र कराने के लिए संगठित प्रयास की पहल करे। हेडगेवार इस बात से आहत थे कि देश के नेता संगठित होकर अंग्रेज़ो पर हमला करने की रणनीति बनाने के बजाय अंग्रेज़ों के लिए युवाओं को सेना में भर्ती होने का आह्वान कर रहे हैं। हेडगेवार का मानना था कि इस समय सहयोग की जगह विद्रोह की रणनीति अपनानी चाहिए।

हेडगेवार का मानना था कि विश्वयुद्ध में उलझे होने के कारण अंग्रेज़ों की स्थिति ख़राब है, ऐसे में देश के सभी नेताओं को एक साथ आकर एक स्वर में देश स्वतन्त्र हो गया हैं, ऐसी घोषणा करनी चाहिए तथा स्वतन्त्रता का घोषणा-पत्र एक ही समय में देश के साथ-साथ विदेश में भी प्रकाशित होना चाहिए। डॉ. हेडगेवार ने अपनी इस योजना को मुंजे के साथ साझा किया लेकिन मुंजे सहमत नहीं हुए। डॉ. हेडगेवार तिलक से अपनी योजना के बारे में बात करना चाहते थे और उनका समर्थन चाहते थे। डॉ. हेडगेवार ने डॉ. मूंजे से कहा कि वह पूणे जाकर तिलक से मिलना चाहते हैं। डॉ. हेडगेवार की इच्छा का मान रखते हुए डॉ. मूंजे ने हेडगेवार की तिलक से मुलाकात करवाने की व्यवस्था करवायी। दरअसल महाराष्ट्र में हिन्दू राष्ट्रवाद तिलक के नेतृत्व में विकसित हुआ। तिलक को कांग्रेस का उदार दृष्टिकोण कभी पसन्द नहीं आया। ब्रिटिश शासन का उग्र विरोध तिलक के मूल में था और

इसी कारण तिलक के प्रभाव के चलते महाराष्ट्र में उग्र राष्ट्रवादियों की खेप तेज़ी से बढ़ी। 'स्वराज मेरा जन्मसिद्ध अधिकार है और इसे मैं लेकर ही रहूँगा।' तिलक के इस मन्त्र ने पूरे देश के ख़ासकर महाराष्ट्र के युवाओं को गहरे प्रभावित किया। महाराष्ट्र में अनेक क्रान्तिकारी युवक तिलक के प्रभामण्डल में विकसित हुए थे। तिलक इनको संरक्षण और प्रश्रय देते थें। इनका मार्गदर्शन करते थे। एडिनबरा में पढ़ने वाले पाण्डुरंग बापट ने तिलक के प्रभाव में ही 1908 में बम बनाना सीखा। माना जाता है कि अलीपुर काण्ड में खुदीराम बोस और प्रफुल्ल चाकी ने बापट के बम का ही इस्तेमाल किया था। तिलक का उग्र राष्ट्रवाद महाराष्ट्र के युवाओं के लिए प्रेरणा-स्त्रोत बन गया। तिलक ने गणपति पूजा और शिवाजी उत्सव जैसे सार्वजनिक हिन्दू कार्यक्रम शुरू किये। इन कार्यक्रमों ने महाराष्ट्र के युवाओं को हिन्दू राष्ट्रवाद के प्रति आक्रामक और संगठित किया। महाराष्ट्र के युवाओं के लिए शिवाजी राष्ट्रवाद हिन्दू धर्म के प्रतीक थे। तिलक के इन उत्सवों ने युवाओं में राष्ट्रवादी उभार और हिन्दू धर्म के प्रति संगठित होने में महत्त्वपूर्ण भूमिका निभायी। उस समय पूरे देश में क्रान्तिकारी युवाओं का एक वर्ग तैयार हो रहा था और हिंसा की और आकर्षित हो रहा था। इन युवाओं का मानना था कि देश को आज़ादी हिंसक गतिविधियों से ही मिल सकती है और अंग्रेज़ साम्राज्य को हिंसा का जवाब हिंसा से ही दिया जाना चाहिए। महाराष्ट्र में तिलक से प्रभावित युवकों की एक श्रृंखला चापेकर बन्धुओं से शुरू हुई थी जो ब्रिटिश शासन के विरोध में हिंसा, हत्याओं तथा हथियारों के प्रयोग पर विश्वास करती थी। इन युवकों की बड़ी संख्या में कांग्रेस के प्रति शुरू से ही गहरी दुर्भावनाएँ थीं। रैंड की हत्या करने वाले दामोदर चापेकर ने अपनी आत्मकथा में लिखा है कि अग्रेज जानते हैं कि नेशनल कांग्रेस का मतलब खाना, पीना, मनोरजंन और बडी-बडी बातों के कुलाबे भिड़ाना और इससे अधिक कुछ भी नहीं। हर अगली मीटिंग को पहले वाली मीटिंग से ताक़तवर बताना इस कुन्द बुद्धि वालों का एकमात्र उद्धेश्य है। कांग्रेस एक पाखण्ड से अधिक कुछ भी नहीं। तिलक से प्रेरित दामोदर चापेकर और बालकृष्ण चापेकर बन्धुओं ने 22 जून 1897 को पूना के कलेक्टर रैंड की हत्या कर दी। चापेकर बन्धुओं को फाँसी की सज़ा हुई जबकि तिलक को इन बन्धुओं को उकसाने के जुर्म में 18 महीने के कठोर कारावास की सज़ा हुई। जिन दो तमिल लोगों ने अंग्रेजो को सुचनाएँ देकर चापेकर बन्धुओं को पकड़वाया था, उन दोनों तमिलो की हत्या चापेकर बन्धुओं के तीसरे भाई वासुदेव ने 8 फरवरी, 1899 को कर दी। वासुदेव को भी फाँसी दे दी गई। गांधी के विपरीत तिलक अहिंसा की नीति का पालन प्रत्येक स्थिति में आवश्यक

नहीं समझते थे, बल्कि वे अहिंसा को सिर्फ़ एक रणनीति ही मानते थे। तिलक हिंसा का सहारा लेने को तैयार थे, बशर्ते ऐसा करना व्यवहारिक रूप से सम्भव हो। तिलक ने कभी अपने इस मत को छुपाया नहीं। तिलक का मानना था कि यदि हिंसा के रास्ते से स्वतन्त्रता मिलने वाली हो और इसके अलावा कोई अन्य रास्ता न हो, तो एक राष्ट्र अपनी स्वतन्त्रता हिंसा के माध्यम से पाने का अधिकारी है। वह ऐसा करेगा कि नहीं ,वह इस बात पर निर्भर करेगा कि सर्वश्रेष्ठ नीति कौन सी है, न कि नैतिकता के सरोकारों पर। तिलक का मानना था कि आज़ादी कई तरीक़ों से पायी जा सकती है और पायी जानी चाहिए, इसलिए उन्होंने हिंसा को अपने लक्ष्य प्राप्ति के एक तरीक़े के रूप में ख़ारिज़ नहीं किया था। अपना लक्ष्य प्राप्त करने हेतु कई तरीक़े अपनाने का उनका विश्वास, उन्हें एक ही समय में कई तरीक़े अपनाने के लिए उकसाता रहा और वे हथियारों पर भरोसा करने वालो लोगों के सम्पर्क में बने रहे। तिलक को कैप्टन रैंड की हत्या के षड्यन्त्र के बारे में पता था। चापेकर बन्धुओं द्वारा रैंड व आर्यर्स्ट पर 22 जून, 1897 में गोलियाँ चलाने के बाद उनके एक सहयोगी खाण्डेराव साठे ने तिलक के पास सूचना पहुँचायी थी। जब दामोदर चापेकर के छोटे भाई बालकृष्ण एक साल भूमिगत रहे तो तिलक ने बालकृष्ण के रहने और खाने पीने की व्यवस्था की थी। तिलक ने अपने विश्वस्त सहयोगी कृष्णजी प्रभाकर खाडिलकर को नेपाल भेजा, जहाँ खाडिलकर ने 1902-04 के बीच राइफल बनाने का कारख़ाना स्थापित करने का प्रयास किया। ऐसा माना जाता है कि तिलक और उनके साथी श्यामजी कृष्ण वर्मा दोनों ही उदयपुर के राजघराने के एक ठाकुर द्वारा बनायी गयी एक गुप्त संस्था से जुड़े हुए थे। मुंजे पर तिलक का गहरा प्रभाव था। हेडगेवार के मित्र भाऊजी कावरे तिलक के अनुयायी थे। हेडगेवार पर भी तिलक का प्रभाव था। तिलक से मिलने पुणे पहुँचे डॉ. हेडगेवार को अपनी व्यस्तता के बाद भी तिलक ने भरपूर समय दिया और विभिन्न विषयों पर डॉ. हेडगेवार के विचार जाने और उनका मार्गदर्शन किया। तिलक हेडगेवार से प्रभावित हुए। लेकिन तिलक ने डॉ. हेडगेवार के क्रान्तिकारी गतिविधियों और देश को स्वतन्त्र करने की घोषणा करने की सलाह पर सहमति नहीं दी। तिलक ने डॉ. हेडगेवार से कहा कि योजना तो अच्छी है, परन्तु अभी देश इसके लिए तैयार नहीं है। तिलक से मिलकर नागपुर लौटे डॉ. हेडगेवार ने क्रान्तिकारी गतिविधियों पर अपना ध्यान केन्द्रित कर दिया।

डॉ. हेडगेवार अपने साथियों के साथ विभिन्न प्रान्तों में क्रान्तिकारियों को सामग्री भेजा करते थे। एक बार क्रान्तिकारियों के लिए पंजाब सामग्री भेजते समय रेल्वे स्टेशन के पास पकड़ी गयी। मध्य प्रान्त के दो क्रान्तिकारी गिरफ़्तार हुए।

डॉ. हेडगेवार ने बड़ी सूझ-बूझ और रणनीति के तहत इस मामले को सँभाला जिसके कारण कोई अन्य क्रान्तिकारी सहयोगी को पुलिस पकड़ नहीं सकी। इसके बाद आगे सामग्री भेजने के लिए स्त्री वेशधारक पुरुषों की टीम तैयार की गयी। कई बार दूसरे प्रान्त में सामग्री स्त्री वेशधारक पुरुषों ने पहुँचायी।

डॉ. हेडगेवार को इस बात की चिन्ता हमेशा लगी रहती थी कि कभी किसी तरह की जानकारी अंग्रेज़ों को न लग पाये। कई गुप्तचर डॉ. हेडगेवार पर नज़र रख रहे थे। उसके बाद भी हेडगेवार ने बडी चतुराई और कुशल रणनीति से क्रान्तिकारी गतिविधियों को अंजाम दिया। अंग्रेज़ों को कभी इस बात की भनक तक नहीं लग सकी। बेहद गोपनीयता बरतने के कारण कई बार किसी महत्त्वपूर्ण कार्य को बार-बार आगे के लिए स्थगित करना पड़ता था और कई बार पैसों के अभाव में कई क्रान्तिकारी योजनाओं को अन्तिम समय में छोड़ना पड़ता था। लगातार क्रान्तिकारी गतिविधियों में लिप्त रहने के बाद डॉ. हेडगेवार को यह महसूस होने लगा था कि क्रान्तिकारी आन्दोलन को एक निश्चित तरीक़े से ही चलाया जा सकता है और इसकी सफलता हमेशा संदिग्ध रहेगी और कब किस तरह से पकड़ा जाये कहा नहीं जा सकता। डॉ. हेडगेवार इस बात को भी महसूस करने लगे थे कि एक भी क्रान्तिकारी के पकड़े जाने पर और उसके द्वारा पुलिस की पिटाई से भेद खुलने पर पूरी की पूरी योजना और तैयारी पर गहरा असर पड़ना तय है।

देश भर में क्रान्तिकारियों को अंग्रेज़ फ़ौज पकड़ रही थी और भयानक यातना देने के बाद मार रही थी। क्रान्तिकारियों का पता लगाने और उन्हे ठिकाने लगाने के लिए अंग्रेज़ प्रशासन ने अपनी पूरी ताक़त लगा दी। क्रान्तिकारियों में फूट डालने के लिए तमाम तरह के आश्वासन और प्रलोभन दिये गये। कई क्रान्तिकारी इस कारण पकड़े गये कि उनके ही साथियों ने अंग्रेज़ों के प्रलोभन के जाल में फँसकर क्रान्तिकारियों की जानकारी पुलिस तक पहुँचायी। विभिन्न प्रान्तों में क्रान्तिकारियों के गिरफतार होने और मारे जाने की ख़बरे आने लगीं। इस दौर में क्रान्तिकारियों में निराशा का वातावरण था। महात्मा गांधी के प्रभाव में भी कई क्रान्तिकारी हिंसा का मार्ग छोड़कर गांधी के साथ अहिंसा के मार्ग पर चलने का मन बना रहे थे।

दूसरी तरफ़ अनेक सावधानियों के बावजूद कुछ क्रान्तिकारियों के व्यवहार और चाल-चलन पर डॉ. हेडगेवार को शक होने लगा था। इस दौरान डॉ. हेडगेवार ने क्रान्तिकारी आन्दोलन की सीमाओं और कमज़ोरियों का विश्लेषण किया। विचार मंथन करने के बाद डॉ. हेडगेवार इस निष्कर्ष पर पहुँचे कि क्रान्तिकारी गतिविधियों को गुप्त रूप से ही चलाया जा सकता था। डॉ. हेडगेवार ने यह भी महसूस किया

कि स्थानीय क्रान्तिकारी दल व्यक्ति केन्द्रित होता था। किसी भी क्रान्तिकारी संगठन का स्वरूप अखिल भारतीय बनना बेहद कठिन है। क्रान्तिकारियों द्वारा बनायी गयी योजनाओं की गुप्तता की रक्षा करना सम्भव नहीं था। सरकार के प्रलोभन से उसका भेद अन्दर से ही फूट जाने की आशंका हमेशा बनी रहती थी। क्रान्ति के लिए शस्त्रास्त्रों को जुटाना, उसके लिए धन प्राप्त करना सबसे बडी समस्या थी। धन की व्यवस्था के लिए अनैतिक कार्य करने पड़ते थे। डकैती डालना और सरकारी खजाना लुटना पडता था। उसी प्रक्रिया में भेद खुल जाते थे और सरकार का दमनचक्र घुमने लगता था। कलकत्ता में 'अनुशीलन समिति' के अनुभवों और क्रान्तिकारी गतिविधियों तथा नागपुर आने पर क्रान्तिकारियों की संगत के बाद डॉ. हेडगेवार को यह स्पष्ट दिखने लगा कि पूर्ण प्रभावी संस्कार किये बिना देशभक्ति का स्थायी स्वरूप निर्मित होना सम्भव नहीं है तथा इस प्रकार की स्थिति निर्मित होने तक सामाजिक व्यवहार में प्रामाणिकता भी सम्भव नहीं। इसके साथ ही डॉ. हेडगेवार ने यह भी देखा कि भावना के वेग तथा जवानी के जोश में कई युवा क्रान्तिकारी बनने के लिए तैयार तो हो जाते हैं लेकिन अंग्रेज़ों के दमनचक्र प्रारम्भ होते ही वे साथ छोड़ देने का मन बना लेते हैं। ऐसे लोगों के भरोसे देश की विकट तथा उलझी हुई समस्याएँ कैसे सुलझ सकेंगी? इसके लिए ध्येय पर अविचल दृष्टि रखकर मार्ग में मखमली बिछोने हो या काटे बिखरे हो इनकी चिन्ता न करते हुए निरन्तर आगे ही बढने के दृढ निश्चयवाले कृतिशील युवक खड़े करने पडेंगे। डॉ. हेडगेवार ने यह महसूस किया कि देशभक्त कहलाने वाले तरुणों को भी अनुशासन सहन नहीं होता। नि:स्वार्थता जीवन में आये बिना खरा अनुशासन निर्मित नहीं होता तथा अनुशासन के बिना विदेशियों को खदेड़ने का सामर्थ्य किसी भी राष्ट्रीय उत्थान के प्रयत्न में नहीं आ सकता। इस सब बातों पर गहन विचार करके डॉ. हेडगेवार ने क्रान्तिकारी गतिविधियों पर पूर्ण विराम लगाना का तय किया। क्रान्तिकारी गतिविधियों को बन्द करने का तय होने के बाद डॉ. हेडगेवार और भाऊजी कावरे ने सभी प्रान्तों में अपने क्रान्तिकारियों को सन्देश भेजकर सभी सामग्री नागपुर मँगवाने की उचित व्यवस्था की। सामग्री को नागपुर में नष्ट किया गया और क्रान्तिकारी गतिविधियों से दूर रहने के निर्णय से सबको अवगत कराया गया। इस आकलन से डॉक्टर ने तत्कालीन समाज की स्थिति का बहुत ही स्पष्ट एवं सही बोध लिया तथा उसके आधार पर अगले क़दमों की दिशा निश्चित की। क्रान्तिकारी गतिविधियों से पूरी तरह दूरी बनाने के बाद डॉ. हेडगेवार ने कांग्रेस में सक्रिय होने का निर्णय लिया।

क्रान्तिकारी गतिविधियों से मोहभंग होने और अलग होने के बाद डॉ. केशव हेडगेवार ने संगठित जन-आन्दोलन से जुड़ने का मन बनाया और डॉ. मुंजे के कहने पर भारतीय राष्ट्रीय कांग्रेस पार्टी में सक्रिय योगदान देना शुरू कर दिया। डॉ. बी एस. मुंजे उस समय मध्य प्रान्त के प्रमुख कांग्रेसी नेता थे और तिलक के अनुयायी थे। उस समय मध्य प्रान्त की राजनीति में लोकमान्य तिलक का दबदबा था और मध्य प्रान्त के लगभग सभी बड़े नेता तिलक के अनुयायी थे। तिलक के अनुयायियों में जिनका नाम गिना था उनमें डॉ. मुंजे, निलकण्ठराव उधोजी, नारायणराव अलेकर, वैद्य, मोरूभाऊ अभ्यंकर, गोपालराव ओगले, गोविन्दराव देशमुख, डॉ. चोलकर, नियोगी, खरे, विश्वनाथ केलकर, डॉ. परांजपे आदि लोग शामिल थे। कांग्रेस में सक्रिय रहने के साथ-साथ तिलक के ये सहयोगी 'राष्ट्रीय मण्डल' नाम से एक संस्था भी चला रहे थे। इस संस्था की स्थापना नीलकंठराव उधोजी ने 1907 में की थी। 1909 में सरकार ने मण्डल पर प्रतिबन्ध लगा दिया और प्रथम विश्वयुद्ध के बाद प्रतिबन्ध हटा दिया। डॉ. हेडगेवार राष्ट्रीय मण्डल के सदस्य जरूर रहे लेकिन संस्था में कभी भी सक्रिय भूमिका नहीं निभायी। कई मुद्दों को लेकर डॉ. हेडगेवार और संस्था के सदस्यों में मतभेद थे। मण्डल की राजनीतिक सोच, व्यवहार और महात्मा गांधी के प्रति इस मण्डल के दृष्टिकोण से डॉ. हेडगेवार सहमत नहीं थे। यह संगठन ब्रिटिश राजसत्ता के साथ नरमी का रुख़ अपनाने का दृष्टिकोण लेकर चलता था, जिससे डॉ. हेडगेवार कभी सहमत नहीं थे। राष्ट्रीय मण्डल के कर्ता धर्ताओं के साथ डॉ. हेडगेवार के वैचारिक मतभेद चलने के कारण डॉ. हेडगेवार ने 1919 के मध्य में मण्डल के अनेक सदस्यों के साथ मिलकर 'नागपुर नेशनल यूनियन' नामक एक संस्था का गठन किया। खरे, केलकर, मण्डलेकर, मनोहर पन्त, बोबड़े, चोरघड़े आदि मण्डल के सदस्यों ने डॉ. हेडगेवार के साथ नागपुर नेशनल यूनियन में सक्रिय हो गये। नागपुर नेशनल यूनियन को डॉ. हेडगेवार ने राजनीतिक गतिविधियों से पूरी तरह दूर रखा था। डॉ. हेडगेवार द्वारा गठित इस संस्था का उद्देश्य राजनीति से दूर रहकर पूर्ण स्वतन्त्रता की माँग एवं अवधारणा का प्रचार प्रसार करना था। डॉ. हेडगेवार का स्पष्ट मत था कि हमारे लिए हमारे देश के हित सर्वोपरि है और नागपुर नेशनल यूनियन देश के पूर्ण स्वतन्त्रता के लिए सभी क़दम उठाने के लिए तैयार है। डॉ. हेडगेवार का मानना था कि आज की राजनीति में अनेक न्यूनताएँ है और उन न्यूनताओं को दूर करने के लिए सामूहिक प्रयास आवश्यक है।

डॉ. हेडगेवार लगातार कांग्रेस की गतिविधियों में शामिल रहते थे और अपनी सक्रियता के दौरान कांग्रेस की कार्यपद्धति का बारीकी से अवलोकन करते थे। कांग्रेस के निर्णयों और कांग्रेस की कार्यपद्धति से डॉ. हेडगेवार विभिन्न मौक़ों पर असहमति रखते थे और अपनी असहमति और विचारों से कांग्रेस के बड़े नेताओं को अवगत कराते थे। डॉ. हेडगेवार इस बात को महसूस करने लगे थे कि कांग्रेस के साथ लम्बे समय तक उनका जुड़ा रहना सम्भव नहीं होगा और इस बात को समझ लेने के बाद डॉ. हेडगेवार कांग्रेस के अतिरिक्त अन्य विकल्पों पर विचार करने लगे थे। डॉ. हेडगेवार का युवाओं में अत्याधिक प्रभाव था और प्रान्त भर के युवा उनके पास आते थे। युवाओं के इसी विचार-विमर्श के बीच डॉ. हेडगेवार ने 'राष्ट्रीय उत्सव मण्डल' की स्थापना की थी। इसके अन्तर्गत महापुरुषों के जन्मदिन मनाना, उत्सव मनाना और उनके विचारों को युवाओं तक पहुँचाकर युवाओं को चरित्रवान बनाने की शुरूआत की गई। इन कार्यक्रमों में ओजस्वी भाषण होते थे। शिवाजी महाराज और समर्थ रामदास का स्मरण किया जाता था। डॉ. परांजपे के नेतृत्व में बनाये गये संगठन 'भारत स्वयंसेवक मण्डल' में भी डॉ. हेडगेवार ने सक्रिय भाग लिया इस संस्था की देखरेख में कई धार्मिक कार्यक्रमों और उत्सवों का आयोजन किया जाता था।

डॉ. हेडगेवार की सांगठनिक कौशल और लोगों को प्रभावित करने की क्षमता के कारण कांग्रेस में उन्हें दायित्व मिलने लगा था। उस समय मध्य प्रान्त में चौदह हिन्दी भाषी जिलें और चार मराठी भाषी थे। 1919 में राष्ट्रीय मण्डल की ओर से नागपुर से संकल्प नाम से एक हिन्दी साप्ताहिक प्रकाशित करने का विचार हुआ। इसके पूर्व ही मराठी में 'महाराष्ट्र' का प्रकाशन प्रारम्भ हो चुका था। इस नये हिन्दी साप्ताहिक के प्रचार करने की ज़िम्मेदारी डॉ. हेडगेवार को दी गयी और 1919 में डॉ. हेडगेवार को 'संकल्प' का संघटक नियुक्त किया गया। इस कार्य के लिए डॉ. हेडगेवार ने उस वर्ष चार-पाँच माह सम्पूर्ण मध्य प्रान्त का दौरा किया। उनके साथ नागपुर व्यायामशाला के प्रमुख श्री अण्णा खोत भी थे। इस हिन्दी साप्ताहिक के प्रचार-प्रसार के साथ-साथ डॉ. हेडगेवार कांग्रेस के कार्यक्रमों में भी बराबर सक्रिय रहते थे। अपने प्रवास के दौरान डॉ. हेडगेवार ने यह महसूस किया कि पहले अनेक पत्रिकाएँ, अग्रिम शुल्क लेकर बन्द हो चुकी थीं जिसके कारण लोगों में अख़बार और पत्रिकाओं के बारे में बुरा अनुभव था। डॉ. हेडगेवार ने इस बात से डॉ. मुंजे को भी अवगत कराया। लेकिन डॉ. हेडगेवार ने अपने अथक प्रयास, सहज और ईमानदार छवि के दम पर और लोगों को प्रभावित करने की अपनी क्षमता के कारण लोगों को सदस्य बनने के लिए तैयार करने में सफलता पायी। तीन महीने तक

डॉ. हेडगेवार दूर-दराज़ के गाँवों में भी गये। डॉ. हेडगेवार के व्यक्तिगत प्रभाव के दम पर चल रहा यह समाचार-पत्र 1920 में लोकमान्य तिलक की मृत्यु के कुछ समय बाद बन्द कर दिया गया।

कांग्रेस में सक्रिय डॉ. हेड़गेवार ने कांग्रेस का 1920 का अधिवेशन जो नागपुर में होने वाला था, के प्रचार और प्रसार के लिए कई क़स्बों और गाँवों का दौरा किया। अपने प्रवास के दौरान हेडगेवार ने महसूस किया कि कांग्रेस के कार्यकर्ताओं में संस्कार के लिए कोई योग्य पहल नहीं हुई है और ना ही कांग्रेस पार्टी इस दिशा में गम्भीर है। डॉ. हेडगेवार ने महसूस किया कि कांगेस के नेताओं में सिर्फ़ भाषण देने, अपनी वाहवाही करवाने और सिर्फ़ अपनी बात पर कार्यकर्ताओं को अमल करने का सन्देश देना से ज़्यादा कुछ नहीं है। डॉ. हेडगेवार ने महसूस किया कि कांग्रेस के नेता निजी स्वार्थ में उलझे हैं। लगातार प्रवास करने और लोगों से सम्पर्क करने के बाद डॉ. हेडगेवार को कांग्रेस संगठन और उसके स्थानीय नेतृत्व के खोखलेपन का अनुभव होने लगा। कांग्रेस के मंच पर सक्रिय डॉ. हेडगेवार को लगतार कांग्रेस की ओर से लिये जा रहे निणयों से असहमति बढ़ती जा रही थी। डॉ. हेडगेवार अपने सामर्थ्य के अनुसार अपनी बात से कांग्रेस में लिये जा रहे निर्णयों प्रति अपना विरोध दर्ज करा रहे थे। इसी समय अचानक 1 अगस्त 1920 को लोकमान्य तिलक की मृत्यु हो गयी। तिलक की मृत्यु के साथ ही कांग्रेस में तिलक के सहयोगी और समर्थक रहे नेता हशिये पर जाने लगे। कान्फ्रेंस के अन्दर तिलक के विचारों की जगह गांधी के विचारों ने लेनी शुरू कर दी। कांग्रेस पर महात्मा गांधी के नियन्त्रण को तिलक ने अपने अन्तिम दिनों में महसूस करना शुरू कर दिया था। गांधी से काफ़ी पहले तिलक भारतीय राजनीति के प्रखर, प्रभावी नेता थे। गांधी ने उनके प्रभामण्डल को आच्छादित करना शुरू कर दिया था। तिलक का देश की जनता पर अन्यतम प्रभाव था। लोगों की उन पर अटूट श्रद्धा थी, पर तिलक गांधी की आहट पहचान चुके थे। कांग्रेस का अन्तिम अधिवेशन जिसमें तिलक ने भाग लिया था, अमृतसर में आयोजित हुआ था। इस अधिवेशन को समाप्त हुए बमुश्किल तीन महीने गुज़रे थे कि भारत के राजनीतिक परिदृश्य पर लगभग तीन दशकों तक अपना दबदबा क़ायम रखने वाले इस योद्धा का निधन हो गया था। अमृतसर अधिवेशन के पहले से ही तिलक को इस बात का अहसास होने लगा था कि उन्हें पीछें कि पक्ति में ढकेला जा रहा है। भारतीय राजनीति के सर्वाधिक मान्य, उग्र व आक्रामक राष्ट्रवाद के प्रवक्ता तिलक के निधन के साथ ही भारतीय राष्ट्रीय कांग्रेस में गांधी का पूर्ण दबदबा स्थापित हो जाता है।

1920 के नागपुर अधिवेशन में डॉ. हेडगेवार ने महत्त्वपूर्ण ज़िम्मेदारी निभाई थी। वह स्वयंसेवक समिति, सफ़ाई समिति और विषय समिति के सदस्य बनाये गये। डॉ. हेडगेवार के अलावा परांजपे, हरकरे और डी. वी. देशमुख भी समिति के सदस्य थे और डॉ. हेडगेवार को सहयोग कर रहे थे। स्वयंसेवक समिति पर देश भर से आये प्रतिनिधियों की व्यवस्था और अधिवेशन को सुचारु रूप से चलाने में सहायता देने की ज़िम्मेदारी थी। स्वयंसेवक समिति की ज़िम्मेदारी डॉ. हेडगेवार क कन्धों पर थी। कांग्रेस के अधिवेशन को सफल बनाने के लिए डॉ. हेडगेवार ने 1200 स्वयंसेवकों को इस अधिवेशन के लिए प्रशिक्षण दिया। कांग्रेस के कार्यकर्ताओं को इस अधिवेशन के लिए तात्कालिक स्वयंसेवक बनाया गया था। स्वयंसेवकों की व्यवस्था और उनके प्रमुख के नाते डॉ. हेडगेवार ने कांग्रेस के कार्यकर्ताओं को बताया कि एक आदर्श स्वयंसेवक कैसा होना चाहिए। इसके लिए डॉ. हेडगेवार को बहुत मेहनत करनी पड़ी। डॉ. हेडगेवार का मानना था कि सिर्फ़ ख़ाकी गणवेश तथा साफा पहनकर कार्यकर्ता स्वयंसेवक नहीं बन सकते। उनको योग्य प्रशिक्षण और अनुशासन में रहने की सीख देनी होगी। कांग्रेसी कार्यकर्ता अनुशासित नहीं थे और डॉ. हेडगेवार ने उन कार्यकर्ताओं को अनुशासित करने के लिए बेहद पसीना बहाया। डॉ. हेडगेवार युवा कांग्रेसी स्वयंसेवकों की अनुशासनहीनता से निराश थे। उन्होंने यह भी महसूस किया कि अधिवेशन समाप्त होने के बाद ऐसे स्वयंसेवकों के लिए कोई काम नहीं रहता है।

अधिवेशन के दौरान भी नेताओं की आवभगत और देखभाल करना, मेज़-कुर्सियों लगाना, दरियाँ बिछाना, गद्दे-तकिये डालना और उठाना आदि काम ही इन स्वयंसेवकों की ज़िम्मेदारी थी। इसके अलावा कोई और काम नहीं। डॉ. हेडगेवार ने महसूस किया कि युवा भी सिर्फ़ इसी काम को किसी तरह करके अपनी ज़िम्मेदारी से मुक्त हो जाते है और घर जाकर अपने काम-धन्धे में लग जाते है। डॉ. हेडगेवार ने अपने वरिष्ठ नेताओं से चर्चा की और कहा कि युवा कार्यकर्ताओं को अनुशासित करने के लिए नियमित कार्यक्रम होने चाहिए। कांग्रेस के वरिष्ठ नेताओं ने डॉ. हेडगेवार से कहा कि कार्यकर्ताओं को अपने से बड़े नेता का आदेश मानना ही अनुशासन होता है। कार्यकर्ता इतना ही करें, इससे ज़्यादा नहीं। कांग्रेस के वरिष्ठ नेताओं एक आदर्श कार्यकर्ता कैसा होना चाहिए, उनके विचार सुनकर डॉ. हेडगेवार का मन दुखी हुआ।

कांग्रेस अधिवेशन के लिए स्वयंसेवकों को तैयार करते हुए आदर्श स्वयंसेवक कैसा होना चाहिए और स्वयंसेवकों को लगातार कैसे राष्ट्रहित में ज़्यादा से ज़्यादा लिप्त किया जा सकता है, इसका विचार उनके मन में उठने लगा था। इसी दौरान उन्हें यह भी अनुभव हुआ कि दूसरों की सहायता के लिए आगे आया स्वयंसेवक यदि स्वयं अनुशासित और मज़बूत नहीं है तो कार्य की सफलता सम्भव नहीं है। डॉ. हेडगेवार नागपुर अधिवेशन के बाद एक सफल संगठनकर्ता के रूप में पहचाने जाने लगे। कांग्रेस के अन्दर भी डॉ. हेडगेवार से प्रभावित लोगो की संख्या में इज़ाफ़ा होने लगा था।

ख़िलाफ़त आन्दोलन की असफलता और कांग्रेस से मोहभंग

कांग्रेस ने ख़िलाफ़त मुद्दें पर मुसलमानों का साथ देने का निर्णय लिया। डॉ. हेडगेवार कांग्रेस के इस निर्णय से सहमत नहीं थे। हेडगेवार का मानना था। मुसलमान कभी भी देश की स्वतन्त्रता की लड़ाई में संगठित होकर पूर्ण रूप से सक्रिय भाग नहीं लेंगे। हेडगेवार का आकलन था कि मुस्लिम समाज भले ही अभी स्वार्थ के कारण गांधी के साथ देने ये तैयार हो जाये लेकिन बाद में अपना स्वार्थ पूरा होने के बाद मुस्लिम वर्ग फिर से हिन्दुओं के ख़िलाफ़ ज़हर उगलने में कोई कसर नहीं छोड़ेगा। कांग्रेस के फ़ैसले से सहमत न होने के बाद भी देश की आज़ादी के लिए सब कुछ त्याग करने का मन बना चुके केशव बलिराम हेडगेवार ने कांग्रेस के इस निर्णय को समर्थन दिया और ख़िलाफ़त आन्दोलन को सफल बनाने के लिए जुट गये। गांधी का मानना था कि ब्रिटिश विरोध के लिए यह आवश्यक है कि देश बहुसंख्यक हिन्दुओं के साथ देश के अल्पसंख्यक मुसलमान भी कन्धे से कन्धा मिलाकर ब्रिटिश सरकार के विरोध में खड़े हों। गांधी के पास अपने संघर्ष और लड़ाई में मुसलमानों को शामिल करने के दो विकल्प थे। पहले विकल्प के रूप में सैयद अहमद का गढ़ा हुआ, अंग्रेज़ प्रिंसिपल की छत्रछाया में विकसित हुआ और अलीगढ़ यूनिवर्सिटी में दीक्षित हुआ वह मुस्लिम वर्ग, जो मुस्लिम लीग के संगठन के रूप में प्रतिबिम्बित था या फिर दूसरे विकल्प के रूप में ग़रीब, हशिये पर पड़ा हुआ निम्न वर्ग और मध्यवर्गीय आम मुसलमान जो पारम्परिक इस्लामी शिक्षा, सामाजिक व्यवस्था, निष्ठाओं से जुड़ा था और जो पूरे देश में करोडों की संख्या में था। वह साथ दे। यह मुस्लिम वर्ग अपने धर्म पर आस्थावान था लेकिन इसकी डोर उलेमाओं द्वारा निर्देशित और संचालित होती थी। यह वर्ग राजनीति में सिर्फ़ इस्लाम की पहचान द्वारा, उसके संघर्ष के द्वारा ही सरलतम रूप से जुड़ सकता था। मुसलमानों का

उच्च शिक्षित मुस्लिम लीग के प्रभाव में था और उससे जुड़ चुका था। गांधी के लिए इस वर्ग को अपने साथ जोड़ना सम्भव नहीं था। कांग्रेस भी मुस्लिम लीग के साथ जुड़ने में इच्छुक नहीं थी। गांधी ने दूसरे विकल्प को चुना और ग़रीब तथा हशिये पर पड़े मुस्लिम समाज को अपने साथ जोड़ने का मन बनाया। ख़िलाफ़त के मुद्दे ने गांधी को यह अवसर उपलब्ध करा दिया।

दरअसल पूरा ख़िलाफ़त आन्दोलन ख़िलाफ़त कमेटियों ने चलाया जो कांग्रेस और मुस्लिम लीग जैसी राजनैतिक पार्टियों से अलग उन मुल्लाओं और उलेमाओं के हाथों में थी, जो इस्लाम के अन्धानुकरण के अलावा कुछ नहीं समझना चाहते थे। इनके लिए इस्लाम सर्वोपरि था और इस्लाम के अलावा किसी और जीवनशैली या दृष्टि पर विचार ही नहीं कर सकते थे। मुसलमानों का यह वर्ग पूरी तरह मुल्लाओं और मौलवियों से संचालित होता था। ये मुल्ला और मौलवी मुसलमानों के पथ-प्रदर्शक और मार्गदर्शक थे। उनके लिए राजनीति भी धर्म से नियन्त्रित और संचालित होती हुई उससे अविभाज्य थी।

असंख्य छोटी-छोटी ख़िलाफ़त कमेटियाँ बनी थीं, जो किसी भी केन्द्रीय अनुशासन निरीक्षण नियन्त्रण से मुक्त अपने-अपने स्तर पर ख़िलाफ़त आन्दोलन के अपने अपने अर्थ निकालकर उसे अपने तरीक़े से नियन्त्रित कर रही थी। हालाँकि एक केन्द्रीय ख़िलाफ़त कमेटी भी बनी थी, जिसके घोषित उद्देश्य और लक्ष्यों में सिर्फ़ तुर्की खलीफ़ा था। भारत, उसकी राजनीति, उसका स्वतन्त्रता-संघर्ष कहीं नहीं था। यदि गांधी की नीतियों, कार्यक्रम, राजनैतिक संघर्षों, स्वप्नों के भारत के सन्दर्भ में मुसलमान की भूमिका व सक्रियता का विशिष्ट अध्ययन किया जाये तो 1919 के बाद से ही उनकी स्थिति निरन्तर गांधी से विमुख होने की दिखेगी। ध्यान देने योग्य बात है कि असहयोग आन्दोलन का प्रस्ताव जिसे गांधी ने स्वयं लिखा था और जो कांग्रेस के सितम्बर 1920 के कलकत्ता के विशेष अधिवेशन, फिर नागपुर, दिसम्बर 1920 के वार्षिक अधिवेशन में पारित हुआ था, उसमें गांधी ने आन्दोलन शुरू करने के पहले कारण पर ख़िलाफ़त और दूसरे स्थान पर जलियाँवाला बाग का मुद्दा रखा था। स्वराज अथवा राजनैतिक स्वायत्तता अथवा किसी राष्ट्रीय नीति के आधार पर संघर्ष करने का कोई ज़िक्र इसमें नहीं था। गांधी का यह प्रस्ताव स्वयं में ही पहले राष्ट्रीय जनआन्दोलन की प्रेरणाओं का अत्यन्त संकीर्ण कारण और उसकी गहरी भ्रामकता व अस्पष्टता से भरा स्वरूप था। स्वराज की माँग से पहले और ज़्यादा बड़ी माँग गांधी द्वारा अपने प्रस्ताव में तुर्की के ख़लीफ़ा के समर्थन की थी। भारत की स्वतन्त्रता के राष्ट्रीय संघर्ष में गांधी ने धर्म और राजनीति का यह पहला

घातक घालमेल किया था, जिससे बाद में वह स्वयं ही जीवन भर नहीं निकल पाये और अन्त में देश का विभाजन हुआ। गांधी की अहिंसा और इस्लाम की प्रभुंता, स्वरूप और सिद्धान्तों के बीच क्या तालमेल था और कैसे देश के मुसलमान गांधी की अहिंसा को अपने धर्म के विरुद्ध गले उतारकर उनके साथ स्वाधीनता की लड़ाई में शामिल हो सकते थे, इसका जवाब किसी के पास नहीं था। शायद गांधी के पास भी नहीं। कैसे कोई अहिंसात्मक आन्दोलन तुर्की के ख़लीफ़ा या इस्लाम के समर्थन में जा सकता है, यह गांधी के इस आन्दोलन और उनकी की पूरी भ्रमित अहिंसा की धारणाओं अथवा वाग्जाल का बुनियादी सवाल था, जिस पर गांधी ने स्वयं कभी गहराई और स्पष्टता से नहीं सोचा। असहयोग आन्दोलन के शुरू होते ही और उसके बाद लगभग एक दशक तक, पूरे देश में चलने वाले भयानक दंगों और इन दंगों में हिन्दुओं पर हुए भीषण अत्याचार इस सवाल का स्वयं में सर्वाधिक सार्थक और प्रामाणिक उत्तर है। गांधी ने इस असहयोग आन्दोलन में ख़िलाफ़त के मुद्दे को सर्वोच्च स्थान देकर व इसे राष्ट्रीय आन्दोलन बनाकर 'अखिल इस्लाम' (पैन इस्लामिज़्म) के समर्थकों को एक विश्वसनीय स्वप्न व महत्त्वकांक्षा दी, कि एक दिन पूरे भारत और विश्व के मुसलमान इस्लाम और उसकी सत्ता के नीचे आ सकते हैं। इस बात की शंका हेडगेवार ने ख़िलाफ़त आन्दोलन शुरू होने के पहले ही ज़ाहिर कर दी थी। हेड़गेवार ने मध्य प्रान्त के वरिष्ठ नेताओं को अपनी शंका से अवगत करा दिया था लेकिन गांधी के पूरे प्रभाव में आ चुकी कांग्रेस हेडगेवार की शंकाओं और सलाहों पर ध्यान देने के लिए तैयार नहीं थी।

मोपला विद्रोह इसका प्रतिबिम्ब था, जिसमें हिन्दुओं का भीषण संहार और विनाश हुआ। तुर्की में ख़लीफ़ा के पतन और कमाल अतातुर्क की विजय के साथ ही यह भी स्पष्ट हो गया था कि मुसलमानों के तुष्टीकरण और राजनीति में धर्म को प्रवेश देकर भविष्य के भारत में अब मुसलमानों की राजनीति किस दिशा में जाने वाली है। तुर्की में कमाल अतातुर्क के सत्ता हाथ में लेने के बाद ख़िलाफ़त आन्दोलन की ज़रूरत ही ख़त्म हो गयी। ख़िलाफ़त कमेटियाँ अप्रांसगिक और अनावश्यक हो गयीं और इनके संकीर्ण, धार्मिक दृष्टिवाले सदस्यों पर कठमुल्लाओं अथवा ब्रिटिश समर्थक मुस्लिम संगठनों का क़ब्ज़ा हो गया। गांधी के असहयोग के प्रस्ताव में उल्लिखित स्वराज में मुसलमानों की क्या स्थिति थी और उसमें उनकी कितनी हिस्सेदारी होगी, देश के मुसलमानों को गांधी यह समझाने में असमर्थ थे। यही कारण था कि ख़िलाफ़त आन्दोलन शुरू होने के बाद मुस्लिम लीगी मुसलमानों 'स्वराज' में मुसलमानों की जगह के बुनियादी सवाल उठाने शुरू कर दिये थे। मुस्लिम लीग

के 1921 के अधिवेशन में 30 दिसम्बर को अध्यक्ष पद से दिये गये हसरत मोहानी के भाषण में जनवरी 1922 से एक 'भारतीय गणतन्त्र' की घोषणा की गई थी और कहा गया था कि इसे 'संयुक्त राज्य भारत' कहा जायेगा। गांधी का 'स्वराज' और मुस्लिम लीग का 'संयुक्त राज्य भारत' एक ही समय घोषित हो रहे थे। 'संयुक्त राज्य भारत' की स्थापना के लिए गुरिल्ला युद्ध, मार्शल ला और समस्त हिंसक माध्यमों की स्वीकृति थी। मोहानी के इस भाषण में मोपला विद्रोहियों के कामों का समर्थन भी था।

गांधी के राजनैतिक जीवन का यह पहला बड़ा राष्ट्वादी आन्दोलन था जो शुरू से ही प्रश्नों, असहमतियों और शंकाओं के घेरे में आ गया था। अक्सर गांधी के पूरे राजनैतिक जीवन, उनकी राजनीतिक दृष्टि, समझ और रणनीति की गहरी असफलता और नासमझी के प्रमाण में यह आन्दोलन प्रस्तुत किया जाता है। गांधी जहाँ मुसलमानों को कांग्रेस से जोड़ने की कोशिश कर रहे थे, वहीं मुस्लिम लीग पहले ही मुसलमानों को देश की मुख्य राजनीतिक धारा से अलग करना शुरू कर चुकी थी। गांधी ने जब सक्रिय राजनीति में राष्ट्रीय स्तर पर क़दम रखा, तब तक मुसलमानों का उच्च वर्ग अपने हितों व दृष्टिकोणों के साथ कांग्रेस से अलग होकर मुस्लिम लीग बना चुका था और बंगाल विभाजन में लगभग विरोधी दिशा अपना चुका था। यह वर्ग पूरी तरह अंग्रेज़ी साम्राज्य का व उनकी शिक्षा, सभ्यता, रहन -सहन का पिट्ठू था। यह वर्ग किसी भी तरह से ब्रिटिश साम्राज्य का विरोध करने के विरुद्ध था। अंग्रेज़ इस वर्ग के आदर्श थे। मुस्लिम लीग के अनेकों अभिलेखों, भाषणो में यह घोषणा स्पष्ट रूप से मिलती है। यह वर्ग किसी भी रूप में, किसी भी स्थिति में, ऐसे किसी भी संघर्ष में शामिल होने की कल्पना भी नहीं कर सकता था जो अंग्रेज़ों के विरुद्ध हो। ख़िलाफ़त की असफलता के बाद गांधी के नेतृत्व पर सवाल उठने लगें। गांधी की नीतियाँ, दृष्टि, साम्प्रदायिकता से समझौता व पूरा व्यक्तित्व ही विवादों के घेरे में आ गया। गांधी कुछ वर्षों के लिए राजनीति के नेपथ्य में चले गये।

ख़िलाफ़त मुद्दा क्या था?

प्रथम विश्वयुद्ध के समय तुर्की के सुल्तान जर्मनी के ख़ेमे थे। उन्हे ख़लीफ़ा कहा जाता था और उनके शासक को ख़िलाफ़त। इससे पूर्व बाल्कन युद्ध में भी ब्रिटेन और तुर्की परस्पर विरोधी खेमों में थे। युद्ध के दौरान ब्रिटिश प्रधानमन्त्री और अमेरिका के राष्ट्रपति ने भारतीय मुसलमानों की भावनाओं का आदर करते हुए अनेक बयान जारी किये थे। ब्रिटेन और अमेरिका के शासकों ने ऐसे समय ये आश्वासन दिये थे जब उन्हें भी युद्ध में अपनी विजय का विश्वास नहीं था। लेकिन युद्ध के बाद उनके रुख़ में परिवर्तन आ गया। युद्ध के दौरान जो भी आश्वासन दिये गये उनका खुलकर उल्लंघन किया गया। तुर्की के बचे हुए हिस्से पर ख़लीफ़ा को शासन के लिए नाममात्र का अधिकार दिया गया। ब्रिटेन सहित अन्य साम्राज्यवादी देशों द्वारा नियुक्त आयोग को असली शासक का दर्ज़ा मिला।

भारतीय मुसलमानों ने जब देखा कि ख़लीफ़ा को उनके देश के हिस्से से वंचित कर दिया गया है और ब्रिटेन तथा मित्र राष्टों ने ख़लीफ़ा के साथ ज़बर्दस्त विश्वासघात किया है तो वे इसके ख़िलाफ़ आवाज़ उठाने लगे। इनके विरोध का संगठित स्वरूप 'अखिल भारतीय खिलाफत समिति' के रूप में व्यक्त हुआ, जिसने ख़लीफ़ा के भविष्य के सन्दर्भ में दिये गये आश्वासनों के उल्लंघन के ख़िलाफ़ आवाज़ उठायी। मुसलमानों की तरफ़ से इस आन्दोलन में मौलाना मोहम्मद अली और मौलाना शौक़त अली जिन्हें अली बन्धु के नाम से भी जाना जाता है, ने मुख्य भूमिका निभायी थी। गांधी ने अपने असहयोग आन्दोलन के साथ मुसलमानों के इस मुद्दे को भी जोड़कर एक झटके में लाखों मुसलमानों को भारतीय राजनीति की मुख्यधारा से जोड़ लिया। इस आन्दोलन में गांधी का विरोध करने वाले लोगों का तर्क था कि गांधी यह करके राजनीति में धर्म का प्रवेश करवा रहे हैं। गांधी का इस बात पर भी विरोध किया गया कि ख़िलाफ़त पूरी तरह से विदेशी मुद्दा है

जिसे भारतीय राजनीति से जोड़कर गांधी आफ़त मोल ले रहे हैं और देश की राजनीति में मुस्लिम तुष्टीकरण की शुरुआत कर रहे हैं, जो बाद में देश के लिए घातक सिद्ध होगी। गांधी की कोशिश उपेक्षित मुसलमानों को सिर्फ़ संगठित रूप से राजनीति से जोड़ने की थी, उन्हें स्थान या वैधता देने की नहीं।

फरवरी 1922 को चौरा चौरी की घटना हुई जिसके बाद गांधी ने असहयोग आन्दोलन वापस ले लिया। इस घटना में 21 पुलिसवाले थाने में ज़िन्दा जला दिये गये थे। शासन ने 228 लोगों को गिरफ़्तार किया। उन पर मुक़दमा चला और 172 को मृत्युदण्ड दिया गया। 1922 में गांधी द्वारा आन्दोलन के वापस ले लेने के बाद लगभग 5 वर्षों के लिए पूरा देश गहरी हताशा और निराशा में चला गया था। गांधी गिरफ़्तार हो चुके थे। हिन्दू-मुस्लिम दंगों की शुरुआत हो चुकी थी। कुल मिलाकर देश का परिदृश्य गहरी थकान, भ्रम और निराशा में डूबा था।

हिन्दुओं का नरसंहार और हेडगेवार का हिन्दुओं को संगठित करने का निर्णय

असहयोग आन्दोलन में भाग लेने के कारण जेल गये हेडगेवार 12 जुलाई 1922 को जेल से छूटें। वस्तुत: असहयोग आन्दोलन का यह पूरा प्रसंग गहन विवेचना, ब्योरों, विवादों, प्रमाणों से ओत-प्रोत है। 1 अगस्त 1920 को शुरु होकर 6 फरवरी 1922 तक चलने वाला यह असहयोग आन्दोलन भारतीय राजनीति की सबसे विवादास्पद परिणाम देने वाला आन्दोलन था। कांग्रेस के सभी बड़े नेता गांधी के अचानक आन्दोलन के वापस लेने पर हतप्रभ थे, गांधी पर आन्दोलन को वापस न लेने का दबाव बना रहे थे, लेकिन गांधी नहीं माने। गांधी ने आन्दोलन वापस लेने की घोषणा कर दी। गांधी से असहमत नेताओं ने गांधी के नेतृत्व पर शंकाएं ज़ाहिर की, प्रश्न उठाये। आन्दोलन वापस लेने से गहरी निराशा, भ्रम और दिशाहीनता में डूबे हुए पूरे देश ने ख़ुद को ठगा हुआ महसूस किया। देश की आन्तरिक उथल-पुथल, विभिन्न शक्ति केन्द्रों के पारस्परिक संघात, अनेक विचारधाराएँ, संगठन जो एक दशक के लिए राष्ट्रवाद के उबाल के झाग में दब गये थे, झाग बैठने के बाद पुन: अधिक शक्तिशाली होकर सक्रिय हो गये। गांधी के आन्दोलन को वापस लेने के साथ ही भारत में ख़िलाफ़त की लड़ाई लड़नेवाले मुसलमानों के संघर्ष का आधार ही ख़त्म हो गया। इसके आधार पर बनी हिन्दू-मुस्लिम एकता और संयुक्त संघर्ष की जमीन भी सरक गई। देश में मोपना से कोहाट, मुल्तान तक भयानक हिन्दू-मुस्लिम दंगे शुरू हो गये। मुसलमानों ने तज़ीम (संगठन) और तब्लीग़ (विस्तार) के रूप में शुद्ध साम्प्रदायिक आन्दोलन शुरू कर दिये। हिन्दुओं पर अत्याचार, हिंसा का दौर शुरू हुआ।

कोहाट के दंगों ने पूरे देश में हिन्दुओं के अन्दर भय, आक्रोष और नाराजगी की लहर पैदा कर दी। कोहाट उत्तर पश्चिम सीमान्त प्रदेश में मुस्लिम बाहुल्य क्षेत्र था। हिन्दुओं पर हमला करने और हिंसा करने की योजना मुसलमान बनाने लगे। हिन्दुओं ने पुलिस को मुसलमानों की मंशा से अवगत कराया और हिन्दुओं की सुरक्षा पुख़्ता

करने को कहा गया था। पुलिस ने हिन्दुओं की सुरक्षा को लेकर कोई क़दम नहीं उठाया जिसके चलते 9 तारीख़ को भंयकर हिंसा शुरू हुई। खुलेआम हिन्दू दुकाने लूटी गईं। हत्याएँ की गईं। हिन्दू महिलाओं के साथ मुसलमान युवकों ने बलात्कार किया। हिन्दुओं के घर जलाये गये। हिन्दुओं के साथ बड़े पैमाने पर लूटपाट हुई। पुलिस हिंसा रोकने में नाकाम रही। इस आशंका में कि हिन्दुओं की बड़ी संख्या में हत्या कर दी जायेगी उनको कैण्टोनमेंट में रखा गया। बाद में हिन्दू रावलपिंडी चले गये। जयकर ने लिखा है कि–

"कोहाट दंगों के मामलों में जाँच के लिए गांधी और शौकत अली की एक कमेटी बनी। दंगों के ज़िम्मेदार लोगों के मामले पर दोनों की रिपोर्ट भिन्न थी। इसका कोई नतीजा नहीं निकला। पर कोहाट रिफ्युजी वर्किंग कमेटी के लिए भारती स्कूल के प्रधानाध्यापक लाला नन्दलाल की एक रिपोर्ट प्रकाशित हुई। यह दंगों के ठीक बाद प्रकाशित हुई थी। इसने पूरे भारत में भय की लहर पैदा कर दी। रिपोर्ट में कहा गया कि कोहाट में हुए दंगों के बाद 4000 हिन्दुओं को एक रेलगाड़ी से हटाया गया। हिन्दुओं पर भंयकर अत्याचार मुसलमानों ने किये।

मोपला में हुए घटनाक्रम और उसके बाद हिन्दुओं के नरसंहार व हिन्दुओं की लूट ने हिन्दू समाज को अन्दर तक हिला दिया। दंगों की लम्बी शृंखला चली। 1922 से 1924 के बीच देश में साम्प्रदायिक दंगों की फ़सल लहलहा रही थी। मार्च-अप्रैल 1923 में अमृतसर, पानीपत, जबलपुर, गोण्डा, आगरा, रायबरेली, सहारनपुर इसके बाद दिल्ली, नागपुर, लाहौर, लखनऊ, भागलपुर, गुलबर्गा, शाहजहाँपुर में दंगे हुए। सितम्बर 1924 में कोहाट का भयानक काण्ड हुआ। कोहाट से पूरी हिन्दू आबादी को निकाल दिया गया। मोपला दंगों की गूँज सारे देश में सुनायी दे रही थी।

एनी बेसेन्ट ने 29 नवम्बर 1921 को मालाबार एगनी शीर्षक से 'न्यू इंडिया' में लिखा कि अच्छा होगा कि यदि श्री गांधी को मालाबार ले जाया जा सके जिससे कि वह अपनी आँखों से उस भयावहता को देख सकें जो उनके प्यारे भाइयों मुहम्मद और शौक़त अली की शिक्षाओं से पैदा हुई है। केरल की कुछ प्रान्तीय कांग्रेस कमेटी और ख़िलाफ़त कमेटी के सदस्यों ने संयुक्त ज्ञापन दिया।

हिन्दू-मुस्लिम एकता स्वराज से कही अधिक महत्त्वपूर्ण है। इसलिए हम मौलाना साहब तथा उनके सहधर्मियों को बताना चाहते हैं तथा भारत के आदरणीय नेता महात्मा गांधी को भी यदि उनको यहाँ की घटनाओं का ज्ञान नहीं है कि मोपला द्वारा हिन्दुओं पर की गई बर्बरता की ख़बरें दुभाग्यवश सत्य हैं। मोपला विद्रोहियों

के इन कार्यों में ऐसा कुछ भी नहीं है जिन पर उनको सच्चे अहिंसक असहयोगी द्वारा बधाई दी जा सके। उनमें क्या है जिस पर उनकों बधाई दी जा सके? उन्होंने अकारण व अनियन्त्रित रूप से हिन्दुओं पर आक्रमण किये। एनाड, वल्लूवनाड के भागों में पोन्नाली और कालीकट ताल्लुकों में हिन्दुओं के घरों को पूरी तरह लूटा। विद्रोह के आरम्भ में कुछ स्थानों पर हिन्दुओं का जबरदस्ती धर्म परिवर्तन किया बाद में समग्र रूप से उन लोगों का किया गया जो घरों में रह गये। निर्दोष हिन्दू पुरुष, स्त्री व बच्चों की हत्या की गयी। हिन्दू स्त्रियों का बलात्कार किया गया और उनको धर्मान्तरित करके मोपलाओं से विवाह करा दिया गया। ये या इसी प्रकार की घटनाएँ, जो निश्चित रूप से सत्य है हमारे समक्ष पीड़ितों के बयानों पर आधारित हैं।

अर्नाल्ड ट्वानम्बी ने मोपला प्रकरण पर लिखा है कि—

अली बन्धुओं के हिंसक भाषण, स्वराज का शुरुआती नज़रिया जैसाकि असहयोगी समाचार-पत्रों ने पहले ही कहा था, ख़िलाफ़त कॉन्फ्रेस के जुलाई वाले प्रस्ताव इन सबने मिलकर स्थिति को विस्फोटक बना दिया। जैसे ही प्रशासन पंगु हुआ मोपलाओं ने घोषणा कर दी कि स्वराज स्थापित हो गया था। अली मुसलियार व्यक्ति के राजा होने का दावा किया गया। ख़िलाफ़त के झण्डे फहराए गये और एनाड और वल्लूवनाड़ को ख़िलाफ़त का साम्राज्य घोषित कर दिया गया। जनसंहार, बलात धर्म परिवर्तन, मन्दिरों को अपवित्र करना, स्त्रियों का अपमान, लूटमार, आगजनी और विध्वंस लगतार किये गये। कुछ ख़िलाफ़त के नेता इतने दिग्भ्रमित थे कि उन्होंने धर्म के लिए वीरतापूर्वक लड़ रहे मोपलाओं के लिए बधाई का प्रस्ताव पास कर दिया। गांधी अपने आसपास के लोगों से छले गये थे।

1921-22 में आरम्भ हुए दंगे उत्तर प्रदेश, बम्बई, बंगाल, मध्य प्रदेश, बिहार, उड़ीसा, पंजाब, उत्तर पश्चिम सीमान्त प्रान्त और दिल्ली में साल-दर-साल चलते जा रहे थे और थमने का नाम नहीं ले रहे थे। धार्मिक उन्माद चरम पर था। मई 1924 में एक पंजाबी हिन्दू राजपाल की हत्या कर दी गयी। फलस्वरूप देश में दंगे भड़के। हत्याएँ हुईं। मुसलमान अपनी नीति तंज़ीम (संगठन), व तब्लीग़ (विस्तार) में लगे हुए थे। मुस्लिम प्रचारक धर्मान्तरण के कार्य में विशेषकर हिन्दू दलित वर्ग के अछूतों मे, व्यस्त थे। हिन्दू और मुस्लिम त्योहारों जैसे होली, दीवाली या मोहर्रम और ईद में इन दंगों की बाढ़ आ जाती थी। हर दंगे में हिन्दू समाज पर अत्याचार की बाढ़ आ गयी थी। हिन्दू गहरे निराशा के माहौल में था। 1925 में लाला हरदयाल का लिखा हुआ 'मेरा विचार शीर्षक' से एक पर्चा भारत पहुँचा और वितरित हुआ। इसमें लिखा था कि "राज्य हिन्दुओं का होना चाहिए, पर मुसलमान उसमें रह सकते हैं। राज्य न तो मुसलमानों का हो सकता है, न ही हिन्दू-मुसलमानों द्वारा संयुक्त रूप से

प्रशासित हो सकता है। स्वराज पाने के लिए हमें (हिन्दुओं) मुसलमानों की सहयता की ज़रूरत नहीं है, न हमारी इच्छा है कि संयुक्त शासन हो। हिन्दुस्तान और पंजाब की हिन्दू प्रजाति का भविष्य इन चार स्तम्भों पर टिका है।

हिन्दू संगठन

हिन्दू राज

मुसलमानों की शुद्धि

अफ़ग़ानिस्तान और सीमा प्रान्त की विजय तथा शुद्धि।

असहयोग आन्दोलन की विफलता के बाद हिन्दुओं के साथ मुसलमानों के दंगों, और हिन्दुओं पर हो रहे अत्याचार पर कांग्रेस के मूक बने रहने पर देश के हिन्दुओं में गहरे असन्तोष और नाराजगी घर करने लगी थी। हिन्दुओं को यह महसूस होने लगा था कि मुसलमानों के दंगों से उने बचाने के लिए कांग्रेस के अन्दर इच्छाशक्ति नहीं है। इन्हीं दंगों के दौरान हेडगेवार के मन में यह बात घर कर गयी कि कांग्रेस के भरोसे हिन्दुओं को बचाया नहीं जा सकता है। अगर हिन्दुओं को मुसलमानों के अत्याचार से बचाना है तो कांग्रेस से अलग कुछ विकल्पों पर विचार करना होगा। हालाँकि उस समय भी कुछ हिन्दू संगठन थे जो आकार में छोटे होने के कारण कोई बडी छाप हिन्दुओं के मानस पर नहीं छोड़ पा रहे थे। इस दौर में हिन्दू संगठन गठित-पुनर्गठित हो रहे थे। भारत की राजनीति में धर्म व सम्प्रदाय की इतनी जीवन्त, प्रभावी, स्वीकृत व सक्रिय उपस्थिति पहली बार दिखायी पड़ी थी। 1923 में हिन्दू महासभा पुनगर्ठित हो गयी। स्वामी श्रद्धानन्द, मदन मोहन मालवीय आदि ने मूल रूप से मुसलमानों के विरोध में शुद्धि कार्यक्रम चलाया। लाला हरदयाल का पर्चा पूरे देश में वितरित हुआ, जिसमें 'हिन्दू संगठन', 'हिन्दू राज' 'परिवर्तित मुसलमानों की शुद्धि' और अफ़ग़ानिस्तान व सीमा प्रान्त की विजय मुख्य नीतियाँ व लक्ष्य घोषित हुए। सावरकर का हिन्दुत्व प्रकाशित हुआ। केशव बलिराम हेडगेवार पूरी तेज़ी से बदल रहे राजनैतिक घटनाक्रम पर नज़र रखे हुए थे। हिन्दुओं के साथ हो रहे अत्याचार से हेडगेवार व्यथित हो रहे थे। कांग्रेस के सदस्य के रूप में हेडगेवार कांग्रेस के अन्दर हिन्दुओं की हो रही दुर्दशा से अवगत थे। हेडगेवार विभिन्न मंचों से हिन्दुओं के ख़िलाफ़ जानबूझकर बनाये जा रहे माहौल, षड्यन्त्र और हिन्दुओं को कमज़ोर करने के लिए अपनाये जा रहे तमाम हथकण्डों को समझ रहे थे। हेडगेवार को यह महसूस होने लगा था कि कांग्रेस के अन्दर अब धीरे-धीरे हिन्दुओं के हितों

और उनकी सुरक्षा की बात करने वाले नेता हशिये पर डाले जा रहे हैं। मुस्लिम लीग मुसलमानों को भड़काकर, संगठित कर हिन्दुओं पर अत्याचार कर रही है। देश में उस समय कोई भी ऐसा संगठन नहीं था जो हिन्दुओं को संगठित कर सके, उनके अन्दर आत्मसम्मान का भाव पैदा कर सके। हिन्दू समाज के लिए और राष्ट के लिए मर मिटने वाले युवाओं को तैयार कर सके और मुसलमानों के अत्याचारों से हिन्दुओं को सुरक्षा प्रदान कर सके। देश में घट रही घटनाओं पर हेडगेवार लगातार मन्थन कर रहे थे। हेडगेवार इस नतीजे पर पहुँचे कि कांग्रेस से अलग रहकर हिन्दुओं को संगठित करने के लिए काम करना होगा। हालाँकि देश में मुसलमानों की हिसंक वृत्तियों से निपटने के लिए हिन्दुओं को एकत्र करने के प्रयास पहले से छोटे-छोटे स्तरों पर हो रहे थे। देश के विभिन्न भागों में विभिन्न नामों के छोटे-छोटे संगठन बने थे, लेकिन इनका आकार सीमित था। संगठन बन रहे थे, बिखर रहे थे।

कोहाट की इस दुख-भरी भयानक घटना पर तथा सरकार द्वारा हिन्दुओं की रक्षा में असमर्थ रहने पर पूरे भारत में गहरी उत्तेजना फैली। हिन्दुओं पर इस घटना का दुख-भरा प्रभाव पड़ा। हिन्दुओं में इस घटना के विरोध में गहरा क्रोध था। हेडगेवार ने भी कोहाट दंगों में हिन्दुओं पर हुए अत्याचार पर निंदा की। हेडगेवार कांग्रेस के हिन्दुओं के लिए ढुलमुल रवैये और मुसलमानों को आश्रय देने की नीति से नाराज़ हुए। हेडगेवार ने कहा था जब तक हिन्दू संगठित नहीं होगा, इसी तरह आत्याचार का शिकार होता रहेगा। हिन्दुओं को अपनी और देश की रक्षा के लिए संगठित होना होगा। हिन्दू समाज पर लगातार हो रहे हिंसक हमलों ने हेडगेवार को हिन्दुओं की रक्षा करने के लिए एक संगठन बनाने को प्रेरित किया। जिसकी परिणिति 'राष्ट्रीय स्वयंसेवक संघ' के रूप में हुई। हिन्दुओं कं एक बड़े वर्ग ने मुसलमानों की तरफ़ से आने वाले इस भयंकर खतरे को अपने ऊपर महसूस किया। अगस्त 1923 के हिन्दू महासभा के बनारस अधिवेशन में लगभग 1500 प्रतिनिधि और हज़ारों लोगों ने भाग लिया जिनमें कई सिख, जैन, बौद्ध, पारसी व आर्य समाजी थे। भारत में पहली बार मुस्लिम व ईसाई को छोड़कर लगभग हर धार्मिक सम्प्रदाय का प्रतिनिधित्व ऐसे सम्मेलन में हुआ। पण्डित मदनमोहन मालवीय ने इसकी अध्यक्षता की। इसमें संगठन का विधान बदला गया और प्रान्तीय तथा स्थानीय हिन्दू सभाओं को समाहित किया गया। शुद्धि आन्दोलन को औपचारिक रूप से स्वीकार किया गया और अछूतोद्धार की आवश्यकता पर ज़ोर दिया गया।

11 अप्रैल, 1925 को कलकत्ता की हिन्दू महासभा में अध्यक्ष लाजपत राय ने महासभा के उद्देश्य इस प्रकार रखें–

हिन्दू सभाओं को देश-भर में संगठित करना।

साम्प्रदायिक दंगों से प्रभावित हिन्दुओं को राहत पहुँचाना।

जबरदस्ती इस्लाम में धर्मान्तरित हिन्दुओं को वापस लाना।

व्यायामशालाओं को तैयार करना।

समाजसेवा के लिए समितियाँ बनाना।

हिन्दी भाषा का प्रचार

हिन्दू त्योहारों को इस तरह मनाना कि हिन्दू समाज के विभिन्न वर्गों में बन्धुत्व की भावना रहे।

राजनैतिक विवादों में हिन्दू सम्प्रदाय के पक्ष को प्रस्तुत करना।

मुसलमानों और ईसायों के प्रति सद्भावना प्रदर्शित करना।

ख़िलाफ़त आन्दोलन की असफलता और उसके बाद हुए हिन्दू-मुस्लिम दंगों ने केशव बलिराम हेडगेवार को विचलित कर दिया। इन दंगों से डॉ. हेडगेवार को गहरा सदमा लगा। डॉ. हेडगेवार कहा करते थे कि भारतीय मुसलमानों ने साबित किया था कि वे पहले मुसलमान है और भारतीय बाद में क्योंकि जब तुर्की ख़लीफ़ा का मुद्दा छोड़ दिया गया तो वे आज़ादी के आन्दोलन से अलग हो गये। सारा वातावरण मुस्लिम उन्माद से भर गया। हर कहीं भारत-माता की जय नहीं, अल्ला ओ अकबर सुनायी देने लगा। जल्दी ही बाबू, कोहट, मुलतान, कानपुर, नागपुर में मुस्लिम दंगे भड़क उठे। ये हिन्दू-मुस्लिम दंगे नहीं हैं, हेडगेवार कहते थे मुस्लिम दंगे है क्योंकि हर जगह वही शुरू करते हैं और वही आक्रमण करते हैं। ये दंगे मोपला अत्याचारों में परिणीत हुए और आगजनी, लूट, हत्या, बलात्कार और जबरन धर्मान्तरण में समाप्त हुए। देश स्तम्भित रह गया। डॉक्टर हेडगेवार पूछने लगे, 'यह ख़िलाफ़त है या अख़िल आफ़त?' इन हिन्दू-मुस्लिम दंगों के दौरान डॉ. हेडगेवार ने देखा कि संख्या में अधिक होते हुए भी हिन्दू-समाज असंगठित और भिरु है। कांग्रेस के बड़े-बड़े हिन्दू नेता लाला लाजपत राय, मदन मोहन मालवीय, डॉ. मुंजे, स्वामी श्रध्दानन्द आदि बहुत अधिक चिन्तित हुए। हिन्दुओं की भीरुता और मुसलमानों की आक्रमकता पर हेडगेवार व्यथित हुए।

1921 के बाद देश के बड़े हिस्सों में हुए दंगों में हिन्दुओं के साथ हुए अत्याचारों ने हिन्दू संगठनों को एक साथ पुनर्गठित होकर, एक मंच पर जुटने, हिन्दू धर्म की रक्षा करने और हिन्दुओं को मुसलमानों के अत्याचारों से बचाने के लिए आधार

और तर्क उपलब्ध करा दिया। मुसलमानों के अत्याचारों से बचने और हिन्दुओं का मुसलमानों की हिंसा से बचाने के लिए यह जरूरी हो गया था कि हिन्दुओं के पास अपना संगठन, मंच, अपनी नीतियाँ और एक महान अतीत हों। मुंजे ने 1921 के मालाबार दंगों के बारे में अपनी रिपोर्ट में लिखा था

"हिन्दू समाज में हर जाति के लोगों के लिए, शिखर से निम्नतर स्तर तक, ऐसा कोई स्थान नहीं है जहाँ वे बराबर कि हैसियत से मिल सकें, जैसा कि मुसलमानों की मस्जिद में होता है, जहाँ मुसलमान स्पष्ट रूप से अपने सामाजिक व धार्मिक हितों की एकात्मता को परख व पा सकते हैं। इस तरह इन्ही मस्जिदों के माध्यम से भारत में फैले हुए विभिन्न मुस्लिम समुदायों में एक नैसर्गिक एकता व्याप्त होती है। हिन्दुओं में ऐसा कोई संस्थान कहाँ है? क्यों हमारे मन्दिर वह काम नहीं कर सकते जो मुसलमानों की मस्जिदें कर सकती है?"

1925 में स्वामी श्रद्धानन्द ने लिखा—

"मै पहला क़दम यह सुझाना चाहूँगा कि एक हिन्दू राष्ट्र मन्दिर हर क़स्बे व प्रमुख नगर में स्थापित किये जाये, जिसमें इतना बड़ा खुला स्थान हो कि 25 हज़ार पुरुष बैठ सकें। उसमें एक सभागार हो जहाँ रोज भगवद्गीता, उपनिषद्, तथा 'रामायण', 'महाभारत' का पाठ हो सके। राष्ट्र मन्दिर का संचालन स्थानीय हिन्दू सभा करेगी। उसी अहाते में कुश्ती के लिए अखाड़े का प्रबन्ध हो। इस समय अलग-अलग मतों के हिन्दू मन्दिर अपने देवताओं के लिए सीमित हैं, परन्तु यह राष्ट्रीय हिन्दू मन्दिर केवल तीन माताओं की पूजा के लिए होंगे– गोमाता, सरस्वती माता तथा भूमि माता। भारतमाता का जीवनरूपी नक़्शा एक प्रमुख स्थान पर बनाया जायेगे, जहाँ उसकी विभिन्न विशिष्ट का रंगीन चित्रण होगा ताकि मातृभूमि का हर बच्चा प्रतिदिन माता को शीश नवा सके और उसकी प्राचीन गौरव शिखर पर ले जाने की प्रतिज्ञा कर सके जहाँ से वह नीचे गिर गयी है।"

1921 के बाद कांग्रेस से अलग स्वराज दल के अलावा दो और संगठन भी, उसकी छतरी के नीचे बने। इनमें एक था 'रिसपौन्सिविस्ट कोओपरेशन पार्टी' जिसका बाद में नाम 'इंडियन नेशनल पार्टी' हुआ। इसके नेताओं में मालवीय, एन.सी. केलकर, बी.एम. मुंजे, एम.आर. जयकर प्रमुख थे। ये सब हिन्दू महासभा के सम्मेलनों में इसके पहले या फिर बाद में अध्यक्ष बने। दूसरा संगठन 'इंडिपेंडेंट कांग्रेस पार्टी' था जिसके मुख्य सदस्य लाजपत राय थे। वस्तुतः गांधी के पहले की राजनीति में लाल, बाल, पाल के नाम से चर्चित और प्रभावी तीनों व्यक्ति बाल गंगाधर तिलक (महाराष्ट), लाला लाजपत राय (पंजाब), विपिनचन्द्र पाल (बंगाल)

हिन्दू राष्टवादी थे। यह तीनों नेता राजनैतिक रूप से अत्यन्त सक्रिय, प्रभावी और जनता को नियन्त्रित करने वाले व्यक्ति थे। इनके नेतृत्व और प्रभामण्डल से जो नयी पीढ़ी निकली थी, वह वस्तुत: हिन्दू संगठनों के बहुत सक्रिय और समर्पित कार्यकर्ताओं की पीढ़ी थी। पंजाब में भाई परमानन्द, बंगाल में आशुतोष लाहिड़ी और महाराष्ट्र में तो इनकी एक पूरी श्रृंखला थी। इनमें मुंजे, हेडगेवार, जयकर, केलकर और सावरकर थे।

ख़िलाफ़त आन्दोलन की असफलता और हिदू-मुस्लिम दंगो में हिन्दुओं के पिटने के कारण डॉ. हेडगेवार व्यथित थे। डॉ. हेडगेवार ने गम्भीर चिन्तन किया और इस निष्कर्ष पर पहुँचे कि कांग्रेस द्वारा अपनायी जा रही कार्यशैली और विचारधारा से न तो देश को स्वतन्त्रता मिलेगी और न ही हिन्दूसमाज सुरक्षित रह सकेगा। डॉ. हेडगेवार को बहुसंख्यक हिन्दू समाज की भीरुता परेशान करती थी। अपने छह साल के कलकत्ता जीवन में अनुशीलन समिति के अनुभवों और उसके बाद कांग्रेस के सदस्य के तौर पर मिले कटु अनुभवों के आधार पर डॉ. हेडगेवार ने निश्चय किया कि देश को स्वतन्त्रता दिलाने के लिए और हिन्दू समाज को संगठित करने और निडर बनाने के लिए कांग्रेस संगठन से हटकर एक अलग संगठन बनाना होगा। डॉ. हेडगेवार को यह स्पष्ट हो गया था कि, "हिन्दू ही राष्ट्र है और हिन्दुत्व ही राष्ट्रीयत्व है।" सिर्फ़ हिन्दू ही हिन्दुस्तान को आज़ाद करा सकते हैं और सिर्फ़ हिन्दू ही हिन्दू संस्कृति को बचा सकते है। मातृभूमि के लिए अटूट प्रेम और देश के लिए मर मिटने वाले और युवाओं में चरित्र निर्माण कर हिन्दू युवकों को संगठित करना होगा। इसके अलावा और कोई विकल्प नहीं है। डॉ. हेडगेवार इस बात से आहत थे कि हिन्दू समाज अपना आत्मविश्वास खो चुका है। वह असंगठित है, और भीरुता से ग्रस्त है। इसलिए मुस्लिम समाज के तमाम आक्रमणों को झेलकर भी वह अपनी स्वतन्त्रता प्राप्ति की हार्दिक आकांक्षा के लिए मुस्लिम समाज का सहयोग पाने को उसकी पृथकतावादी और अराष्ट्रीय माँगों के साथ समझौता करने के लिए भी तैयार हो जाता है। उस समय के सम्पूर्ण घटनाक्रम और राष्ट्रीय आन्दोलन के चरित्र का सूक्ष्म अध्ययन एवं विश्लेषण करके डॉ. हेडगेवार निम्न निष्कर्षो पर पहुँचे।

1. इस्लामी विचारधारा के कारण भारतीय मुस्लिम मानस राष्ट्र के बजाये विश्व इस्लामवाद के प्रति ज़्यादा निष्ठावान है। वह भारत की स्वतन्त्रता के बजाये भारत के बाहर के देशों के मुस्लिम प्रश्नों एवं समस्याओं के बारे में चिन्तित रहता है।

2. भारत की स्वतन्त्रता के लिए संघर्ष और बलिदान का दायित्व मुस्लिम समाज के सहयोग के बिना हिन्दू समाज को ही उठाना होगा।
3. लम्बी ग़ुलामी के कारण हिन्दू समाज अपना आत्मविश्वास खो चुका है। वह भीरुता से ग्रस्त है। इन दोनों दुर्बलताओं से मुक्ति पाने के लिए उसे संगठित करना होगा, उसका आत्मविश्वास, आत्मबोध जगाना होगा।
4. इस संगठन का आधार पुरानी पीढी के बजाय नई पीढ़ी के किशोरों एवं युवाओं को बनाना होगा।
5. अंग्रेज़ों की सत्ता का केवल विरोध करना ही देशभक्ति नहीं है। जनमानस के मन में इस राष्ट्र के मूल स्वरूप की आदर्श कल्पना को अंकित करना होगा।
6. देश का जनमानस चरित्र अनुशासन और राष्ट्रभक्ति के अभाव में स्वार्थ साधना व परस्पर कलह में लिप्त रहेगा। इसलिए देश के जनमानस में ख़ासकर युवाओं में आदर्श राष्ट्रवाद प्रस्तुत करना आवश्यक है।
7. सबसे महत्त्वपूर्ण बिन्दु डॉक्टर हेडगेवार ने माना कि यह राष्ट्र, जिसकी आत्मा हिन्दू संस्कृति है, एक सर्वमान्य हिन्दू राष्ट्र है। इस राष्ट्र में हिन्दू समाज निर्भयता से गौरव के साथ और सनातन सांस्कृतिक आदर्शों का अनुसरण करते हुए स्वाभिमान के साथ रह सके, इतना सामर्थ्यशाली इसे बनाना आवश्यक है।
8. स्वतन्त्रता प्राप्ति के लिए क्रान्तिकारी आन्दोलन और गांधी प्रणीत शान्तिपूर्ण जनआन्दोलन की सफलता संदिग्ध है। इसके लिए ऐसी अभिनव कार्यपद्धति को खोजना होगा जिसमें से भावनात्मक राष्ट्रभक्ति से ओतप्रोत युवाओं का एक अभेद्य, अनुशासनबन्द्ध, राष्ट्रव्यापी संगठन निश्चित अवधि के भीतर खड़ा हो सके। ऐसा संगठन जो उपयुक्त अवसर आने पर एक झटके से ब्रिटिश सरकार पर प्रहार करके देश को स्वतन्त्र करा सके।

राष्ट्रीय स्वयंसेवक संघ की स्थापना

हिन्दुओं के भीतर बसे भय और मुसलमानों के हिंसा से हिन्दू समाज को हो रहे नुकसान को देखते हुए और हिन्दू समाज में खोया हुआ आत्मसम्मान वापस लाकर उन्हे संगठित करने के लिए केशव बलिराम हेडगेवार ने अपने क़रीबी सहयोगियों जिनमें बी.एस.मुंजे, डॉ. एल.वी. परांजपे और डॉ. थोलकर शामिल थे, के साथ मिलकर 1925 में दशहरे के दिन राष्ट्रीय स्वयंसेवक संघ की स्थापना की। कुछ लोगों मानना है कि डॉ. हेडगेवार ने भाऊजी कावरे, विश्वनाथ केलकर, बापुराव भेदी और बालाजी हुद्दार को साथ में लेकर राष्ट्रीय स्वयंसेवक संघ की स्थापना की थी। डॉक्टर हेडगेवार ने जिस दिन राष्ट्र के लिए समर्पित संगठन की स्थापना की थी उस समय उनकी उम्र महज़ 36 वर्ष थी। 36 वर्ष की आयु में ही डॉ. हेडगेवार ने ठान लिया था कि राष्ट्रीय स्वयंसेवक संघ अपने स्वयंसेवकों के दम पर ज़िन्दा रहेगा और पूरे देश में संघ की उपस्थिति होगी। इसके लिए उन्होंने किसी भी तरह के शार्टकट का विचार नहीं किया और चिन्तन, मनन और धैर्य के साथ संघ को आगे बढ़ाने और समाज में उसकी स्वीकार्यता बढ़ाने के लिए अपना जीवन समर्पित कर दिया। डॉ. हेडगेवार ने साधारण युवाओं को साथ में लिया और उनको समुचित प्रशिक्षण देकर उनको देश के लिए असाधारण काम करने के लिए प्रेरित किया। डॉ. हेडगेवार ने छोटे बच्चों को साथ लेकर संघ शुरू किया और उनके मन में देशभक्ति का भाव भरने और ब्रिटिश साम्राज्यवादी शासन के ख़िलाफ़ खड़े होने और हिन्दुओं को संगठित करने के लिए अपना सर्वस्व अर्पण करने के लिए तैयार किया।

संघ की शुरुआत करते समय डॉ. हेडगेवार के मन में स्पष्ट था कि देश के लिए जीवन जीने वाले और आवश्यकता होने पर देश के लिए मर-मिटने वाले चरित्रवान स्वयंसेवक तैयार करने हैं। इसके लिए डॉ. हेडगेवार ने छोटे और युवा

बनने की दहलीज पर पहुँच रहे युवाओं को साथ लेकर उन्हें संस्कारवान और चरित्रवान बनाने की शुरुआत की। डॉ. हेडगेवार का मानना था कि युवाओं को साथ लेकर आत्मसम्मान खो चुके समाज को जगाया जा सकता है। डॉ. हेडगेवार को इस बात का अच्छे से अनुभव था कि केवल शहीदों की चिताओं से समाज में स्थायी जागरण नहीं लाया जा सकता। शहादत अत्यन्त देदीप्यमान तो होती ही है, किन्तु क्षण भर के लिए चकाचौंध करने वाला आख़िर वह एक अस्थायी उद्दीपन ही होता है। शहादत देखकर समाज चौंधिया जाता है, खेद करता है, उत्तेजित भी हो जाता है किन्तु फिर सब कुछ भूल जाता है। यही नहीं, शहीदों की स्मृति में उनकी हर जयन्ती या पुण्यतिथि पर पुष्पांजलि तो अर्पण करता है, किन्तु उनका अनुकरण करने के लिए तैयार नहीं होता। अपने अनुभव के आधार पर डॉ. हेडगेवार ने निर्णय लिया कि काया-वाचा-मनसा के स्तर पर देश के लिए जीवन समर्पित करने वालों का संघ खड़ा करेंगे। इसके लिए उन्होंने दस से पन्द्रह वर्ष की उम्रवाले बच्चों को खेलकूद के लिए एकत्र करना और खेलकूद के माध्यम से संघ के लिए जोड़ना शुरू किया। अत: निष्कलंक चरित्र और कार्य के लिए अपने आप को पूरी शक्ति से समर्पित करने की मानसिक तैयारी करने के लिए आवश्यक संस्कार करने वाले तथा इसी कार्य के लिए आजीवन प्रयत्नशील रहने समर्थ तन और मन धारण करने वाले युवकों का एक संघ बनाने के लिए डॉ. केशव बलिराम हेडगेवार ने नागपुर के महल भाग में स्थित सालूबाई मोहिते के बाड़े के टूटे हुए खँण्डहर में पन्द्रह से बीस बालकों को इकट्ठा कर प्रतिदिन चर्चा, खेल और राष्ट्र के लिए जीवन देने और हिन्दुओं को संगठित करने की शुरूआत की। यही संघ की शुरुआत थी और सन् 1925 की विजयादशमी के दिन संघ का जन्म था। उन्हीं बीस-पच्चीस बालकों ने आज दुनिया के सबसे बड़े और सबसे अनुशासित संगठन बन चुके और देश के कोने-कोने में पहुँच चुके राष्ट्रीय स्वयंसेवक संघ को शुरू किया था। आज से ठीक अनठानवे वर्ष पहले।

राष्ट्रीय स्वयंसेवक संघ के अन्दर डॉ. हेडगेवार ने सामूहिक नेतृत्व, सामूहिक उत्तरदायित्व और आम सहमति के आधार पर निर्णय लेने की परम्परा की शुरुआत की। दरअसल संघ का प्रत्येक सदस्य बुनियादी तौर पर संघ का स्वयंसेवक होता है। संघ में सरसंघचालक को पथ-प्रदर्शक, दार्शनिक एवं मित्र की भूमिका में स्वीकार किया गया है। डॉ. हेडगेवार ने इस संगठन को बिना पद और बिना नाम के खडा किया था। संघ का नामकरण इसकी स्थापना के छह महीने बाद हुआ और सरसंघचालक, सरकार्यवाह जैसे पदों का निर्माण चार वर्षों के बाद हुआ।

इसी सिद्धान्त के तहत संघ के 10 प्रमुख लोगों ने बैठक कर सरसंघचालक पद का निर्माण किया। इस पूरी प्रक्रिया से संघ प्रमुख अनजान थे, जब उन्हें यह सब पता चला तो उन्होंने अपनी असहमति दर्शायी परन्तु अप्पाजी जोशी ने कहा कि यह संगठन का सामूहिक निर्णय है और संगठन के हित में अप्रसन्न करने वाली यह बात आपको स्वीकार करनी होगी। सरसंघचालक पद के निर्माण के बाद सरकार्यवाह (महासचिव) पद का निर्माण हुआ। इसके बाद संघ की नीति निर्धारक सभा, अखिल भारतीय प्रतिनिधि सभा और अखिल भारतीय कार्यकारी मंडल अस्तित्व में आयी।

राष्ट्रीय स्वयंसेवक संघ ही क्यों?

संघ की स्थापना के कुछ समय बाद जब संघ के नामकरण करने का तय हुआ, तब डॉ. हेडगेवार ने अपने सहयोगियों और युवा स्वयंसेवकों के साथ इस संगठन के नाम को लेकर गम्भीर विचार-विमर्श शुरू किया। इस विचार-विमर्श में हेडगेवार के साथ कुछ चुने हुए स्वयंसेवक भी थे। अपने संघ का नाम क्या हो, इस सम्बन्ध में स्वयंसेवकों के साथ खुले मन से चर्चाएँ प्रारम्भ हुईं। बैठक में उपस्थित सभी स्वयंसेवकों को अपने संगठन का नाम सुझाने और वह नाम क्यों उचित रहेगा, यह खुले दिल से बताने की छूट थी। एक स्वयंसेवक ने संगठन का नाम 'शिवाजी संघ' सुझाया और इस नाम के समर्थन में उसने कहा कि छत्रपति शिवाजी महाराज ने जिस काल में स्वराज्य की स्थापना की, उस समय जो परिस्थिति थी, वैसी ही परिस्थिति आज भारत में विद्यमान है। शिवाजी ने जिस प्रकार स्वराज्य स्थापना का उपक्रम हाथों में लिया, अपने कार्य का स्वरूप भी वैसा ही है। भारत को स्वतन्त्र करने के लिए हमें भी अथक परिश्रम करने पड़ेंगे। इस कार्य में शिवाजी महाराज हमारे आदर्श हैं, इसलिए यही नाम सर्वाधिक उचित रहेगा। एक अन्य स्वयंसेवक ने 'जरिपटका मण्डल' नाम सुझाया। इस नाम के समर्थन उसने कहा कि यह सही है कि समर्थ रामदास स्वामी और छत्रपति शिवाजी ने जुल्म ढाने वाली बर्बर सत्ता को नष्ट कर स्वराज्य की स्थापना की। यही कार्य हमें भी करना है। किन्तु भारत के अन्य प्रान्तों में भी परकीय सत्ता को नष्ट करने के प्रयास हुए। महाराष्ट्र में समर्थ रामदास और छत्रपति शिावाजी ने जो कार्य किया, वही कार्य पंजाब में गुरु गोविन्दसिंह जी ने किया। अपना कार्य देशव्यापी होने के कारण एक ही महान नेता का उल्लेख संघ के नाम में करना उचित नहीं होगा। इसकी अपेक्षा उन्हें प्रेरणा देने वाले जिस जरीपटका ध्वज के प्रभाव से परकीय सत्ता नष्ट हुई, वह नाम उपयुक्त रहेगा। इस दृष्टि से 'जरीपटका मंडल' अच्छा है। नामकरण के इस चर्चा-सत्र में भैया जी दाणी ने अपनी राय रखते हुए कहा कि संगठन का नाम 'महाराष्ट्र स्वयंसेवक संघ'

रखना चाहिए। इस पर हेडगेवार ने कहा कि स्वयंसेवक संघ तो स्वीकार है परन्तु महाराष्ट्र नाम स्वीकार नहीं, कारण भले ही अभी हमारा सगंठन देश भर में नहीं फैला है परन्तु आगे चलकर पूरे भारतवर्ष में इस संगठन को फैलाना है। ऐसी स्थिती में संगठन का नाम एक प्रान्त का प्रतिनिधित्व करे, यह सही नहीं होगा।

एक स्वयंसेवक ने 'हिन्दू स्वयंसेवक संघ' के नाम का प्रस्ताव रखा परन्तु डॉ. हेडगेवार ने कहा कि आसेतुहिमाचल इस भारतवर्ष में यह एकमेव समाज फैला है। यद्यपि पराये-बाहरी आक्रमण का शिकार बने कुछ लोग यन्त्र-तन्त्र दिखायी देते हैं, वे हिन्दू जीवन के ही अवशेष हैं। उनमें पराये लोगों के सम्पर्क से और प्रभाव से कुछ कुविचार और संस्कार घुसे हैं और वे स्वयं अपने को हिन्दू समाज से अलग समझते हैं। परन्तु हमें ऐसा नहीं समझना चाहिए। जब हमारा समाज सबल था, उस समय हम सर्वग्राही थे, आज भी हमें वैसा ही होना है। आज कि स्थिति में हमें स्वयं को हिन्दू इस नाम से पुकारने में आक्रान्ताओं का जो प्रचार चल रहा है, जिससे वे हिन्दू समाज को इस भारत वर्ष में फैले हुए विशिष्ट समाज को ही निर्देशित कर यहाँ के राष्ट्र जीवन में फूट डालना चाहते है, उसे स्वीकार नहीं करना चाहिए। हिन्दू यह तो यहाँ के राष्ट्र जीवन का ही नाम है, वह यहाँ की राष्ट्र की परम्परा और संस्कृति को निर्देशित करता है। डॉ. हेडगेवार ने कहा कि संगठन का नाम 'राष्ट्रीय स्वयंसेवक संघ' होना चाहिए क्योंकि हमारा कार्य राष्ट्रीय है। इस कार्य में हमारा यह प्रयास है कि स्वयं प्रेरणा से, निरपेक्ष भावना से देशकार्य करने वाले कार्यकर्ता तैयार किए जाये। इस कारण 'राष्ट्रीय स्वयंसेवक संघ' ही सभी दृष्टि से युक्ति संगत और उचित नाम रहेगा। इस बैठक में 26 स्वयंसेवक उपस्थित थे। अनेक स्वयंसेवकों ने इस विषय पर अपने विचार व्यक्त किये। उनमें से कुछ प्रमुख नामों का ही ऊपर उल्लेख किया है। बैठक के अन्त में डॉक्टर जी बोले कि भारत में हिन्दू ही राष्ट्रीय है। इस कारण हिन्दू और राष्ट्रीय दोनों शब्दों से एक ही अर्थबोध होता है, दोनों समानार्थी हैं। किन्तु आज यह प्रचार हो रहा है कि भारत में रहने वाले सभी का यह राष्ट्र है। एक प्रादेशिक राष्ट्रवाद की आत्मघाती कल्पना उभर रही है। इस प्रचार के कारण भारत को पावन मातृभूमि मानने वालों को और हमने यहाँ राज किया है, इसलिए भारत हमारा है ऐसा मानने वाले स्वार्थी तत्त्वों को समान स्तर पर मानने की प्रवृत्ति उत्पन्न होती है। इससे राष्ट्र के लिए पोषक और विरोधी दोनों को ही राष्ट्रीय मानने की ग़फ़लत होगी। हमारा कार्य हिन्दू समाज को संगठित करने का है। हिन्दुत्व यही राष्ट्रीयत्व है। यही हमारा आधारभूत विचार है। इसलिए संघ का नाम 'राष्ट्रीय स्वयंसेवक संघ' रखना सर्वथा उचित होगा और जहाँ तक विचारों के प्रतिपादन का प्रश्न है, हम यही कहेंगे

कि संघ केवल हिन्दू समाज को सुसंगठित कर इतना बलशाली बनाना चाहता है कि भारत की ओर शत्रु की नज़र से देखने की इच्छा जगत् में किसी की न हो सके। भारत में रहने वाले अन्य धर्म के लोग दो-चार पीढ़ियों के पूर्व तो हिन्दू ही थे। उनके भी मन में राष्ट्रीयता की आधारभूत मातृभूमि के प्रति भक्ति की भावना विद्यमान है। इस दृष्टिकोण को विकसित किये जाने की आवश्यकता है। इसके पूर्व हिन्दू नाम से पहचाने जाने वाले हिन्दू समाज को सुसंगठित और बलशाली बनाना हमारी प्रथम आवश्यकता है। सभी लोगों के हक़ में विशुद्ध राष्ट्र भाव प्रखरता से जागृत करते समय पहले यह कार्य हिन्दू समाज में करना आवश्यक है। अन्य धर्मावलम्बियों के हम विरोधी नहीं है। संघ कार्य का यह राष्ट्रीय स्वरूप तथा तदनुसार कार्य पद्धति राष्ट्रीय स्वयंसेवक संघ के कार्य से ही समाज के सामने रहना सर्वथा उचित रहेगा। डॉ. हेडगेवार के इस विचार के बाद संगठन का नाम 'राष्ट्रीय स्वयंसेवक संघ' निश्चित किया गया। हेडगेवार ने कहा कि हिन्दू परम्परा और संस्कृति के प्रति अटूट श्रध्दा रखने वाले समाज को जाति-पाँती और सम्प्रदाय आदि अनेक विभिन्नताओं से उठकर इस हिन्दू समाज को समृद्ध, सुसंगठित एवं सबल बनाना होगा। यही कारण है कि संघ ने अपना नाम राष्ट्रीय स्वयं सेवक संघ रखते हुए अपनी प्रतिज्ञा में हिन्दू राष्ट्र के उत्थान की प्रतिज्ञा ली।

इस प्रकार, 1926 के अप्रैल माह में रामनवमी के पूर्व एक अभिनव पद्धति से संघ का नामकरण हुआ और वह भी संघ शाखा शुरू होने के छह माह बाद यानी कार्य पहले शुरू हुआ और संघ का नामकरण बाद में ।

संघ में अखाड़ा पद्धति का योगदान

संघ के शुरुआती दिनों में संघ के कार्यक्रमों में अखाड़ों को भी महत्त्वपूर्ण भूमिका में देखा जा सकता है, क्योंकि यह कार्य पद्धति व्यायामशालाओं और अखाडो के रूप में महाराष्ट्र के हर क़स्बों, हर गली में पहले से ही बिखरी पड़ी थी। अनेक बड़े क्रान्तिकारियों की तरह उनकी भी देशभक्ति की यात्रा अखाड़े से शुरू हुई। नागपुर में शिवराम गुरु का अखाड़ा राष्ट्रवादी सोच वालों के बीच अत्यन्त लोकप्रिय था। यह अखाड़े के साथ-साथ राष्ट्रवादी नौजवानों का केन्द्र भी था। केशव हेडगेवार बचपन में अपने मित्रों जिनमें मोरू अभ्यंकर, गणू जोशी, हनुमन्त नायडू के नाम उल्लिेखित हैं, इन अखाड़ों में नियमित आते थे। इसी अखाड़े में 1904 में केशव पर डॉ. बी. एस. मुंजे की दृष्टि पड़ी थी।

ब्रिटिश सरकार द्वारा संकलित आकड़ों के अनुसार सन् 1921 में अकेले नागपुर डिवीज़न में दो सौ तीस अखाड़े थे। सन् 1931 की जनगणना के समय यह संख्या बढ़कर पाँच सौ सत्तर अर्थात् दोगुने से भी अधिक तक पहुँच गई थी। अनेक क्रान्तिकारियों की तरह हेडगेवार के शुरुआती जीवन में अखाड़े का बड़ा महत्त्वपूर्ण योगदान रहा है। हेडगेवार अपने युवा काल में अखाड़े में जाया करते थे। नागपुर का शिवराम गुरु का अखाड़ा देशभक्ति की भावना से ओतप्रोत युवाओं के बीच लोकप्रिय था। केशव बलिराम हेडगेवार अपने साथियों के साथ जिनमे गणु जोशी, हनुमन्त नायडू और मोरू अभ्यंकर जैसे लोग प्रमुख थे, के साथ अखाड़े में जाते थे और कसरत करने के साथ-साथ देश की दुर्दशा और देश को इस दुर्दशा से मुक्ति दिलाने पर अपने साथियों के साथ विचार-विमर्श करते थे। शुरुआत के दिनों में हेडगेवार ने इन अखाड़ों को भी अपनी प्रयोगशाला बनाया था। संघ की स्थापना से पहले संघ के स्वयंसेवक अखाड़ों में मिलते थे और संघ के स्थापना के बाद भी लम्बे समय तक संघ के स्वयंसेवक अखाड़ों में जाते रहे। आगे चलकर डॉ. हेडगेवार ने अपने स्वयंसेवकों के लिए दैनिक एकत्रीकरण की अपनी स्वतन्त्र और अभिनव प्रक्रिया

प्रारम्भ की। संघ की कार्य पद्धति में जितना योगदान अखाड़ों का है उससे कही ज़्यादा योगदान डॉ. हेडगेवार के सार्वजनिक जीवन में बिताये गये अनुभवों का है। संघ की विधिवत् स्थापना के पहले संघ की शाखा अखाड़े में लगती थी। संघ के प्रारम्भिक स्वयंसेवक अखाड़े में जाते थे और वही पर साथ-साथ कसरत करते थे। संघ के उन प्रारम्भिक दिनों में संघ के पास जगह की सबसे बड़ी समस्या थी। संघ के पास उस समय ऐसा कोई स्थान नहीं था जहाँ सभी स्वयंसेवक उपस्थित रह सके। इसी कारण अखाड़ों में सभी स्वयंसेवक प्रतिदिन मिला करते थे, कसरत करते थे और अखााड़ों में ही शाखा लगाते थे। कहा जा सकता है कि 'राष्ट्रीय स्वयंसेवक संघ' की शुरुआत दरअसल अखाड़े से हुई। संघ में अनुशासन और शारीरिक प्रशिक्षण पर ज़ोर दिया जाता है और संघ की शाखाओं में यह सिखाया भी जाता है। संघ के स्वयंसेवक शुरुआती दिनों में शारीरिक शिक्षा अखाड़ों में प्राप्त किया करते थे। स्वयंसेवक अखाड़ों में संघ की शाखा की शुरुआत हनुमान जी की मूर्ति के सामने प्रतिज्ञा और प्रार्थना के साथ करते थे। अखाड़ा नाम की संस्था स्वयंसेवकों के गतिविधियों का केन्द्र होती थी। अखाड़ों में जाने वाले संघ के स्वयंसेवक राष्ट्ररक्षा और धर्म की रक्षा के लिए शरीर बनाते थे। भारत की परम्पराओं में अखाड़े सिर्फ़ व्यायामशालाएँ ही नहीं हैं, वे विभिन्न धार्मिक सम्प्रदायों से जुड़े या उनके बनाये साधु-संन्यासियों के सैनिक अंग भी रहे हैं। इन अखाड़ों को सिंहस्थ या बड़े धार्मिक मेलों या पर्वो पर देखा जा सकता है। डॉक्टर हेडगेवार स्वामी रामदास के साहित्य और शिवाजी को बनाने में उनके योगदान से प्रभावित थे। डॉक्टर हेडगेवार स्वामी रामदास के साहित्य से उद्धरण लेकर बौद्धिकता के साथ स्वयंसेवकों को बताते थे। राष्ट्रीय स्वयंसेवक संघ के शुरुआती और निर्माणशील काल में स्वयंसेवक अखााड़ों में और बाद में शाखाओं में भगवे ध्वज और मारुति और समर्थ रामदास के चित्रो के सामने अपनी शपथ लेते थे। शाखाओं में राष्ट्रगुरु रामदास की जय बोली जाती थी। स्वामी रामदास महाराष्ट्र में क्षात्र और ब्राह्मण परम्परा के प्रतीक थे। वे शस्त्र और शास्त्र को मिलानेवाले साधु थे और शस्त्रधारी साधु संन्सासियों की अखाड़ा परम्परा से निकले थे।

समर्थ रामदास शस्त्र और शास्त्र के गौरवशाली समन्वयक के प्रतीक थे। भारत में साधुओं का प्रामाणिक अध्ययन करनेवाले समाजशास्त्री जी.एस. धुर्मे ने अपनी पुस्तक 'इंडियन साधुज' में रामदास का अच्छा वर्णन किया है। वे लिखते है—"भारत के साधुओं में रामदास (1608-1682) युग प्रवर्तक थे। वे वैष्णवों के माध्व सम्प्रदाय को मानने वाले एक महाराष्ट्रीयन परिवार में जन्मे थे। वे अपने

विवाह मण्डप से भाग निकले थे। उनका मूल नाम नारायण था लेकिन बाद में वे रामदास हो गये। असाधारण व्यक्तित्व के धनी रामदास की सम्प्रदाय में विधिवत् दीक्षा नहीं हुई थी, उनका मिशन सामाजिक संगठन के आधार पर राजनैतिक काम करना था। महाराष्ट्र में इस्लामी हमले से हिन्दू संस्कृति संकट में पड़ गयी थी। उन्होंने न केवल लोगों को एक होकर इस हमले का सामना करना सिखाया बल्कि महाराष्ट्र में चौदह मठ भी स्थापित किये। जहाँ के साधु-संन्यासियों का उपयोग लोगों को एक होकर इस्लामी हमले का सामना करने को तैयार करने में किया। महाराष्ट्र में रामदास ने एक नया सम्प्रदाय चलाया लेकिन रामदासी साधुओं का सम्प्रदाय कोई बड़ी ताकत नहीं बन सका। रामदास चाहते थे कि साधु समाज का नेतृत्व अपने हाथ में लें। धार्मिक पद्धतियों का प्रचार करने के लिए ही नहीं बल्कि नैतिक, सामाजिक व्यवस्था को बनाये रखने और लोगों के लिए उपयोगी कार्य करवाने के लिए भी।

स्वामी रामदास ने शिवाजी के पराक्रम के लिए भूमि ही तैयार नहीं की, वे लोगों को मुग़लों का सामना करने और हिन्दुओं का राज क़ायम करने को भी प्रेरित करते थे। हेडगेवार ने रामदास को संघ और स्वयंसेवकों के लिए आदर्श की तरह रखा और स्वयंसेवकों से हिन्दूसमाज की सेवा करने और उसे संगठित करने को कहा। शिवाजी के चरित्र से भी हेडगेवार प्रभावित थे। समर्थ रामदास के मनोबोध के श्लोक हेडगेवार को कण्ठस्थ थे। शिवाजी और रामदास दोनों संघ के आदर्श पुरुष है।

संघ में शाखाएँ

राष्ट्रीय स्वयंसेवक संघ के संस्थापक डॉ. हेडगेवार ने अपने अनुभवों के आधार पर संघ की कार्य पद्धति का निर्माण किया। संघ के निर्माण से पहले उनके मन में कोई ख़ास कार्य योजना नहीं थी। संघ का विकास धीरे-धीरे हुआ। समय-समय पर हेडगेवार इसमें आवश्यक परिवर्तन करते गये। जब संघ बना तब संघ जैसा कोई दूसरा संगठन अस्तित्व में नहीं था। आज भी नहीं हैं और संघ की स्थापना के समय के बाद इसमें आवश्यकतानुसार परिवर्तन होते गये। शाखा का आज जो अखिल भारतीय स्वरूप दिखायी देता है, यह कई चरणों में विकसित हुआ है। नारायण हरि पालकर ने अपनी पुस्तक 'डॉ. हेडगेवार चरित' में प्रथम शाखा का विवरण प्रस्तुत किया है। डॉक्टर जी के निवास पर बीस किशोर एकत्र हुए। भाऊजी कावरे, अण्णा सोहोनी, विश्वनाथराव केलकर, बालाजी हुद्दार तथा बापूराव भेदी उपस्थित किशोरों में से कुछ नाम हैं। बैठक शब्द भी इसी दौर में उपयोग में लाया जाना प्रारम्भ हुआ।

डॉ. हेडगेवार ख़ुद व्यायाम के शौक़ीन थे और प्रतिदिन व्यायाम करने के लिए युवाओं को प्रोत्साहित करते थे। नागपुर में दो प्रसिद्ध व्यायामशालाएँ थी। नागपुर व्यायामशाला और महाराष्ट्र व्यायामशाला। डॉ. हेडगेवार लगभग रोज़ इन व्यायामशालाओं में जाते थे। सबसे पहले कुछ युवाओं को लेकर डॉ. हेडगेवार अखाड़े में जाने लगे। संघ के शुरुआती दिनों में जब युवकों की संख्या 20-25 से अधिक नहीं थी ये सभी युवक प्रतिदिन डॉ. हेडगेवार के साथ अखाड़े जाते थे। डॉ. हेडगेवार का मकसद युवाओं को निडर और संगठित करने के साथ-साथ शारीरिक रूप से बलवान बनाना था। इसलिए संघ के शुरुआती दिनों में अखाड़ों में जाना अनिवार्य था। धीरे-धीरे स्वयंसेवक एक स्थान पर प्रतिदिन एकत्रित होने लगे। कुछ समय पश्चात् हेडगेवार के मन में आया कि इस तरह सिर्फ़ एक स्थान पर एक साथ आने के बाद अब आगे क्या किया जाये? इन सभी स्वयंसेवकों को प्रतिदिन कहा बुलाया जाये? सभी स्वयंसेवकों को कहा पर एकत्रित किया जाये? उस समय

संघ के पास अपना ख़ुद का कोई स्थान नहीं था। इस तरह प्रतिदिन आने वाले इसी स्वयंसेवकों के लिए कार्यक्रम निर्धारित किये जाने पर विचार आरम्भ हुआ और कार्यक्रम क्या हो, इस पर भी गम्भीर विचार-विमर्श हुआ। विचार-विमर्श के बाद यह निष्कर्ष निकाला गया कि सभी एकत्रित स्वयंसेवक अखाड़े में प्रतिदिन मिलेंगे, व्यायाम करेंगे शरीर सौष्ठव पर ध्यान देंगे और लाठी चलाना सिखेंगे। उस समय नागपुर में एक से बढ़कर एक अखाड़े हुआ करते थे। नागपुर में मोहिते के बाड़े के पास नागपुर व्यायामशाला थी। इस व्यायामशाला में संघ के सभी भावी स्वयंसेवक शुरुआती दिनों में एकत्रित होकर कसरत करते थे। इसके बाद हेडगेवार के मन में विचार आया कि इस तरह सिर्फ़ कसरती शरीर से काम नहीं चलेगा। शरीर के साथ-साथ स्वयंसेवकों को बौद्धिक रूप से भी मज़बूत करना ज़रूरी है। ऐसा स्थान होना चाहिए जहाँ सभी स्वयंसेवक के साथ बैठकर बौद्धिक विचारों का आदान-प्रदान हो और इसे ही मूर्त रूप देने के लिएँ शाखा का जन्म हुआ। शीघ्र ही इतवार दरवाज़ा प्राथमिक शाला में संघ का अपना शारीरिक शिक्षण कार्यक्रम प्रारम्भ हो गया। इसके अन्तर्गत अण्णा सोहोनी ने लाठी चलाने का प्रशिक्षण देना प्रारम्भ किया। 28 मई, 1926 के बाद शाखा के कार्यक्रम व्यवस्थित हो गये। नागपुर के बाहर पहली शाखा वर्धा में लगी।

जिस नागपुर व्यायामशाला में संघ के स्वयंसेवक कसरत के लिए जाते थे, उसी से एकदम लगा हुआ मोहिते का बाड़ा वर्षों से खँडहर के रूप में पड़ा था। कोई इसमें जाता नहीं था। मोहिते के उस बाड़े में भूत रहते हैं, ऐसा उस समय प्रचलित था। डॉ. हेडगेवार के परम मित्रों में से एक भाऊजी कावरे ने अपनी पत्नी की मृत्यु के बाद इसी खँडहर में आकर रहने लगे थे। मोहिते के इसी बाड़े के बीच में एक हॉल था। जिस पर छत नहीं थी। हॉल के चारों ओर आगन था। इस मकान में भाऊजी कावरे को रहते हुए पाँच वर्ष हो गये थे। भाऊजी कावरे के द्वारा मोहिते के इस बाड़े में स्वयंसेवकों को एकत्रित करने का प्रस्ताव देने पर डॉ. हेडगेवार ने उसे स्वीकार किया और इस तरह मोहिते का बाड़ा में जो एक खँडहर का रूप था, स्वयंसेवक एकत्रित होने लगे। मोहिते के इसी बाड़े में एक तलघर था। उसे साफ़ किया गया। उसमें दो कमरे निकले, पहले कमरे में 8 से 10 लोगों के बैठने की व्यवस्था थी। दूसरे में 15 से 20 लोगों के बैठने की। जब कभी बैठक होती तो डॉ. हेडगेवार छोटे कमरे में बैठते थे तथा बड़े कमरे में स्वयंसेवक। इस तरह संघ की पहली शाखा मोहिते के बाड़े में लगी। वास्तव में मोहिते के बाड़े के मालिक सरदार मोहिते थे। बहुत वर्ष पूर्व वे अत्यन्त ही आर्थिक कठिनाई में पड़ गये थे। इस कारण उन्होंने एक साहूँकार

गुलाबराव मोतीसाब जैन से बहुत-सा ऋण लेकर यह बाड़ा उनके पास गिरवी रख दिया था। वर्षों बीत गये साहूँकार ने उस बाड़े की ओर ध्यान नहीं दिया और सरदार मोहिते भी क़र्ज़ चुकाकर अपना बाड़ा छुड़ा नहीं पाये। लम्बे समय तक ख़ाली रहने के कारण मोहिते का बाड़ा खँडहर हो गया और लोग उसे भूतों का बाड़ा कहने लगे। संघ के स्वयंसेवकों द्वारा शाखा के लिए यहाँ नियमित आने और साफ़-सफ़ाई करने से वह स्थान काफ़ी साफ़ सुथेरा हो गया। इस मोहिते संघ शाखा में शुरुआत में दस से बारह वर्ष के बालक आते थे। उन बालकों में केशवराव वकील, त्रबक झिल्लेदार, अल्हाद आम्बेडकर, बापू दिवाकर, नरहरि पारखी, माधव मुले, एकनाथ रानडे और मधुकर दत्तात्रय देवरस थे। इन सभी बाल स्वयंसेवकों का लीडर मधुकर दत्तात्रय देवरस थे जो आगे चलकर संघ के तृतीय सरसंघचालक बने।

संघ के स्वयंसेवकों की आवाजाही से साहूँकार गुलाब जैन को इस महल की सुध आयी और उन्होंने यहाँ पर संघ की शाखा लगाने से मना कर दिया। यह घटना 1927 की है। इसी बीच मोहिते के बच्चों की और से न्यायालय में दावा किया गया कि हमारे पिताजी (सरदार मोहिते) सब सम्पत्ति गँवा रहे हैं। हम नाबालिग़ हैं तथा बालिग़ होने तक हमारे लिए कुछ बचेगा ही नहीं, अतः मोहिते का बाड़ा हमारे लिए सुरक्षित रखा जाये। लेकिन 1930 में मोहिते के बच्चे कोर्ट में हार गये। कोर्ट के निर्णयानुसार मोहिते का बाड़ा साहूँकार जैन की माल्कीयत का बन गया। उस समय डॉ. हेडगेवार जंगल सत्याग्रह करके जेल गये हुए थे। अपने पीछे डॉ. हेडगेवार संघ के स्वयंसेवकों की ज़िम्मेदारी राजा साहब लक्ष्मणराव भोसले को देकर गये थे। मोहिते के बारे में संघ की शाखाएँ बन्द होने के बाद लक्ष्मणराव भोसले के हाथीख़ाना (जहाँ भोसले के हाथी बँधते थे) में लगने लगी। इस तरह 1930 में संघ की शाखाएँ हाथीख़ाने में लगने लगीं।

1932 में राजा साहब लक्ष्मणराव भोसले का स्वर्गवास हो गया। उनका पुत्र उस समय बहुत छोटा था, इसलिए वह सरकारी संरक्षण में था। भोसले परिवार के बाक़ी सदस्यों के संघ के प्रति उदासीनता के चलते हाथीख़ाना में संघ की शाखाएँ बन्द हो गईं। नागपुर में ही तुलसीबाग़ में राजा साहब की दूसरी ज़मीन ख़ाली पड़ी थी। 1933 से संघ की शाखाएँ वहाँ लगने लगी। इस समय नागपुर में संघ की शाखाएँ तेजी से बढ़ रही थीं। इस समय तक नागपुर में संघ की 7-8 शाखाएँ हो गई थीं। एक साल यहाँ संघ की शाखाएँ बिना किसी रुकावट के लगती रहीं। 1934 में भोसले परिवार द्वारा उस ज़मीन पर खेती शुरु करने के कारण यहाँ भी शाखाएँ लगना बन्द हो गया।

आज जहाँ नागपुर में संघ मुख्यालय है, वह पहले तीन हिस्सों में था और तीनों बाड़ों के मालिक अलग-अलग थे। एक बाड़े के मालिक मोहिते थे जिसे मोहिते का बाड़ा कहा जाता था, दूसरा 'गुपचिप' नाम का बाड़ा था और तीसरा अम्बेडकर बाडा था। मोहिते का बाड़ा गुलाबराव मोतीसाब जैन के पास था। डॉ. हेडगेवार के निधन के तीन-चार माह बाद की बात है। उस समय गुलाबराव मोतीसाब जैन की माली हालत बहुत बिगड़ गई थी। उस दौरान उन्हें बारह हज़ार रुपये की हुण्डी तीन दिन के अन्दर चुकानी थी। उन दिनों यह बहुत बड़ी राशि मानी जाती थी। गुलाबराव जैन के वकील गुरु जी गोलवलकर के मित्र थे। उसने गुरु जी गोलवलकर को साहूँकार जैन की स्थिति बतायी और मदद करने का आग्रह किया। गुरु जी गोलवलकर ने अपने स्वयंसेवकों और मित्रों की मदद से 12,000 रुपये की व्यवस्था कर जैन के पास पहुँचा दिये। गुरु जी गोलवलकर के इस सहयोग के बदले गुलाबराव जैन ने मोहिते का बाडा संघ के नाम कर दिया। इसी ज़मीन से लगी हुई भूमि पर पहले 'गुपचिप' नाम का बाड़ा था। कोर्ट सेल में इसे संगमेश्वर मठ (पूना) के मठाधिपति ने ख़रीद लिया था। वे यहाँ आश्रम बनाना चाहते थे किन्तु पूना में रहने के कारण उनके लिए आश्रम बनाना सम्भव नहीं हो पा रहा था। नागपुर में संगमेश्वर मठ के मठाधिपति के सचिव के रूप में दादासाहेब पराडे रहते थे। दादासाहेब पराडे ने गुरु जी गोलवलकर से मिलकर मठ की जगह बेचने की इच्छा जतायी। गुरु जी ने पूना जाकर गुरु संगमेश्वर के मठाधिपति से मिले और नागपुर की जगह ख़रीद ली। मोहिते बाड़ा और गुपचिप के बाड़े के बीच में एक छोटा-सा बाड़ा था जिसे 'आम्बेडकर वाडा' कहते थे। चूँकि मोहिते का बाड़ा और गुपचिप का बाड़ा राष्ट्रीय स्वयंसेवक संघ का हो चुका था। अतः अम्बेडकर बाड़ा के मालिक ने गुरु जी गोलवलकर से मिलकर कहा कि मेरे बाड़े के दोनों ओर की जगह संघ की हो चुकी है अतः मेरा बाड़ा भी आप खरीद लीजिए। उसे भी संघ के लिए गुरु जी गोलवलकर ने ख़रीद लिया।

आज जो नागपुर में राष्ट्रीय स्वयं सेवक संघ का मुख्यालय है, वह इन तीनों वाडों को मिलाकर बनाया गया है।

संघ की शुरुआत में सर्वप्रथम सायंकाल की शाखाएँ लगती थीं। जब प्रौढ़ स्वयंसेवक बढ़े और समाज के अन्य हिस्सों से लोग संघ से जुड़ने लगे और ऐसा लगने लगा कि कुछ स्वयंसेवको का रोज़ सायंकाल शाखा में आ सकना कठिन है तब प्रभात शाखाएँ शुरु की गईं। इसके बाद जब हेडगेवार ने महसूस किया कि समाज में एक तबक़ा ऐसा भी है जिनके लिए प्रातः और सायंकाल की शाखाओं में आना सम्भव नहीं है तब हेडगेवार ने रात्री शाखा शुरु कीं। यह सब शाखाएँ हेडगेवार ने

इसलिए शुरु कीं क्योंकि उन्हें लगता था कि स्वयंसेवक को प्रतिदिन शाखा में आना ही चाहिए। चाहे वह किसी भी समय निश्चित रूप से आये। संघ का हमेशा से प्रयास रहा है कि स्वयंसेवक के संस्कारों में आमूलचूल परिवर्तन लाया जाये इसीलिए ये दैनिक शाखाएँ, संघ शिक्षा वर्ग, गुरु दक्षिणा तथा अन्य भिन्न-भिन्न कार्यक्रम संघ में होते रहे हैं। कार्यक्रमों और संस्कारों का जो ढाँचा उस समय हेडगेवार ने स्थापित किया था, उसी के कारण स्वयंसेवकों के अन्दर संघ और हिन्दू धर्म के प्रति समर्पण कूट कूट कर भरा होता है। इस तरह दैनिक शाखाएँ लगने लगीं और सप्ताह में एक दिन सैनिक संचलन लिया जाने लगा। लाठी चलाने का अभ्यास भी होने लगा। साप्ताहिक बौद्धिक भी सुचारु होने लगे। पहले नियमित नहीं हो पाते थें। बौद्धिक वर्ग में बाहर से सुयोग विचारक लाये जाते थे। स्वयंसेवकों को भी बोलने के लिए प्रशिक्षित किया जाता था। माह में कम से कम दो नये स्वयंसेवक हर स्वयंसेवक को संघ की शाखा में लाने के लिए कहा जाता था। संघ शाखा में आने वाले प्रत्येक नये स्वयंसेवक से डॉ. हेडगेवार स्वयं मिला करते थे।

डॉ. हेडगेवार ने जब शाखा पद्धति शुरू की तो इस बात पर विशेष ध्यान दिया कि शाखा का माहौल ऐसा हो और शाखा एक ऐसा आदर्श स्थान बने जहाँ एक बार आये युवा का मन बार बार आने को करे और उस युवा के परिवार को भी ऐसा महसूस होना चाहिए कि उनके बेटे में अच्छे संस्कार देने का काम संघ कर रहा है। समाज के हर वर्ग को शाखा को सम्मान से देखना चाहिए। इसके लिए डॉ. हेडगेवार ने बताया था कि शाखा कैसी होना चाहिए।

शाखा कैसी हो?

1. शाखा नित्य लगनी चाहिए।
2. वह निश्चत समय पर लगनी चाहिए।
3. शाखा में भिन्न-भिन्न प्रकार के कार्यक्रम होने चाहिए।
4. सब स्वयंसेवकों में परस्पर मेलजोल, स्नेह, प्रेम और शुद्धता का वातावरण हो।
5. आपस में विचार-विनिमय, चर्चा आदि कर अपने अन्तःकरण में ध्येय का साक्षात्कार नित्य अधिकाधिक सुस्पष्ट और बलवान करते रहने की हमारे अन्दर प्रेरणा, इच्छा रहे।
6. सामूहिक रूप से नित्य हम अपनी प्रार्थना का उच्चारण करें। गम्भीरता से, श्रद्धा से, भाव समझकर करें।

7. हमारे परम पवित्र प्रतीक के रूप में जो अपना भगवा ध्वज है, उसे हम सब मिलकर नम्रतापूर्वक प्रणाम करें ।
8. 'शाखा' समाप्त होने के बाद आपस में बातचीत करें कि कौन आया, कौन नहीं आया, इसकी पूछताछ करें ।

शाखा के लिए डॉ. हेडगेवार ने नियम तय किए

शाखा को संघ का सबसे आवश्यक अंग मानकर डॉ. हेडगेवार ने स्वयंसेवकों को बताया कि शाखा लगाने के लिए कुछ नियम बनाने पड़ेंगे और इन नियमों को अनुशासनपूर्वक करने पर संघ की शाखाएँ व्यवस्थित लगेंगी और उत्तरोत्तर उसमें वृद्धि भी होगी।

1. यदि शाखा नियमित एवं समय पर प्रारम्भ करनी है तो शाखा के निर्धारित समय से हम अपने घर अथवा जहाँ भी हों वहाँ से निकलें और शाखा के समय से पूर्व (कम से कम दो मिनट पूर्व) संघ-स्थान पर उपस्थित रहें। कोई हमें बुलाने आयेगा तब जायेंगे, ऐसी प्रतीक्षा करना आवश्यक नहीं। बुलाने वाला अपना कर्तव्य करेगा, पर उसे कर्तव्य करने का अवसर देने के लिए घर पर ही बैठे रहें, यह हमारा काम नहीं है, यह बात सब ध्यान में रखें।
2. विचार करें कि मैं संगठन करने वाला मनुष्य हूँ, अकेलाराम नहीं। तब शाखा के लिए कुछ समय पहले निकलकर, जो भी आसपास स्वयंसेवक रहते हों, उन्हें पुकार कर अपने साथ क्यों न ले जायें? यह सामान्य मित्रता है, इसमें दायित्व का प्रश्न कहाँ उठता है? गटनायक अथवा गणशिक्षक बनने की आवश्यकता कहाँ है? सादी मित्रता है कि हम किसी अच्छे काम के लिए जाते हैं, तो अपने साथ अपना मित्र आये। अपने घर के आसपास अर्थात् शाखा के मार्ग पर जो कोई अपने बन्धु हों, उन्हें पुकारकर, अपने साथ लेकर हँसते-खेलते आनन्द से हम संघ-स्थान पर पहुँचें। यह भी हमारे द्वारा स्वाभाविकता से होना चाहिए ।
3. संघ स्थान पर सभी कार्यक्रम मन लगाकर करें, अनुशासनपूर्वक नियमानुसार करें। उनमें कष्ट हो तो रुष्ट न हों। अपने कार्यक्रम कष्ट कर होते हैं कष्ट करने का अभ्यास कर बड़े-बड़े काम सहज करने की शक्ति बढ़ानी चाहिए, इसलिए उन्हें प्रयत्नपूर्वक करें। ये कार्यक्रम अन्त:करण में निर्भयता, आत्मविश्वास, पराक्रम के भाव उत्पन्न कर, हम सबको एक अनुशासन में गूँथकर, हम सब एक महती शक्ति के अंग हैं इस अनुभूति

को निरन्तर जाग्रत रखने के लिए हैं। इसलिए उन कार्यक्रमों का हम उत्तम अभ्यास करें।

4. प्रार्थना, ध्वज-प्रणाम, ध्वजावतरण के बाद 'विकिर होने पर भी तुरत-फुरत घर भागने की इच्छा क्यों होनी चाहिए? होनी नहीं चाहिए। घर जाने अथवा और कहीं घूमने जाने की इच्छा होने का अभिप्राय होगा कि हम शाखा में अनिच्छा से, बलात् आये थे और इस बला से छूट गये। हम किसी के दबाव से तो शाखा में आते नहीं। आना भी नहीं चाहिए। हृदय से आयें, ऐसा अपने यहाँ कहा जाता है, तब यहाँ से भाग जाने की इच्छा क्यों? ऐसा लगना चाहिए कि थोड़ी देर और यहाँ बैठें। अत: बैठकर दो बातें करें—

(क) शाखा में आने वाले स्वयंसेवक बन्धुओं में से कौन आये, कौन नहीं आये, इसकी ठीक जानकारी कर लें। जो न आया हो, वह क्यों नहीं आया, इसकी पूछताछ करें। यह नित्य का औपचारिक भाग हुआ ।

(ख) ध्येय का स्मरण—नित्य अपने ध्येय का स्मरण करें। हिमालय से लेकर दक्षिणी महासागर के तट तक असंख्य पवित्र स्थान बिखरे हैं। उनका स्मरण करें। अनेक ऐतिहासिक स्थल हैं, प्रत्येक स्थल से किसी महापराक्रमी पुरुष की कुछ न कुछ विशेषता जुड़ी हुई है, उसका स्मरण करें। उस महापुरुष की विशेषता में से जो गुण प्रकट होते हैं, उनका सब मिलकर एकत्र बैठकर स्मरण करें और सोचें कि ये गुण अपने में हैं या नहीं? अपने अन्दर इन गुणों का विकास करने का हम प्रयास करते हैं, या नहीं? या हम केवल शिवाजी का नाम लेते हैं? आजकल शिवाजी का नाम लेने वाले बहुत हो गये हैं। अकारण लेते हैं किन्तु उनके गुण अपने अन्दर आने चाहिए। शिवाजी कहने पर अखिल भारतवर्ष में स्वातन्त्रम-सूर्य का फिर से उदय कर हिन्दुओं का प्रभुत्वसम्पन्न, धर्माधिष्ठित पवित्र राज्य-स्थापना का महान् उपक्रम करने वाला असामान्य वीर, नीतिमान, चतुर राजनीतिज्ञ, साथ ही अत्यन्त उज्ज्वल विशुद्ध राष्ट्रीय चरित्रयुक्त एक विलोभनीय महान् व्यक्तित्व हमारे सामने आता है। उनके ये गुण हमारे अन्दर आयें। इस प्रकार एक-एक श्रेष्ठ पुरुष के बारे में विचार करते हुए हमने अपने गुणों का विकास करने का कितना प्रयास किया? विपरीत अवगुणों को दूर करने का कितना प्रयास किया? इसका विचार अकेले करें, सब मिलकर करें।

5. और फिर जो न आये हों, वे क्यों नहीं आये, इसका पता लगाने सबके यहाँ जायें। छोटी-छोटी टोलियों में जायें। उनसे मिलें, कोई कठिनाई हो तो उसका निवारण करने का प्रयास करें। कठिनाई न हो तो अकारण शाखा से अनुपस्थित रहना ठीक नहीं, यह बात उसे भली-भाँति, अच्छे शब्दों में समझायें। दूसरे दिन से वह उपस्थित रहने की चिन्ता करे, इस प्रकार उसे समझायें। यह है हमारा नित्य का न्यूनतम कार्य। साधारण स्वयंसेवक के रूप में इतना हमें करना ही चाहिये । इसके अतिरिक्त भी हमारे लिए कुछ कर्तव्य हैं।

पड़ोसी का धर्म

हम जहाँ रहते हैं, उसके आसपास अनेक घर होते हैं, जहाँ कतिपय लोग रहते हैं अर्थात् सब मिलकर हम एक-दूसरे के पड़ोसी हैं। अब अपना कुछ पड़ोसी-धर्म भी है। उस धर्म के अनुसार हमें यह जानकारी करनी चाहिए कि इन पड़ोसियों का जीवनयापन कैसे चलता है। उनकी कठिनाइयाँ, दु:ख क्या हैं? हम उनकी सहायता में तत्पर रहें, यह पड़ोसी का धर्म है। पड़ोस में कोई गड़बड़ हुई तो अपना दरवाज़ा अन्दर से बन्द कर बैठना, यह कोई पड़ोसी धर्म नहीं है। पड़ोस में कोई अस्वस्थ हुआ, तो अपने भाग्य से हुआ, चाहे जिये चाहे मरे, ऐसा सोचकर उसकी अनसुनी करना पड़ोसी का धर्म नहीं है। इसमें तो मनुष्यता भी नहीं है, पड़ोस धर्म तो दूर की बात रही। अत: पड़ोस-धर्म का पालन करने हेतु घर-घर में जाना, सबसे मिलना, बोलना, सबसे अत्यन्त स्नेह और आत्मीयता के सम्बन्ध रखने का प्रयास करना और इस बात का भी कि सबके हृदय में हमारे बारे में ऐसी धारणा बने कि यह व्यक्ति विश्वास करने योग्य है। इसमें अपने प्रति निष्कपट, नि:स्वार्थ प्रेम है, यह अपना सच्चा मित्र है, अपने को कोई कष्ट नहीं होने देगा, नित्य अपना साथ देगा और सहायता के लिए दौड़ा आयेगा। सबके हृदय में हमारे प्रति विश्वास हो। इस विश्वास के बल पर हम सब पड़ोसी मानो एक बड़ा परिवार बने हैं, ऐसी जीवन की रचना हो, ऐसा हम प्रयास करें। इस प्रकार जब हम स्नेह, आत्मीयता, विश्वास का वायुमण्डल सभी पड़ोसियों में उत्पन्न कर सकेंगे, तब उन्हीं में से अपने संघ कार्य के लिए स्वयंसेवक भी प्राप्त कर सकेंगे

शुद्ध प्रेम ही आधार

वाद-विवाद में बुद्धि का उपयोग अवश्य होता है, किन्तु इस प्रकार किया तो वह उपकारी नहीं, प्रत्युत् अपकारी होता है। फिर सब लोग पास कैसे आयेंगे? हम उन्हें संघ का कार्य समझा सकें, ऐसी स्थिति कैसे उत्पन्न होती है? उसके लिए प्रथम हम

दोनों, अर्थात् हम और जिसे हमें समझाना है उसके बीच अन्तःकरण की एकात्मता स्थापित होनी चाहिए। वह और हम, दो शरीर किन्तु एक आत्मा, ऐसी अभिन्न- हृदय मित्रता की स्थिति उत्पन्न होनी चाहिये। यह स्थिति उत्पन्न होने पर हमारे हृदय की ध्येय निष्ठा उसके हृदय में प्रविष्ट होगी और ऐसे विशुद्ध प्रेम के आधार पर ही एक-एक मनुष्य को हम अपनाकर उसमें अपने ध्येय की उपासना, भक्ति करने की इच्छा जाग्रत कर उसे अपना सहयोगी बना सकते हैं ।

इसके लिए हमें अत्यन्त विवेकपूर्वक अपना चरित्र बनाना होगा। पड़ोसी से उत्तम व्यवहार कर, उसके जीवन में भली-भाँति समरस होकर, उसका सुख-दुःख समझकर सुख की वृद्धि और दुःख का निवारण करने हेतु चाहे जो कष्ट हो नित्य सिद्ध रहकर सबको अपनाने का प्रयास करना चाहिए। इस विषय में कभी आलस्य न करें, यह ध्यान रखें। इसी का दूसरा स्वरूप है कि केवल पड़ोसी ही नहीं, अपितु हम जहाँ भी काम करें, वहाँ जो भी हमारे सम्पर्क में आयें, चाहे हमारे सहपाठी छात्र हों अथवा हम कहीं सेवारत हों तो हमारे समान अन्य छोटे-बड़े जो कर्मचारी हों। उनके अथवा उद्योग, व्यवसाय के सम्बन्ध में आने वाले विविध श्रेणी के लोगों के साथ हमारा ऐसा व्यवहार हो कि सबके अन्तःकरण में हमारे विषय में श्रद्धा, आदर, आत्मीयता उत्पन्न हो और हम सब अन्तःकरण से एकरस हो जायें। इस आत्मीयता के कारण हमारे हृदय की संघ-विषयक दृढ़ अनुभूति उनके हृदय में स्वयमेव पनपे। ऐसा ध्यानपूर्वक प्रयास करना चाहिए।

ये सब काम करना साधारण स्वयंसेवक के रूप में हमारा कर्तव्य है। उसके लिए असाधारण होने की आवश्यकता नहीं है। यह प्रत्येक स्वयंसेवक का काम है और इसे करते हुए हम संघ कार्य की वृद्धि कर सकते हैं। यह सब करने के लिए हमें लोगों का विश्वासपात्र बनना होगा, और उनके लिए कष्ट उठाने हेतु हम सर्वदा और सर्वथा तत्पर रहें वह भी स्वेच्छा से, अन्तःस्फूर्ति से। केवल अपना काम है इसलिए किसी प्रकार निपटाना है, ऐसा नहीं, वरन् वास्तव में परस्पर विशुद्ध आत्मीयता का नाता अनुभव करके करना चाहिए। कम से कम ये दो बातें हमारे पास चाहिये और इसके साथ एक तीसरी बात भी चाहिए कि हम जो उनके अन्दर संघ कार्य के प्रति प्रेम उत्पन्न करना चाहते हैं, उस संघ कार्य में हमारा आचरण अपेक्षानुसार सम्पूर्णतया निर्दोष होना चाहिए। अन्यथा, हम किसी से कहेंगे कि शाखा में आना, और हम ही शाखा से गोता लगाकर सिनेमा देखने चले जायेंगे, तब कौन आयेगा? कौन सुनेगा हमारी बात? हमारे द्वारा कार्य नहीं होता अथवा हमारा कर्तृत्व प्रकट नहीं होता, उसके अनेक कारणों में से प्रमुख कारण है कि हम सच्चाई से कहाँ काम

करते हैं? अपेक्षानुसार कहाँ काम करते हैं? हम इधर-उधर के छोटे-मोटे कारण से शाखा के दैनन्दिन कार्य में एक प्रकार से टालमटोल कर ढिलाई करते हैं, तब कोई हमें मानता नहीं। इस प्रकार स्वयं व्यवहार कर हम किसी से बात करें, तो वे कहते हैं—पता है आपका कैसा व्यवहार है। आप जो झण्डे फहरा रहे हैं, हम जानते हैं। तब हम निरुत्तर हो जाते हैं। इसलिए अपना आचरण सम्पूर्णतया निर्दोष हो, यह अत्यन्त महत्त्व की बात है ।

अब इस दृष्टि से हम स्वयं अपने बारे में विचार करें कि क्या हम सबके विश्वास के लिए पात्र बने हैं। विश्वासपात्र होने के लिए क्या चाहिए? अपना जीवन शुद्ध चाहिए जो अशुद्ध, अपवित्र होगा, जिसमें अनिष्ट प्रवृत्ति होने की सम्भावना होगी, उस पर कोई विश्वास नहीं करेगा। इसलिए हमें अपना जीवन शुद्ध बनाना होगा, शुद्ध माने निर्दोष, धुले चावल जैसा। व्यक्ति के नाते यह मनुष्य अत्यन्त पवित्र, शीलवान है, ऐसी हममें से प्रत्येक स्वयंसेवक के बारे में समाज के प्रत्येक व्यक्ति की धारणा होनी चाहिये, प्रत्यक्ष वैसा अनुभव आना चाहिए। स्वयंसेवक को अत्यन्त सुशील होना चाहिए। हमारे पास कितने ही बड़े-बड़े आदर्श हैं।

संघ विस्तार का अर्थ

इन बातों को हम अपने को साधारण स्वयंसेवक समझकर अपने जीवन में लायें। ये सब कर्तव्य समझकर हमें करने चाहिए। इनसे क्या लाभ है? ये सब काम सहज, हँसते-खेलते, बिना परिश्रम होने वाले काम नहीं हैं। इनके लिए बहुत परिश्रम करना होगा। मन में प्रश्न उठता है—यह सब किसलिए? कोई कहेगा—संघ कार्य बढ़ाने के लिए। कोई सोचेगा—कार्य बढ़ाना माने क्या? बहुत हुआ है, संघ चल रहा है, कभी समाचार-पत्र में नाम आता है, कभी लोग विरोध में बोलते हैं। बोलना पड़ता है, वे क्या करें? तो सब हो गया, अब पर्याप्त हो गया। और कितना बढ़ाना है? हम विचार करें। क्यों बढ़ाना? हमने क्या लक्ष्य सामने रखा है? हिन्दू समाज में एक छोटा-सा संगठन बनाना हमारा लक्ष्य नहीं है। अखिल हिन्दू समाज को संगठित करने का लक्ष्य रखा है। अब इतना बड़ा हिन्दू समाज संगठित कैसे होगा और सब के सब संघ स्थान पर कैसे खड़े होंगे? लोग कहेंगे—क्या ऐसा कभी सम्भव है? उनका कहना ठीक है। एक बात स्पष्ट है कि यह केवल पुरुषों का काम है, तब कम से कम समाज के आधे लोग तो शाखा पर नहीं आयेंगे। कुछ कहते हैं—हमें क्यों नहीं लेते? परन्तु यह पुरुषों तक सीमित है। अब जो बहुत छोटे हैं, वे आ नहीं पाते और जो बहुत वृद्ध या अपंग हैं, वे चाहकर भी आ नहीं सकते। संघ शाखा पर कौन आ सकता है, इसकी परिभाषा है कि जो स्वयं के दो पैरों पर चलकर आ सकता है, वह आये। दो पैरों पर चलना सीखे शिशु से लेकर जिसके पैरों ने चलना बन्द नहीं किया ऐसे वृद्ध तक सब लोग हमारी दृष्टि से शाखा के योग्य स्वयंसेवक हैं। परावलम्बी शिशुओं और वृद्धों को छोड़ शेष सभी आयेंगे क्या? जिस दिन ऐसा हो गया कि सभी संघ शाखा में आने लगे तब हमारा प्रसास सफल माना जायेगा।

सम्पूर्ण समाज में आत्मीयता का सम्बन्ध स्थापित करना है।

डॉ. हेडगेवार ने कहा था कि हमें अपने सम्पूर्ण समाज से आत्मीयता का स्नेह सम्बन्ध स्थापित करना होगा। केवल अपने नगर में, अपनी शाखा के परिसर में ही नहीं, अपितु हमें यह सम्बन्ध समग्र हिन्दू समाज के साथ स्थापित करना है। नगरवासी, ग्रामवासी, दुर्गम वनों, अरण्यों, गिरिकन्दराओं के निवासी, सभी अपने बन्धु हैं। उन सबसे अपना नित्य जीवन्त-सम्बन्ध रहे, आत्मीयता का सम्बन्ध रहे, मेलजोल, विश्वास और सहकार्य का सम्बन्ध रहे, इसके लिए जितने कार्यकर्ता आवश्यक हैं ,उतनों से युक्त उतनी शाखाएँ और वे भी पूरे देश में फैली हुई नित्य नियमित चलने वाली शाखाएँ हमें चाहिए। विचार कीजिए यह बहुत बड़ा काम है, और उसे हमें करना है। उससे कम किसी काम से हमें सन्तोष नहीं होगा। अत: अपने-अपने कार्य की कम से कम सीमा तक तो कार्य वृद्धि करनी है, और सीमा तक पहुँचने के अनन्तर उसे कम नहीं होने देना है। अर्थात् कार्य की उतनी वृद्धि और उसके बाद कार्य को कम से कम उस सीमा तक नित्य चिरंजीव बनाकर टिकाये रखना, इस प्रकार जीवनव्यापी कार्य हमारे सामने हैं। अब हम विचार करें कि अभी हमारा कितना काम है और जितना होना चाहिए उसके मान से वह कितना न्यून है। इसलिए साधारण स्वयंसेवक के नाते हमें कितना अधिक परिश्रम करना आवश्यक है, उसमें ढील अथवा टालमटोल करना हमारे लिए कैसे अनिष्ट, अयोग्य और अशोभनीय है, इसका हम विचार करें और तदनुसार फिर से अपने जीवन की रचना करें तथा अत्यन्त कर्तृत्ववान कार्यकर्ता बन कार्य करने के लिए अग्रसर हों। हमारा हिन्दू समाज स्वयं को भूल गया है। अपना राष्ट्र कहने का भी अनेक लोगों में साहस नहीं है। मातृभूमि के प्रति प्रेम नितान्त दुर्बल दिखायी देता है। अत: समाज में स्वार्थ की धूम मची है। स्वार्थ के कारण दुर्गुण, अनीति फैली है। गुटबाज़ी, परस्पर ईर्ष्या है।

समग्र समाज टुकड़े-टुकड़े, छिन्न-विच्छिन्न होकर मानो अधोगति की ओर अग्रसर है, ऐसी स्थिति हमें दिखायी देती है।

और इस फटे में पाँव डालने अनेक शत्रु हमारे घर में घुसे बैठे हैं। वे शत्रुता कर हमारे समाज को सुरंग लगाकर नष्ट करने का एक भी अवसर व्यर्थ नहीं खोते। इन शत्रुओं की सहायता करने वाले बाहरी शत्रु हैं। बाहरी शत्रुओं से मानो हमारा समूचा देश घिरा हुआ है। सभी सीमाओं पर शत्रु खड़े ललकार रहे हैं, घुसपैठ कर रहे हैं, कब सीधा आक्रमण करेंगे पता नहीं है। हम आपस में ईर्ष्या, लड़ाई-झगड़े, चरित्रशून्यता, राष्ट्र विस्मरण आदि दोषों के कारण मानो एक प्रकार से अराजकता उत्पन्न कर रहे हैं और इस प्रकार की छिन्न-विच्छिन्न भीषण परिस्थिति के कारण आक्रमण की दशा में शत्रुओं का सामना करने की मानो शक्ति ही हमारे अन्दर न हो, ऐसी स्थिति दिखायी देती है। इन सब बातों को दृष्टिगत कर एक ही उत्तर हमारे सामने है, वह उत्तर माने दुखड़ा रोना नहीं। शत्रु को किसी तीसरे देश ने सहायता अथवा शस्त्रास्त्र दिये, इस प्रकार प्रचार कर रोना कायरता और स्त्रैणता का लक्षण है। हम परिवाद (शिकायतें) करते फिरेंगे, या उनसे भी बलवान बन कर डटकर खड़े होंगे? पराक्रमी, बहुगुणसम्पन्न, स्वाभिमानी राष्ट्र का क्या कर्तव्य है? परिवाद (शिकायत) करना? हम अपने भुजबल के भरोसे पर खड़े रहेंगे, रहना होगा। बहानेबाज़ी से काम नहीं बनेगा। शेष लोग हम पर आक्रमण कर रहे हैं, ऐसा रोने-चिल्लाने से नहीं बनेगा। वे तो करेंगे ही। जब तक हम दुर्बल रहकर, उन्हें आक्रमण हेतु अनुकूलता देंगे, तब तक वे आक्रमण करेंगे, आघात करेंगे।

तब हमारा काम क्या है? यह जो विशृंखलित समाज है, आत्मविस्मृति के ही कारण बिखरा है, उसकी विस्मृति को दूर करना है। मेरी मातृभूमि, अखिल समाज मेरा, यह मेरा राष्ट्र, मेरी इस भूमि में मेरे इस राष्ट्र का जीवन सर्वसमर्थ, सर्ववैभव-सम्पन्न, सम्पूर्ण प्रभुत्व-सम्पन्न, स्वाभिमानी बनकर संसार में आत्मविश्वास से खड़ा रहेगा, ऐसी अनुभूति प्रत्येक के अन्तःकरण में उत्पन्न करना है। इस जागृति और हमारे नित्य के व्यवहार के बल पर समग्र समाज को आत्मविश्वास के सूत्र में गूँथना है। सबको अनुशासन का अभ्यास कराकर आसेतु हिमाचल, सब संकटों पर विजय पाने योग्य संगठित राष्ट्रशक्ति के रूप में अपने समाज को खड़ा करना है। अन्य कोई मार्ग नहीं है। अन्य सभी मार्ग लचर, बातूनी और ऊपरी हैं। हमारे समाज-शरीर में घुसी हुई मलिनता को हटाकर शरीर को पूर्णतया शुद्ध कर उसका समग्र चैतन्य और सारी शक्ति पुनः एक बार जाग्रत करने का कार्य ही अपने संघ का कार्य है।

उसके अतिरिक्त कोई उपाय नहीं है। वह कार्य करने का सौभाग्य ईश्वर-कृपा से हमें प्राप्त हुआ है हम उसके 'साधारण स्वयंसेवक' हैं। यह असामान्य श्रेष्ठ मान्यता हमें प्राप्त है, यह अनुभूति मन में रखकर हम अपने कार्य में लग जायें। प्रत्येक को समग्र शक्ति, बुद्धि और समयकार्य में समर्पित कर अल्प कालावधि में हमारे लिए अपेक्षित संघ कार्य की अत्यन्त विस्तृत अवस्था प्राप्त कर लेनी होगी।

शाखाएँ भारत का लघु रूप

शाखा प्रणाली का प्रारम्भिक रूप स्वाध्याय मण्डल थे। आगे चलकर शारीरिक प्रशिक्षण के कार्यक्रम तथा प्रशिक्षण शिविरों के आयाम जुड़ते चले गये। जैसे-जैसे यह सब जुड़ता चला गया, दैनिक शाखा का स्वरूप भी आकार लेता चला गया।

शाखा का समय एक घण्टे का रहता है। इसके मुख्य घटकों का मानक रूप निर्धारित किया गया है तथा इसके प्रारम्भ के समय से ही ये घटक अपरिवर्तनीय रहे हैं। इनमें शारीरिक कार्यक्रम, बौद्धिक कार्यक्रम व चर्चाएँ, खेल तथा व्यवस्थित रूप से संचालन के लिए समता का अभ्यास सम्मिलित है। शाखा के प्रारम्भ में भगवा ध्वज लगाने की एक निश्चित विधि है। सभी उपस्थित स्वयंसेवकों से इस समय दक्ष अर्थात् सावधान की मुद्रा में खड़ा होने को कहा जाता है। शाखा का समापन प्रार्थना के साथ होता है। शाखा में खेले जाने वाले खेलों व चर्चाओं के विषयों में कतिपय स्थानीयता का पुट रहता है। शारीरिक विभाग और बौद्धिक विभाग गत्यात्मक रहते हैं तथा प्रतिपुष्टि के आधार पर आवश्यक परिवर्तनों को भी अंगीकार करते रहते हैं। शाखा में जो शिक्षक होते हैं, उन्हें कड़ी प्रशिक्षण प्रक्रिया से गुज़रना होता है। शाखाओं को दृढ़ता प्रदान करने के उद्देश्य से क्षेत्रीय व अखिल भारतीय अधिकारी निरन्तर नियमित रूप से प्रवास करते रहते हैं।

शाखा राष्ट्रीय स्वयंसेवक संघ की मूलभूत और सबसे महत्त्वपूर्ण इकाई है। प्रत्येक स्वयंसेवक किसी एक शाखा का सदस्य होता है। संघ के सर्वोच्च अधिकारी सरसंघचालक भी किसी ना किसी शाखा के सदस्य होते हैं। और जब संघ प्रमुख प्रवास में नहीं होते हैं तो उस शाखा में जाते है। शाखा कार्यक्रम भले ही एक घण्टे के लिए होते हैं, लेकिन स्वयंसेवक चौबीस घण्टे का होता है। सभी स्वयंसेवक संगठन एवं समाज के आह्वान पर, विशेष रूप से किसी प्राकृतिक आपदा अथवा दुर्घटना की स्थिति में चौबीसों घण्टे कमर कसे रहते हैं और तुरन्त सहायता हेतु आगे आते हैं। केवल शाखा में आना ही उनकी एकमात्र ज़िम्मेदारी नहीं है। कोई भी स्वयंसेवक

निष्क्रिय नहीं होता। शाखा पद्धति सुनिश्चित करती है कि सभी के राष्ट्रभाव को जाग्रत् रखा जा सके। जिसका अर्थ है कि अन्य संगठनों की भाँति कोई भी स्वयंसेवक केवल कुछ निश्चित कालावधि के लिए ही स्वयंसेवक नहीं होता। स्वयंसेवक स्वयंस्फूर्त रूप से पूरे जीवन-समर्पण की भावना से युक्त रहते हैं, जो कि उनके पारिवारिक जीवन को भी प्रभावित करती है।

शाखाओं में विभिन्न वर्गों के अधिकतम लोग आ सकें, इसलिए उनके समय के सुविधानुसार शाखाएँ प्रातः, सायं व रात्रि में लगती हैं। साप्ताहिक मिलन भी होते हैं। जो दैनिक शाखा में नहीं आ सकते, वे मासिक संघ मण्डली में आते हैं। इनका स्वरूप शाखा से भिन्न एक अनौपचारिक मिलन का होता है। जब अधिक संख्या में नियमित रूप से लोग इन मण्डलियों में आने लगते हैं, तो इन्हें पहले साप्ताहिक मिलन और फिर दैनिक शाखा के रूप में परिवर्तित कर दिया जाता है। इसी क्रमिक विकास की प्रक्रिया से शाखाओं का आकार और विस्तार देश भर में होता जा रहा है।

राष्ट्रीय स्वयंसेवक संघ की वार्षिक अखिल भारतीय प्रतिनिधि सभा 2023 की बैठक हरियाणा के समालखा ज़िला पानीपत में 12 से लेकर 14 मार्च तक हुई थी। इस बैठक में कार्यकर्ता निमार्ण व प्रशिक्षण, संघ शिक्षा वर्गो की योजना, शताब्दी विस्तार योजना व कार्य के दृढ़ीकरण और देश के वर्तमान स्थिति पर विचार एवं महत्त्वपूर्ण विषयों पर प्रस्ताव पारित हुए थे। इस बैठक के अन्तिम दिन संघ के सह-सरकार्यवाह मनमोहन वैद्य ने जानकारी दी कि वर्तमान समय में 42613 स्थानों पर 68651 शाखाएँ चल रही है। साप्ताहिक मिलन की संख्या 26877 है। संघ मण्डली की संख्या 10412 है।

शाखा-शिक्षण

सभी शाखाओं में सबसे महत्त्वपूर्ण शिक्षा जो दी जाती है, वह है—भारत हिन्दू राष्ट्र है। भारत का विकास एकत्व की गहन समझ के आधार पर हुआ है, जो कि सम्बन्धों तथा आचरण और व्यवहार में अभिव्यक्त होता है। यही भारतीय ज्ञान-परम्परा और संस्कृति है और इसका सारत्व ही हिन्दुत्व है। इन मूल्यों व प्रतीकों या श्रद्धा-बिन्दुओं को सँजोकर रखना व इन्हें विकसित करना उच्च प्राथमिकता का कार्य है। राष्ट्र प्रथम सिद्धान्त के लिए अत्यन्त महत्त्वपूर्ण है। भारतीय संस्कृति और इतिहास पर गर्व करना, इसके अनुकरण के विचार को प्रसारित करना और आधुनिक युग में प्राचीन ज्ञान पर पुनर्चिन्तन करना इसी पद्धति से भारत की एकता सर्वोच्च शिखर तक पहुँच सकती है। यही राष्ट्रीय एकात्मता या अखण्ड भारत का सिद्धान्त है।

संघ की धारणा है कि समाज में जाति, क्षेत्र अथवा आर्थिक स्तर के आधार पर पक्षपात एवं भेदभाव नहीं होना चाहिए। विविधता तो हिन्दू संस्कृति की विविध अभिव्यक्तियाँ हैं। डॉ. हेडगेवार ने जो कहा था, उसे व्यापक अर्थ में समझाते हुए संघ के छठे सरसंघचालक डॉ. मोहन भागवत ने हैदराबाद में संघ के विजय संकल्प शिविर के दौरान स्वयंसेवकों को सम्बोधित करते हुए कहा था कि बड़ा संगठन बनना संघ का ध्येय नहीं है, बल्कि संघ का ध्येय सम्पूर्ण समाज को संगठित करना है। उन्होंने कहा कि संघ की दृष्टि से 130 करोड़ लोगों का पूरा समाज हिन्दू समाज है। जो भारत को अपनी मातृभूमि मानता है और जन, जल, जंगल, ज़मीन और जानवर से प्रेम करता है, उदार मानव संस्कृति को अपने जीवन में उतारने का प्रयास करता है और जो सभी का कल्याण करने वाली संस्कृति का आचरण करता है। वह किसी भी भाषा, विचार या उपासना को मानने वाला क्यों न हो, वह हिन्दू है। उन्होंने कहा कि भारत परम्परा से हिन्दूवादी है। विविधता में एकता नहीं, एकता की ही विविधता है। आस्था, विश्वास और विचारधारा अलग-अलग हो सकते हैं, लेकिन सभी का सार एक ही है। भागवत जी ने कहा कि अँधेरा हटाने के लिए दूसरों को पीटना नहीं होता,

बल्कि उसके लिए दीया जलाना होता है और दीये की रोशनी से ही अँधेरा हट सकता है। एक नायक से काम नहीं चलेगा, बल्कि गाँव और क़स्बे में नौजवान नायकों की टोलियाँ तैयार करनी होगी। समाज में बिना किसी स्वार्थ के काम करें और जिनका चरित्र निश्कलंक हो। इसी से भारत का भविष्य बदल सकता है। उन्होंने कहा कि पूरा विश्व भारत की तरफ़ देख रहा है और विश्व को सुख शान्ति का रास्ता दिखाने वाला संगठित हिन्दू समाज चाहिए। संघ का मानना है कि संघ लौकिक व्यवहार में सहयोग, एक-दूसरे के प्रति आदर तथा शान्ति का सन्देश ही सम्प्रेषित करना चाहता है। इसी आधारभूत बोध से ही हिन्दू राष्ट्र की संकल्पना निर्मित तथा सरल रूप में व्याख्यायित हुई है। संघ भारत की सांस्कृतिक विरासत तथा प्राचीन ज्ञान-परम्परा से प्रेरणा लेता है। यह आधुनिक है, क्योंकि परिस्थितियों के अनुरूप यह अपने को अनुकूलित कर लेता है तथा समाज में होने वाले परिवर्तनों को आत्मसात् करने की क्षमता रखता है। इसी से अगली पीढ़ियों के साथ भी यह सहज ही जुड़ता चला जा रहा है और उनमें भी स्वीकार्य हो रहा है।

शाखा प्रणाली समाज की सेवा के लिए एक विराट शक्ति है। संघ समाज पर आधिपत्य स्थापित नहीं करना चाहता, न ही समाज पर अपने विचारों, नीतियों या पद्धति को थोपना चाहता है। यह सहज रूप से समाज की ज़रूरतों को समझते हुए उसके प्रति उत्तरदायी है तथा इसे अच्छी तरह समझता है कि परिवर्तन एक जटिल प्रक्रिया है।

1940 तक संघ का काम देश के सभी भागों में पहुँच चुका था। डॉक्टर जी को समाज और संघ के एक-दूसरे में रम जाने का पुर्नानुमान हो चला था। उसी वर्ष के संघ शिक्षा वर्ग में डॉक्टर जी ने अपने जीवन के अन्तिम भाषण में कहा था—मैं आज यहाँ लघु भारत का दर्शन कर रहा हूँ।

संघ शिक्षा वर्ग

संघ शाखाओं की नित्य बढ़ती संख्या को देखते हुए, शाखाओं के संचालन के लिए अधिकाधिक कार्यकर्ताओं के निर्माण की आवश्यकता महसूस होंने लगी। डॉक्टर जी के साथ किये गये सामूहिक चिन्तन से यह निष्कर्ष निकला कि वर्ष भर चलने वाले दैनन्दिन शाखा कार्यक्रमों के अतिरिक्त, छुट्टियों की सुविधा देखकर माह सवा माह तक कुछ चुने हुए स्वयंसेवकों के लिए शारीरिक बौद्धिक आदि कार्यक्रमों की कोई सूत्र-बद्ध योजना बनायी गयी तो अधिक संख्या में कार्यकर्ता उपलब्ध हो सकेंगे साथ ही कि ऐसे वर्ग में शामिल होने वाले स्वयंसेवकों के मन, बुद्धि और हृदय संस्कारित होने से संघ कार्य करने की उनकी क्षमता भी बढ़ेगी और संघ कार्य वे अधिक सामर्थ्य के साथ कर सकेंगे।

छात्रों को दो माह का ग्रीष्मकालीन अवकाश मिलता था और छात्रों को मिलने वाले इस अवकाश के समय को स्वयंसेवकों के निर्माण हेतु वर्ग आयोजित करने का बैठक में निर्णय लिया गया। इस काल में छुट्टियाँ होने से स्कूल बन्द रहते हैं, अतः परिचित शिक्षा संचालकों से शाला की इमारत प्रशिक्षणार्थी स्वयंसेवकों के आवास की व्यवस्था हेतु माँगने का विचार किया गया। तदनुसार नागपुर के धनवटे नगर विद्यालय (नाम नील सिटी स्कूल तत्कालीन) तथा न्यू इंग्लिश स्कूल के भवन संघ शिक्षा वर्ग के लिए निशुल्क उपलब्ध होने लगे। वर्ग के लिए 1 मई से 10 जून तक 40 दिनों का समय सुविधाजनक होने से निश्चित किया गया। चालीस दिनों तक एकत्र रहते समय भोजन, वैद्यकीय व्यवस्था, प्रकाश, जलपूर्ति आदि का विचार भी किया गया तथा इस पर होने वाले खर्च़ की पूर्ति के लिए वर्ग में सहभागी होने वाले प्रशिक्षार्थी स्वयंसेवकों के लिए शुल्क निर्धारित किया गया। 1929 में संघ का प्रथम शिक्षा वर्ग नागपुर में प्रारम्भ हुआ। इन वर्गों का संघ शिक्षा वर्ग यह नाम तो 1950 के बाद प्रचलित हुआ। प्रारम्भ में उन्हें ग्रीष्मकालीन वर्ग ही कहा जाता था।

अपने ग्रीष्मकालीन वर्ग को किस नाम से सम्बोधित किया जाये? एक बैठक में यह विचार चर्चा हेतु प्रस्तुत हुआ। एक ने सुझाया ट्रेनिग क्लास। इस पर अन्य स्वयंसेवक ने कहा कि इस नाम में, यह संघ की शाखाओं के लिए है, यह जोड़ना आवश्यक है, अतः इसे संघ ट्रेनिंग क्लास कहा जाये। डॉक्टर हेडगेवार ने कहा कि वर्ग में दिया जाने वाला प्रशिक्षण एक विशेष प्रकार का है। संघ का कार्य करने के लिये अधिक योग्यता प्राप्त कार्यकर्ता तैयार करने के लिये ही हम काफ़ी मेहनत से यह वर्ग चलाते हैं। इसमें ध्येयनिष्ठ, खुली दृष्टि रखकर समाज में समरस होकर संघ कार्य करने वाले संघ की जीवन-दृष्टि को आत्मसात् कर संघ कार्य के लिये अधिकाधिक समय देनेवाले कार्यकर्ताओं के निर्माण करने का लक्ष्य ही इस वर्ग का प्रयोजन है। संघ के अधिकारियो प्रशिक्षित करने के लिए यह वर्ग है, अतः ऑफ़िसर्स ट्रेनिग कैम्प नाम उन दिनों प्रचलित हुआ। तत्कालीन स्वयंसेवकों के वार्तालाप में आज भी इन विशेष वर्गों के लिए ओ.टी.सी. यह नामोल्लेख सुनने को मिलता है।

1939-40 के बाद अंग्रेज़ी-आज्ञाओं के स्थान पर संस्कृत-हिन्दी के शब्द प्रयोग होने लगे। उन दिनों किसी जानकार ने ओ.टी.सी. का हिन्दी अनुवाद 'अधिकारी शिक्षा वर्ग' किया। गुरु गोलवलकर ने कहा कि इस नाम के आद्याक्षरों को मिलाकर जो संक्षिप्त नाम होता है वह 'अशिव' शब्द है। अपने मंगल कार्य में किसी भी कार्यक्रम का 'अशिव' शब्द से उल्लेख किया जाना उचित नहीं होगा। इसलिए गुरु जी के मार्गदर्शन में इस वर्ग का नाम 'संघ शिक्षा वर्ग' के रूप में प्रचलित हुआ।

जो स्वयंसेवक शाखा में नियमित रूप से आते थे, उनमें से ही, बहुत सी सावधानीपूर्वक चुने गये स्वयंसेवक ही इस संघ शिक्षा वर्ग में सहभागी होते थे। प्रारम्भ में कुछ वर्षों तक यही क्रम चला। बाद में शाखाओं की संख्या बढाने के लिये ग्रीष्मकालीन छुट्टियों में 4-6 सप्ताह तक विभिन्न गाँवों में विस्तारक भेजने की योजना बनी। उन दिनों मार्च में परीक्षाएँ समाप्त होते ही महाविद्यालय ग्रीष्मकीन छुट्टियों के लिये बन्द हो जाते। इस कारण अप्रैल माह में विस्तारक भेजे जाने लगे। अधिकांश विस्तार विदर्भ और महाकोशल प्रान्त में भेजे जाते। जिन गाँवो में ये विस्तारक जाते, वहाँ माह भर के अपने प्रवास में संघ की शाखा खोलते और शाखा के संचालन हेतू, जिन स्वयंसेवकों में दायित्व स्वीकार कर शाखा के कार्यक्रम लेने की क्षमता दिखाई दे, ऐसे स्वयंसेवकों को चुनकर उन्हे संघ शिक्षा वर्ग में लाने का प्रयास किया जाये यही विस्तारकों से अपेक्षा की जाती। इस प्रकार ऐसे नवपरिचित स्वयंसेवकों में से सक्षम कार्यकर्ता तैयार करने की योजना संघ शिक्षा वर्ग में

कार्यान्वित की जाने लगी। सम्भव हुआ तो लगातार, अन्यथा अपनी सुविधानुसार प्रथम, द्वितीय और तृतीय वर्ष शिक्षित कार्यकर्ता वर्ग में शिक्षक के रूप में काम करने लगे। इसके साथ ही एक विश्वसनीय संघ कार्यकर्ता के रूप में उसकी क्षमता को स्वीकार किया जाने लगा।

1937 के संघ शिक्षा वर्ग तक, इन वर्गों में प्रति शनिवार रात्रि में मनोरंजन के कार्यक्रम भी होते और रविवार को संघस्थान पर होने वाले कार्यक्रम नहीं होते। इस एक दिवसीय अवकाश में, वर्ग में सहभागी स्वयंसेवक नागपुर के स्थानीय स्वयंसेवकों से भेंट वार्तालाप करते। 1938 के बाद, रविवार के इस अवकाश से शारीरिक-बौद्धिक कार्यक्रम में रुकावट पैदा होती है, इसलिए यह अवकाश देने की व्यवस्था बन्द कर दी गयी और उसके स्थान पर नित्य की भाँति कार्यक्रम होने लगे। आगे चलकर, सन वर्ग की काल मर्यादा 40 दिनों के बजाय 30 दिन निश्चित हुई।

1934 तक संघ शिक्षा वर्ग केवल नागपुर में ही हुआ करता था। 1935 से पुणे में प्रथम व द्वितीय वर्ष के वर्ग प्रारम्भ हुए। ग्रीष्मकालीन छुट्टियों की सुविधा के अनुसार पुणे का वर्ग 22 अप्रैल से 2 जून तक और नागपुर का वर्ग 1 मई से 10 जून तक हुआ करता। डॉक्टर हेडगेवार वर्ग प्रारम्भ होने पर 15 मई तक पुणे में और उसके बाद नागपुर के वर्ग में रहते थे। 1938 में लाहौर (पंजाब) में भी इसी प्रकार प्रथम व द्वितीय वर्ग के वर्गों का आयोजन हुआ। लाहौर का वर्ग वहाँ की ग्रीष्मकालीन छुट्टियों की सुविधा के अनुसार जुलाई में होता। इसके बाद, जैसे-जैसे कार्य बढ़ता गया, अन्य प्रान्तों में भी प्रथम और द्वितीय वर्ष के संघशिक्षा वर्ग आयोजित होने लगे। केवल तृतीय वर्ष की शिक्षा के लिए सभी शिक्षार्थियों को नागपुर में ही आना अनिवार्य माना गया। अन्य प्रान्तों के हर वर्ग में मुख्य शिक्षक और अन्य शिक्षक नागपुर से ही भेजे जाते थे। डॉ. हेडगेवार कहा करते थे कि समाज के सम्मुख उपस्थित अनेक भीषण प्रश्नों को सदैव के लिए मिटाना है, तो उसके लिए राष्ट्रीयता की दीक्षा लेकर देशहित के लिए जीवन भर अखण्ड रूप से जागृत रहने वाले देशवासियों की फ़ौज खडी करनी होगी। इसके लिए विभिन्न स्थानों पर योग्य अधिकारियों के प्रशिक्षण का कार्य प्रारम्भ हुआ—ऑफ़िसर्स ट्रेनिंग कैम्प के रूप में। ऐसा पहला प्रशिक्षण वर्ग लगा 1928 के ग्रीष्मावकाश में और उसकी संख्या मात्र 17 थी। वर्तमान में देश भर में लगने वाला संघ शिक्षा वर्ग इसी का परिवर्तित नाम और स्वरूप है।

शिशिर शिविर

संघ के विविध कार्यक्रमों में शीतकालीन शिविर का भी अपना विशेष महत्त्व है। संघ का कार्य प्रारम्भ होने पर, दो-तीन वर्षों में ही वह शिविर का कार्यक्रम शुरू

हुआ था, जो आज भी जारी है। डॉक्टर जी ने प्रारम्भ से ही इस बात का ध्यान रखा कि केवल संघ स्थान पर ही नहीं, बल्कि अपने जीवन में अनुशासन का पालन किया जाना चाहिए और इसलिए अनुशासन स्वयंसेवक का स्वभाव बने। शाखाओं में तथा उत्सव प्रसंगों पर गणवेश में समता व पथसंचलन आदि के कार्यक्रम होते थे। जीवन में अनुशासन की आदत डालने के लिए स्काउट में अथवा कॉलेज छात्रों को उपलब्ध यूटीसी में विटंर केम्पस हुआ करते थे। उन शिविरों के माध्यम से अनुशासन के संस्कारों को जीवन में गहराई से उतारना सम्भव है, यह बात ध्यान में आयी। संघ में भी अनुशासन के साथ ही देशभक्ति के संस्कार सुदृढ़ करने की दृष्टि से इस प्रकार के शीतकालीन शिविरों का आयोजन उपयोगी रहेगा। इस विचार पर सभी कार्यकर्ता सहमत हुए। घरेलू वातावरण से दूर, केवल स्वयंसेवकों का, तीन-चार दिनों का अनुशासनयुक्त सहजीवन, जहाँ संघ कार्य के लिए उपयोगी सिद्ध होगा, वहीं स्वयंसेवकों के निर्माण के लिए भी आवश्यक है। यह विचार पक्का होने पर शिविर का आयोजन सुनिश्चित हुआ।

शिविर को सफल बनाने के सम्बन्ध में सभी प्रमुख स्वयंसेवकों के साथ विचार-विनिमय किया गया। 1928 में नागपुर में सोनेगाँव हवाई-अड्डे का निकटवर्ती स्थान शिविर के लिये सुविधाजनक माना गया। पड़ोस में स्थित तालाब, मन्दिर, पेयजल के लिये बड़ा कुआँ तथा खुला मैदान शिविर के लिए सभी दृष्टि से सुविधाजनक था। वहीं नागपुर संघ शाखा का प्रथम शिविर सम्पन्न हुआ। पूर्णतया संघमय वातावरण में अनुशासित सहजीवन और सहचिन्तन का अनुभव स्वयंसेवकों के लिये विलक्षण प्रेरणादायी रहा।

दूसरे वर्ष, शिविर में निवास हेतु तम्बुओं की व्यवस्था करने की बात सोची गयी। उन दिनों संघ के पास तम्बू नहीं थे। नागपुर के संघ-प्रेमी परिचितों के यहाँ से छोटे-बड़े तम्बू शिविर हेतु एकत्रित करने के निमित्त नये-नये प्रतिष्ठित लोगों से सम्पर्क साधा गया। उन दिनों 24 दिसम्बर से 1 जनवरी तक सभी स्कूलों-कॉलेजों की क्रिसमस की छुट्टियाँ होती थीं। यही दिन सुविधाजनक होने से 24 दिसम्बर से 28 दिसम्बर तक तरुण स्वयंसेवकों का गणवेश में शिविर लेने का क्रम शुरू हुआ।

तरुणों के शिविर में चार दिवसीय चलने वाले कार्यक्रम बाल स्वयंसेवकों के लिए अधिक कष्टप्रद और ख़र्चीले होने के कारण 1932 के दिसम्बर में तरुणों के शिविर के एक सप्ताह पूर्व, शनिवार सायंकाल से सोमवार सुबह तक उसी स्थान पर बाल स्वयंसेवकों का शिविर लिया गया। उमरेड रोड स्थित दिघोरी नामक गाँव में श्री राजाबाल साहेब चिटणवीस के बँगले के अहाते में बाल स्वयंसेवकों का गणवेश में

प्रथम शिविर सम्पन्न हुआ। पूर्व परिचय होने के कारण बँगले के कुछ कमरे निवास व्यवस्था हेतु भी उपलब्ध हुए जिनमें डॉक्टर हेडगेवार और अन्य वरिष्ठ लोग रहे। बाल स्वयंसेवकों के आवास की व्यवस्था बँगले के आहाते में की गई।

संघ कार्य की दृष्टि से शिविर की उपयोगिता ध्यान में आने के कारण एक गाँव अथवा शहर के स्वयंसेवकों के शिविर की भाँति ही अधिक व्यापक क्षेत्र के तहसील, ज़िला और प्रान्त स्तर पर भी इस प्रकार के, सब स्वयंसेवकों की सुविधा से, शिविर आयोजित करने की पद्धति शुरू हुई। इसी का परिवर्धित स्वरूप, 1981 में कर्नाटक प्रान्त का शिविर जिसमें 22,000 स्वयंसेवक शामिल हुए और पुणे के निकट तळजाई में 1983 के संक्रान्ति पर्व पर महाराष्ट्र प्रान्त के शिविर, जिसमें 35 हजार स्वयंसेवकों ने भाग लिया, सामने आया।

हज़ारों स्वयंसेवकों में अनुशासित जीवन की आदत डालने वाला यह शिविर अनेक दृष्टि से संघ कार्य के लिए पोषक और उपयोगी सिद्ध हुआ। सुसंगठित समाज जीवन का प्रतीक और सुदृढ़ राष्ट्र जीवन का सहजता से अनुभव कराने वाला यह लघुरूप देखकर लोगों में वह विश्वास बढ़ने लगा कि अपने हिन्दू समाज को बलशाली और राष्ट्रभक्त बनाने का राष्ट्रीय स्वयंसेवक संघ का कार्य ही एकमेव सच्चा और सही है। इसके साथ ही संघ कार्य का आकर्षण भी बढ़ा। इस प्रकार के कार्यक्रमों के कारण जहाँ राष्ट्रनिष्ठ लोगों के मन में संघ और स्वयंसेवकों के प्रति अपनत्व की भावना निर्मित हुई, वहाँ स्वार्थी और राष्ट्रद्रोही प्रवृत्ति के जनमानस में जलन और धाक (दबदबा) पैदा होने लगी। शिविर को सफल बनाने हेतु व्यापक सम्पर्क तथा संघ के प्रति सहानुभूति का क्षेत्र भी विशाल होने लगा।

संघ कार्य का विस्तार होने के बाद डॉक्टर हेडगेवार के लिए सभी स्वयंसेवकों के साथ विचार-विमर्श सम्भव नहीं रहा। इसके बाद भी डॉ. हेडगेवार की कोशिश रहती थी कि सभी से संवाद हो। शाखाओं की संख्या बढ़ने के कारण हर शाखा में जाना भी डॉक्टर हेडगेवार के लिए असम्भव था, किन्तु फिर भी शिविर में तीन-चार दिन एकत्र रहकर स्वयंसेवक को डॉक्टर जी का मार्गदर्शन प्राप्त होता था।

भगवा ध्वज हमारा आदर्श

डॉ. हेडगेवार संघ में स्वयंसेवकों के सामने भगवा ध्वज को गुरु मानते हुए कहा था कि 'किसी भी कार्य की नींव त्याग, चरित्र और निरपेक्ष प्रेम के बिना टिक नहीं सकती'। संघ का ध्वज संन्यासियों को विभूषित करने वाले वस्त्र का है। संन्यासी अपने व्यक्तिगत जीवन की अभिलाषाएँ त्यागकर समस्त समाज के लिए अपना जीवन पवित्र कर अपनी सारी शक्ति और तपस्या समाज की उन्नति के लिए ही लगाता है। वह त्यागतपस्या हमें अपने जीवन में लानी है, व्यक्ति को समष्टि के जीवन में विलीन कर व्यक्ति निरपेक्ष, निस्वार्थ सेवा-भाव से राष्ट्र पुनर्निर्माण करने का संकल्प करता है। यह पाठ देने वाला यह ध्वज ही है, इसलिए हमें प्राण से प्रिय है, हमारे ऋषि-मुनियों को भी वह इसी कारण प्राणप्रिय रहा। हमारी सारी प्राचीन संस्कृति और परम्पराओं का यही प्रतीक रहा। श्री छत्रपती शिवाजी महाराज ने इसी ध्वज को लेकर राष्ट्र पुनर्निर्माण का प्रयास सफलतापूर्वक किया। इन सारी परम्पराओं को याद दिलाने वाला और सारे समाज को प्रोत्साहित करने वाला यही ध्वज है। इसीलिए भगवा ध्वज हमारा आदर्श है और गुरु है। इस कारण संघ में व्यक्ति पूजा को स्थान नहीं है। इसलिए संघ मानता है कि किसी भी व्यक्ति की पूजा उसके जीवन काल में नहीं करनी चाहिए। पूजा तत्त्वों की की जानी चाहिए। जो व्यक्ति सिद्धान्तों की पूजा करते हुए, अपने जीवन में उसे लाते हुए अपना सारा जीवन ही सिद्धान्त रूप में रख जाता है, वह अपने उत्सर्ग के बाद उस महान् संन्यासी जीवनधारा की ही कड़ी बन जाता है। जिसे हमारा भगवा ध्वज निर्देशित करता है। इसीलिए यह हमारा गुरु है। गुरु पूजा के दिन हम इसी ध्वज की पूजा करते हैं। इसी के सामने दक्षिणा रखकर इसी से उस सारे समस्त जीवन की प्रेरणा हमें देने के लिए प्रार्थना करते हैं। इसे ही संघ में अराध्य माना गया है।

भगवा ध्वज ही हमारा गुरु है और वही संघ के विचारों का प्रतीक होने से हमारा आदर्श भी है। यह विचार बुद्धि और भावना से ग्रहण के बाद भी स्वयंसेवकों के मन में उठता था कि किसी व्यक्ति को गुरु के रूप में मानने और गुरु के पद पर बैठाने में क्या हर्ज है। यदि कोई जीवित गुणसम्पन्न, कर्तृत्ववान व्यक्ति आदर्श के रूप में सामने हो, जिसकी ओर देखकर उसके जैसा अपना भी जीवन बने ऐसा विचार आये तो क्या किशोर व छात्र स्वयंसेवकों को उसके अनुसार अपना जीवन बनाना आसान नहीं होगा? डॉ. हेडगेवार स्वयंसेवकों से कहा करते थे कि अपना यह स्वर्णगैरिक भगवा ध्वज ही हमारा गुरु और आदर्श है, फिर भी अगर किसी व्यक्ति को गुरु के पद पर बैठाना है तो ऐसा आदर्श कार्यकर्ता कैसे खोजा जाये? यह प्रश्न बाकी रह जाता है। पूर्णतया निर्दोष तो सम्भवतया कोई नहीं होगा। किसी उत्तम स्वयंसेवक के केवल सद्गुणों के आधार पर ही उसे आदर्श मानना क्या ठीक रहेगा? यदि इस ढंग से सोचा गया तो शायद प्रत्येक स्वयंसेवक को अपना अलग आदर्श स्वीकार करना होगा। किसी स्वयंसेवक द्वारा स्वीकृत आदर्श दूसरे स्वयंसेवक द्वारा नकारे जाने की सम्भावना से इनकार नहीं किया जा सकता। बजरंग बली हनुमान आदर्श स्वयंसेवक हैं। शाखा में प्रार्थना करते समय अपने जीवन में शील आदि गुणों का विकास हो, इस हेतु हम हनुमान जी से ही विनती करते हैं। जीवित व्यक्ति आज कितना ही सद्गुण सम्पन्न और कर्तृत्ववान क्यों न हो, उसका जीवन अभी पूर्ण नहीं हुआ है। मान लो यदि ऐसे व्यक्ति के जीवन में आगे चलकर कोई विकृति उत्पन्न हो जाये, उस व्यक्ति के बारे में आज तक अज्ञात किसी अवगुण या दोष का पता चले तो उस कार्यकर्ता को आदर्श मानने वाले स्वयंसेवक की भावनाओं को कितना आघात पहुँचेगा और तब संघ पर से भी उसका विश्वास ढहने लगेगा। व्यक्ति को स्खलनशील माना गया है। इसलिये किसी भी जीवित व्यक्ति को अपना आदर्श मानना उचित नहीं होगा। हनुमान जी, श्रीरामचन्द्र, श्रीकृष्ण तो सदैव हमारे आदर्श हैं। वे भी इसलिए कि उन्होंने अपने जीवन में अद्भुत कार्य किये है। वे तो साक्षात ईश्वर के अवतार हैं। उनके लिए कोई भी कार्य असम्भव नहीं था। मनुष्य के रूप में 'मानव लीला' करने के लिए ही परमेश्वर ने उनके रूप में जन्म लिया था। वैसा जीवन बनाने की कल्पना भी नहीं की जा सकती, क्योंकि हम उन्हे परमेश्वर स्वरूप ही मानते हैं। अपने जीवन में उनका आदर्श कैसे स्वीकार किया जाये यह विचार अपने मन में उठता है। इसलिए अपने निकट भूतकाल में हुए किसी श्रेष्ठ व्यक्ति का आदर्श के रूप में हमें विचार करना चाहिए। ऐसे महान् व्यक्ति का पूर्ण विकसित जीवन पुष्प अपने परिचय का होने के कारण वह जीवन हमारे सामने आदर्श के रूप में रह सकता है। ऐसे ऐतिहासिक श्रेष्ठ

पुरुष का विचार करते समय हमें सहज ही छत्रपति शिवाजी महाराज का स्मरण हो आता है। उनके जीवन का प्रत्येक व्यवहार हमारे लिए आदर्श है। इस कारण प्रत्येक स्वयंसेवक को छत्रपति शिवाजी महाराज का आदर्श ही अपने सामने रखना चाहिए। समर्थ रामदास स्वामी ने सम्भाजी के नाम प्रेषित पत्र में उन्हें अपने पिता स्वरूप जीवन जीने का परामर्श दिया था। संघ की स्थापना के बाद राष्ट्रीय स्वयंसेवक संघ का प्रत्येक स्वयंसेवक भगवा ध्वज के सामने जो प्रतिज्ञा लेता था,उसमें 'हिन्दू राष्ट्र की स्वाधीनता' शब्द रहते थे। भारत की स्वतन्त्रता के बाद प्रतिज्ञा में 'हिन्दू राष्ट्र की सर्वांगीण उन्नति' कर दिया गया। डॉ. हेडगेवार का व्यक्तित्व ऐसा था कि उसमें भारत देश और उसके समाज के प्रति असीम प्रेम बहुत गहराई तक बसता था। भारत के मूल्यों, संस्कृति और परम्पराओं के आधार पर भारत राष्ट्र का संगटन करना ही डॉक्टर हेडगेवार की ध्येय और संकल्प था और उसके लिए उनका जीवन समर्पित था। इस कारण जब भी किसी व्यक्ति के स्वयंसेवक बनने की इच्छा होती तो डॉक्टर हेडगेवार उस व्यक्ति से यही अपेक्षा रखते थे कि उसके मन में देशवासियों के प्रति भ्रातृ-भाव हो और सेवाभाव से मन भरा हो।

गुरुदक्षिणा

संघ शाखा प्रारम्भ होने के बाद प्रथम दो वर्षों तक तो धन की कोई आवश्यकता महसूस नहीं हुई क्योंकि कार्यक्रम भी सामान्य और छोटे स्वरूप के होते थे, इसलिये ख़र्चा भी विशेष नहीं होता था। जो कुछ थोड़ा बहुत ख़र्च होता , उसकी पूर्ति डॉ. हेडगेवार का मित्र परिवार करता था। डॉ. हेडगेवार के मित्रों को पूरा विश्वास था कि डॉक्टर हेडगेवार निरपेक्ष देशसेवा का कार्य कर रहे हैं। इसलिए वर्ष भर में एक दो बार वे बडी ख़ुशी से संघ कार्य के लिये आर्थिक मदद देते थे। 1927 तक संघ के ज़िम्मेदार स्वयंसेवक डॉक्टर हेडगेवार के इन विश्वासपात्र मित्रों के यहाँ जाकर धन ले आते थे। तेज़ी से बढ़ने वाले संघ कार्य के लिए, कार्यक्रमों तथा प्रवास हेतु जब अधिक ख़र्च करना अपरिहार्य हो गया तब डॉक्टर जी ने इस सम्बन्ध में स्वयंसेवकों के साथ विचार-विमर्श प्रारम्भ किया। इस समय तक जो भी धनराशि एकत्रित होती, उसकी पाई पाई का हिसाब डॉक्टर हेडगेवार स्वयं रखते थे और यही आदत उन्होंने स्वयंसेवकों में भी डाली। परिणामस्वरूप स्वयंसेवकों को अपने सारे कार्यक्रम सादगीपूर्ण ढंग से, कम ख़र्च में करने की आदत हो गई। शाखाएँ तेज़ी से बढ़ने लगी थीं। नागपुर के पास वर्धा में शहर के बाहर पहली शाखा खुली। इस कारण आवश्यक ख़र्च भी बढ़ने लगा। कुछ दिनों तक मित्रों से उधार लेने का क्रम चला। मित्र भी बड़ी आस्था से रक़म उधार देते और वापसी की कोई जल्दबाज़ी नहीं करते। फिर भी उधार ली गयी रक़म को कभी न कभी तो वापस करना ही है, यह चिन्ता डॉक्टर हेडगेवार को रहती थी और उधार लेकर भी कब तक काम चलेगा? हेडगेवार ने महसूस किया कि उधार पर आश्रित रहने से बेहतर संघ को स्वयं इसकी व्यवस्था करे।

संघ के स्वयंसेवकों के साथ आर्थिक परेशानी पर चर्चा करते समय एक स्वयंसेवक ने कहा कि संघ कार्य हिन्दू समाज का कार्य है। इसलिए जो आर्थिक मदद दे सकते हैं, ऐसे संघ से सहानुभूति रखने वाले लोगों से धन एकत्रित

किया जाये। अन्य स्वयंसेवक ने भी इस सुझाव का समर्थन करते हुए कहा कि समाज जीवन की उन्नति हेतु चलने वाले सभी प्रकार के कार्य आख़िर लोगों द्वारा दिये गये दान, अनुदान और चन्दे की रक़म से ही चलते हैं। अतः हमें भी इसी तरीक़े से धन जुटाना चाहिए। एक और स्वयंसेवक ने इस पर आपत्ति उठाते हुए कहा कि हमारा कार्य सर्वश्रेष्ठ राष्ट्रीय कार्य है। इसका लोगों को बोध कराना होगा किन्तु इसके लिये उनसे आर्थिक मदद माँगना उचित नहीं होगा। इस बात को आगे बढ़ाते हुए अन्य स्वयंसेवक ने कहा कि यदि हम इसे अपना ही कार्य कहते हैं तो संघ जैसे उदात्त कार्य हेतु हम स्वयं ही अपना धन लगाकर ख़र्च की व्यवस्था क्यों न करे? डॉक्टर जी ने उसे अपना विचार अधिक स्पष्ट रूप से कहने का आग्रह किया। तब उस स्वयंसेवक ने कहा— अपने घर में कोई धार्मिक कार्य अथवा विवाह आदि कार्य होते हैं। कोई अपनी लड़की के विवाह के लिए चन्दा एकत्रित कर धन नहीं जुटाता। इसी प्रकार संघ कार्य पर होनेवाला ख़र्च भी जैसे भी सम्भव हो, हम सभी मिलकर वहन करें।

स्वयंसेवक खुले मन से अपने विचार व्यक्त करने लगे। एक ने आशंका उपस्थित करते हुए कहा— यह धनराशि संघ के कार्य हेतु एकत्रित होगी—क्या इसे हम संघ कार्य हेतु अपना आर्थिक सहयोग मानें? दान, अनुदान, चन्दा अर्थिक सहयोग आदि में पूर्णतया निरपेक्ष भाव से देने का भाव प्रकट नहीं होता। अपनी घर गृहस्थी ठीक तरह से चलाते हुए, हमें जो सम्भव होता है, वही हम अनुदान, चन्दा आदि के रूप में देते हैं। किन्तु हमारा यह संघ कार्य तो जीवन में सर्वश्रेष्ठ वरण करने योग्य कार्य है। वह अपना ही कार्य है, इसलिए हमें अपने व्यक्तिगत ख़र्चों में कटौती करके संघ कार्य हेतु जितना अधिक दे सकें, उतना हमें देना चाहिए। यह भावना स्वयंसेवकों में निर्मित होनी चाहिए। अपने व्यक्तिगत जीवन में भी धन-सम्पत्ति की ओर देखने का योग्य दृष्टिकोण हमें स्वीकार करना चाहिए। मुक्त चिन्तन के चलते स्वयंसेवक अपने-अपने विचार व्यक्त कर रहे थे। डॉक्टर जी ने सबके विचारों को सुनने के बाद कहा— कृतज्ञता और निरपेक्षता की भावना से गुरुदक्षिणा समर्पण की पद्धति भारत में प्राचीनकाल में प्रचलित थी। संघ कार्य करते समय धन सम्बन्धी हमें अपेक्षित भावना गुरुदक्षिणा की इस संकल्पना में प्रकट होती है। हमें भी वही पद्धति स्वीकार करनी चाहिए। डॉक्टर हेडगेवार के इस कथन से सभी स्वयंसेवकों के विचारों को एक नयी दिशा मिली और विशुद्ध भावना से 'गुरुदक्षिणा' समर्पण का विचार सभी स्वयंसेवकों के हृदय में बस गया। दो दिनों बाद ही व्यास पूर्णिमा थी। गुरुपूजन और गुरुदक्षिणा समर्पण हेतु परम्परा से चला आ रहा यह पावन दिवस सर्व दृष्टि से उचित था। इसलिये डॉक्टर हेडगेवार ने कहा कि इस दिन सुबह हम

सारे स्वयंसेवक एकत्रित आयेंगे और श्री गुरु पूर्णिमा व श्री गुरुदक्षिणा का उत्सव मनायेंगे। व्यास पूर्णिमा के दिन प्रातःकाल सभी स्वयंसेवक निर्धारित समय डॉक्टर हेडगेवार के घर एकत्रित हुए। ध्वजारोहण, ध्वजप्रणाम के बाद स्वयंसेवक अपने अपने स्थान पर बैठ गये। व्यक्तिगत गीत हुआ और उसके बाद डॉक्टर जी का बौद्धिक हुआ। अपने बौद्धिक में हेडगेवार ने कहा कि ध्वज को ही हमने अपना गुरु माना है। व्यक्ति चाहे कितना ही श्रेष्ठ क्यों न हो, वह सदा अविचल, अडिग उसी स्थिति में रहेगा, इसकी कोई गारंटी नहीं है। श्रेष्ठ व्यक्ति में भी कोई न कोई अपूर्णता या कमी रह सकती है। सिद्धान्त ही नित्य अडिग बना रह सकता है। भगवा ध्वज ही संघ के सैद्धान्तिक विचारों का प्रतीक है। इस ध्वज की ओर देखते ही अपने राष्ट्र का उज्ज्वल इतिहास, अपनी श्रेष्ठ संस्कृति और दिव्य दर्शन हमारी आँखों के सामने खड़ा हो जाता है। जिस ध्वज की ओर देखते ही अन्तःकरण में स्फूर्ति का संचार होने लगता है, वही भगवा ध्वज अपने संघ कार्य के सिद्धान्तों का प्रतीक है, इसीलिए वह हमारा गुरु है। आज हम उसी का पूजन करें और उसे ही अपनी गुरुदक्षिणा समर्पित करें।

कार्यक्रम बड़े उत्साह से सम्पन्न हुआ और इसके साथ ही भगवा ध्वज को अपना गुरु और आदर्श मानने की पद्धति शुरू हुई। इस प्रथम गुरुपूजा उत्सव में कुल 84 रू. गुरुदक्षिणा के रूप में एकत्रित हुए। इस प्रकार आत्मनिर्भर होकर संघ कार्य करने की पद्धति संघ में प्रचलित हुई और अभी तक यही व्यवस्था जारी है।

बौद्धिक कार्यक्रम

यह कहना अशियोक्ति नहीं होगी कि बौद्धिक वर्ग और बौद्धिक कार्यक्रम, ये शब्द प्रयोग संघ की कार्य पद्धति के कारण ही समाज में अन्यत्र उपयोग में आने लगे। संघ प्रारम्भ होने के पूर्व व्याख्यान, भाषण आदि शब्द समाज में प्रचलित थे। कोई विद्वान्, महापुरुष, अनुभवी समाजिक कार्यकर्ता अथवा नेता किसी सभा को घण्टा सवा घण्टा सम्बोधित करे, तो उसे व्याख्यान कहा जाता था। प्रारम्भिक काल में आवश्यकतानुसार डॉक्टर हेडगेवार ही कार्यक्रमों में बोला करते थे। किन्तु आगे चलकर जिस प्रकार शरीर संस्कारित करने के लिए नित्य शारीरिक कार्यक्रम करना आवश्यक है, उसी प्रकार मन और बुद्धि को संस्कारित करने के लिए सप्ताह में एक दिन बौद्धिक कार्यक्रम की योजना भी सभी के साथ विचार विनिमय के बाद संघ में शुरू की गयी।

संघ का यह बौद्धिक कार्यक्रम केवल विद्वान् व अनुभवी सामाजिक कार्यकर्ताओं के भाषण आयोजित कराने तक ही सीमित नहीं था। संघ का कार्यकर्ता भी अध्ययन कर संघ सम्बन्धित किसी विषय पर बोले, यह पद्धति भी बौद्धिक वर्ग में प्रारम्भ की गयी। प्रारम्भ में स्वयंसेवक इस प्रकार बौद्धिक वर्ग में बोलने में घबराते थे। नियोजित विषय का अध्ययन करने के बाद भी जब स्वयंसेवकों के सामने खड़े होकर बोलने का अवसर आता, तो कुछ कार्यकर्ता गड़बड़ा जाते और बोल नहीं पाते थे। ऐसे कार्यकर्ताओं से अनौपचारिक वार्तालाप में डॉक्टर हेडगेवार कहते थे— संघ कार्य हमें ही करना हैं। अत: संघ का विचार व सिद्धान्त लोगों को समझाकर बताने का काम भी हमें ही करना होगा। नये-नये स्वयंसेवकों को उनके कर्तव्यों का बोध कराना तथा तदनुसार अपने जीवन को आवश्यकतानुसार मोड़ देना आवश्यक है। इसके लिए निरन्तर प्रयास करने की आवश्यकता, उचित शब्दों में उनके ध्यान में लाने का काम भी हमें ही करना होगा। इसलिए हमें अपने विचारों को अध्ययन के द्वारा परिष्कृत कर उन्हें स्वयंसेवकों तथा समाजबान्धवों के समक्ष व्यक्त करने

की कला आत्मसात् करनी होगी। संघ कार्य के प्रसारार्थ अपने विचार-आचार सम्बन्धी प्रतिपादन प्रभावी शब्दों में करने की कला अवगत कराने के लिए ही संघ में इन बौद्धिक वर्गों की योजना की गयी है। बौद्धिक वर्ग के कारण ही स्वयंसेवकों में आत्मविश्वास का निर्माण हुआ और वे प्रभावी तरीक़े से बोलने के लिए तैयार हो सके।

इन बौद्धिक वर्गों में स्वयंसेवकों अनुशासनबद्ध ढंग से बैठने के बाद भाषण शुरू होने के पूर्व दो विशेष कार्यक्रमों की योजना तैयार की गयी। पहले कार्यक्रम में व्यक्तिगत गीत गायन को शामिल किया गया। यह गीत भी भाषण के विषयानुकूल विचारों व भावनाओं से भरा होता था। जिसे कोई स्वयंसेवक अपनी सुरीली आवाज़ में गाकर उपस्थित स्वयंसेवको को सुनाता था। इस भावपूर्ण गीत को सुनते समय स्वयंसेवक तल्लीन होकर नियोजित भाषण सुनने की मन:स्थिति में आ जाते। इसीलिए गीत और गीत गायक का उचित चयन बौद्धिक कार्यक्रम की योजना का एक आवश्यक अंग बन गया। इसीलिए भाषण के पूर्व ऐसे प्रभावी गीत का चयन बौद्धिक वर्ग का एक आवश्यक अंग बन गया।

व्यक्तिगत गीत गायन के बाद, यथोचित शब्दों में भाषण देने वाले वक्ता का परिचय कराया जाता। डॉक्टर हेडगेवार इस बात का बड़ा ध्यान रखते कि परिचय अच्छे ढंग से कराया जाये। सामाजिक मानसिकता के विशेषज्ञों की राय में पुस्तक पढ़ने के पूर्व लेखक का परिचय और भाषण देने के पूर्व वक्ता का परिचय पाठकों अथवा श्रोताओं से कराना आवश्यक है। भाषणकर्ता ने सम्बन्धित विषय का गहराई से अध्ययन किया है, और इसलिए वे इस विषय के प्रतिपादन के अधिकारी हैं यथोचित शब्दों में वक्ता का परिचय किया जाता। डॉक्टर हेडगेवार इस पर और भी विशेष ध्यान देते कि बौद्धिक वर्ग में भाषण किसी का भी हो; अपने किसी सहयोगी स्वयंसेवक से उस भाषण का सारांश बताने को कहते। उसके कथन में कोई भूल रह गयी, कोई मुदा अस्पष्ट रहा अथवा वह बताना भूल गया तो बैठक में उपस्थित अन्य स्वयंसेवक अथवा स्वयं डॉक्टर हेडगेवार उसे स्पष्ट कर समझाने का प्रयास करते। इस तरह स्वयंसेवकों में ध्यानपूर्वक भाषण सुनने और उसका चिन्तन-मनन करने की आदत डाली गयी। बौद्धिक वर्ग में भाषण समाप्ति के बाद स्वयंसेवकों द्वारा तालियाँ बजाने की प्रथा संघ में बन्द की गयी। डॉ. हेडगेवार स्वयंसेवकों से कहा करते थे कि किसी प्रतिष्ठित व्यक्ति द्वारा बौद्धिक को ध्यान से सुनकर हम आत्मसात् करते है। बौद्धिक हमारे ज्ञान में वृद्धि करता है ताली बजाकर हमें उसकी गम्भीरता को कम नहीं करना चाहिए। भाषण और बौद्धिक में फ़र्क़ है। संघ में

बौद्धिक होता है भाषण नहीं। इसलिए बौद्धिक के बाद ताली नहीं बजना चाहिए। शुरुआत के दिनों में संघ के किसी कार्यक्रम में प्रमुख अतिथि के बौद्धिक के बाद संघ के स्वयंसेवकों द्वारा ताली न बजाने पर अतिथि को लगता था कि उसका बौद्धिक संघ के स्वयंसेवकों को पसन्द नहीं आया है इस कारण ताली नहीं बजायी गयी है। लेकिन बाद में अतिथियों को बताया जाने लगा कि ताली बजाने की परम्परा संघ में नहीं है। अतिथियों को बताया जाता था कि संघ में स्वयंसेवकों को प्रमुख अतिथि का बौद्धिक ध्यान से सुनने और अपने जीवन में उतारने की सीख दी जाती है। इस कारण संघ में ताली बजाने की परम्परा नहीं है। धीरे-धीरे यह बात भी समाज के अन्य लोगों की समझ में आने लगी।

संघ में प्रार्थना

संघ में अपनाई गई प्रार्थना भी डॉ. हेडगेवार ने स्वयंसेवकों के साथ बैठकर अनौपचारिक वार्तालाप से सुनिश्चित की। डॉ. हेडगेवार का मत था कि प्रार्थना ऐसी होनी चाहिए जिसमें संघ के कार्य का वैचारिक अधिष्ठान, अपनी भावना और आकांक्षा संक्षेप में किन्तु स्पष्ट शब्दों में प्रकट होनी चाहिए। प्रार्थना की भाषा सरल और सब लोग समझ सकें, ऐसी होनी चाहिए। इसी प्रकार सारे स्वयंसेवक उसे सामूहिक रूप से गा सकें, ऐसी उसकी तर्ज और स्वर होने चाहिए। उन दिनों अनेक व्यायामशालाओं में तथा सर्वजनिक कार्यक्रमों में मराठी की एक प्रार्थना प्रचलित थी, जिसे अपनाने का सुझाव संघ के एक वरिष्ठ स्वयंसेवक ने दिया। उस प्रार्थना की प्रारम्भिक और अन्तिम पक्तियाँ इस प्रकार थीं—

"रक्ष रक्ष ईश्वरा भारता प्राचीना जन-पदा।
भोगीयली बहु जये एकदा वैभव सुख-सम्पदा।।"
और अन्तिम दो पंक्तियाँ इस प्रकार थी—
"आर्यपुत्र जरी अपात्र असले ध्यायासी या पदा।
रक्ष भारता सहाय हीना ईशा सुख-सम्पदा।।"

डॉक्टर हेडगेवार ने इस प्रार्थना के सम्बन्ध में स्वयंसेवकों को यह समझाने का प्रयास किया कि इसमें कहा गया है कि, "स्वातंत्र्य प्राप्ति के लिए हम अपात्र हैं।' भारत असाह्य है। अब तू ही हमारी रक्षा कर।" इस प्रकार इस प्रार्थना में निराशा के भाव हैं। डॉ. हेडगेवार ने स्वयंसेवकों से कहा कि यदि आज भले ही हम अपात्र हो किन्तु स्वतन्त्रता प्राप्ति के लिए हम योग्य और सत्पात्र हैं, यह विश्वास हर एक

के मन में उत्पन्न करना होगा। यदि हम अयोग्य हैं तो फिर भला ईश्वर भी हमारी सहायता के लिए क्यों आयेगा? अगर हम सत्पात्र नहीं हैं तो वह हम पर कृपा क्यों करेगा? वैसे भी इस प्रार्थना में निराशा के भाव हैं। निराशा उत्पन्न करने वाली प्रार्थना से कार्य की प्रेरणा नहीं मिलेगी। सभी स्वयंसेवक डॉ. हेडगेवार के मत से सहमत हुए। इसी बैठक में एक वरिष्ठ स्वयंसेवक ने कहा— हमारे कार्य में मातृभूमि की विशुद्ध भक्ति अपेक्षित है, अत: हमारी प्रार्थना में, भारत-माता सम्बन्धी सारी श्रध्दा व अपनी निष्ठा हम मातृभूमि के चरणो में समर्पित करते है, ऐसा भाव व्यक्त होना चाहिए। इस दृष्टि से

'जननी जन्मभूमिश्च स्वर्गादपि गरियसी' को प्रार्थना में शामिल किया जाये। एक अन्य स्वयंसेवक ने कहा 'भारत माता की जय' कहने से भी यह भाव सरल किन्तु प्रभावी ढंग से व्यक्त होता है। मातृभूमि की वन्दना का एक मराठी श्लोक उन दिनों प्रचलित था। उसके भाव अच्छे होने से डॉक्टर हेडगेवार ने उस पर अपनी स्वीकृति दर्शायी। वह श्लोक था—

नमो मातृभूमि जिथे जन्मलो मी।
नमो आर्यभूमि जिथे वाढलो मी।।
नमो धर्मभूमि जिथे च्याचं कामी।
पडो देह माझा सदा ती नमी मी।।

बैठक में चर्चा के दौरान एक स्वयंसेवक ने सुझाया कि हम स्वयंसेवकों में जिन गुणों को विकसित करना चाहते हैं, उसका भी दर्शन प्रार्थना में होना चाहिए। अपने दुर्गुण नष्ट होने चाहिए। यह बात भी उसमें शामिल हो। इन गुणों की सूची तो लम्बी हो सकती है। इसलिए इन समस्त गुणों से युक्त हनुमान जी जैसे आदर्श व्यक्ति की तरह हमें बनना है। इस आशय का एक श्लोक, जो हिन्दी भाषा में था, एक स्वयंसेवक ने सुझाया। वह श्लोक इस प्रकार था—

हे गुरो श्री रामदूता, शील हमको दीजिए।
शीघ्र सारे दुर्गुणों से मुक्त हमको कीजिए।।
लीजिए हमको शरण में राम पन्थी हम बने।
ब्रह्मचारी धर्म रक्षक वीरव्रतधारी बने।।

इस श्लोक के भाव सभी स्वयंसेवकों को भाये। यह श्लोक सरल हिन्दी में होने के कारण मराठी भाषी भी इसे आसानी से समझ सकेंगे। हेडगेवार का विचार था कि आज अपना कार्य भले ही मराठी भाषी क्षेत्र में हो, किन्तु आगे चलकर वह सारे भारत में फैलेगा, इसलिए यह हिन्दी भाषी श्लोक प्रार्थना में शामिल किया जा

सकता है। परन्तु डॉ. हेडगेवार ने इसके बाद कहा कि कविता तो उत्तम है, परन्तु इसमें एक दोष है जो हमारे ध्यान में आना चाहिए और वह दोष मुझे खटक रहा है। डॉ. हेडगेवार ने कहा कि यह जो पक्ति है— हमें दुर्गणों से मुक्त कीजिए', इसमें दुर्गुणों से मुक्ति की अभावात्मक भावना व्यक्त होती है और इसे दुहराते समय दुर्गुणों सम्बन्धी विचार ही मन में बना रहता है। यदि हम इस पक्ति के स्थान पर यह कहें कि सद्गुणों से पूर्ण हिन्दू कीजिए तो यह अधिक उपयोगी सिद्ध होगी। हनुमान जी आदर्श स्वयंसेवक थे साथ ही हिन्दू जीवन पद्धति के भी आदर्श होने के नाते यह आदर्श समाज के सामने रहना आवश्यक है। इसलिए यह प्रार्थना ठीक रहेगी और इस तरह इस प्रार्थना को संघ की प्रार्थना में शामिल किया गया।

डॉ. हेडगेवार यह मानते थे कि संघ के कार्य का स्वरूप समर्थ रामदास स्वामी द्वारा उनके कालखण्ड में किये गये संगठन कार्य की भक्ति होने के कारण उनका नाम भी स्वयंसेवकों के सामने नित्य रहना चाहिए। महाराष्ट्र की जनता में उनके प्रति आदर भाव है। 'दासबोध' में व्यक्त उनके विचार संघ कार्य में स्वयंसेवकों के लिए मार्गदर्शक हैं। अतः प्रार्थना के बाद स्वयंसेवक समर्थ रामदास स्वामी को अभिवादन करें। जब तक संघ का कार्य मराठी भाषी प्रान्त में है, तब तक समर्थ रामदास स्वामी के विचार सभी के लिए प्रेरक सिद्ध होंगे। जब संघ का कार्य महाराष्ट्र के बाहर अन्य प्रान्तों में फैलेगा तब राष्ट्रगुरु के नाते अन्य महापुरुषों का भी विचार किया जायेगा। फ़िलहाल राष्ट्रगुरु के रूप में समर्थ रामदास का उल्लेख करने में कोई कठिनाई नहीं होनी चाहिए। इस प्रकार संघ के प्रारम्भिक काल में भारतमाता व समर्थ रामदास स्वामी की जयजयकार के साथ प्रार्थना के श्लोकों का निम्नक्रम निश्चित हुआ।

नमो मातृभूमि जिथे जन्मलो मी।
नमो आर्यभूमी जिथे वाढलो मी।
नमो धर्मभूमि जिथे च्याचं कामी।
पडो देह माझा सदा ती नमी मी।।1।।
हे गुरो श्री रामदूता शील हमको दीजिए।
शीघ्र सारे सद्गुणो से पूर्ण हिन्दू कीजिए।
लीजिए हमको शरण में रामपन्थी हम बनें।
ब्रह्मचारी धर्म रक्षक वीरव्रतधारी बनें।।2।।
भारतमाता की जय।।
।। राष्ट्रगुरु श्री समर्थ रामदास स्वामी महाराज की जय।।

अखिल भारतीय स्तर पर कही जाने वाली प्रार्थना भी संघ की स्थापना के 15 वर्षो बाद तैयार की गयी। पहले 15 वर्षों तक एक श्लोक मराठी में और एक श्लोक हिन्दी में ऐसे दो श्लोक मिलाकर प्रार्थना की जाती थी।

संस्कृत प्रार्थना

विदर्भ—महाराष्ट्र तथा महाकोशल में रायपुर जैसी शाखाओं को छोड़कर अन्य प्रान्तों में 1937 तक केवल बनारस में ही शाखा स्थापित हो चुकी थी। भाई परमानन्द जी की प्रेरणा से लाहौर से एक-दो स्वयंसेवक सन 1934-35 के नागपुर संघ शिक्षा वर्ग में भग लेने आये थे किन्तु वहाँ शाखाएँ शुरू नहीं हो पायी थीं। 1937 के बाद ही अन्य प्रान्तों में स्वयंसेवक शिक्षार्थी और प्रचारक बनकर गये तभी उनके प्रयासो से पंजाब, दिल्ली, उत्तर प्रदेश, बिहार, मद्रास व बंगाल में संघ की शाखाएँ खुलने लगीं। उन दिनों इन सभी प्रान्तों की शाखाओं में, एक मराठी श्लोक व एक हिन्दी श्लोक से मिलकर बनी प्रारम्भिक प्रार्थना ही होती थी। प्रार्थना का अर्थ बौद्धिक वर्गो द्वारा स्वयंसेवकों को समझाकर बताया जाता। किन्तु जब अखिल भारतीय स्तर पर संघ के कार्य का विस्तार होने लगा तो संस्कृत भाषा में सरल किन्तु अर्थपूर्ण शब्दों से नयी प्रार्थना की आवश्यकता अनुभव होने लगी। इसी प्रकार संघ के कार्यक्रमों व अन्य शारीरिक कार्यक्रमों की मराठी व अंग्रेज़ी भाषा में दी जाने वाली आज्ञाओं का संस्कृत अनुवाद करना भी आवश्यक प्रतीत हुआ। इस पर विचार करने के लिए 1939 के फरवरी माह में नागपुर से 50 किमी. की दूरी पर स्थित सिन्दी (ज़िसा वर्धा) में एक बैठक आयोजित की गयी। इस बैठक की सारी व्यवस्था वहाँ के संघचालक श्री नानासाहेब टालाटुले के बाड़े में की गयी। इस विचार विनिमय में डॉक्टर हेडगेवार, माधव सदाशिव गोलवलकर, बालासाहेब देवरस, अप्पा जोशी, विट्ठलराव पत्की, नानासाहेब टालाटुले, तात्याराव तेलंग, बाबाजी सालोडकर तथा श्री कृष्णराव मोहरील ने भाग लिया। संघ के दृष्टिकोण से यह बैठक अत्यन्त ही महत्त्वपूर्ण साबित हुई। इस बैठक में 1925 में संघ की स्थापना से लेकर 1939 तक क्रमश: विकसित कार्य-पद्धति सुनिश्चित की गयी। सभी आज्ञाएँ संस्कृत में देने का निश्चय हुआ। संस्कृत में प्रार्थना तैयार करने के सम्बन्ध में भी इस बैठक में गम्भीर विचार विनिमय हुआ। यह बैठक दस दिन चली। संघ की प्रार्थना में जिन विचारों को सुस्पष्ट शब्दों में प्रकट करना है, उनका क्रम भी इसी बैठक में निश्चित किया गया। आज जो संघ संस्कृत भाषा की प्रार्थना है, उसी का मराठी-गद्य स्वरूप पहले तय हुआ जिसे बाद

में संस्कृत में लिपिबद्ध करने की दृष्टि से मराठी-गद्य की प्रतियाँ निकालकर डॉक्टर जी ने महाराष्ट्र प्रान्त संघचालक लिमये (सांगली) तथा विनायकराव आपटे (पुणे) के पास इस सूचना के साथ भिजवायी कि वे किसी जानकार संस्कृत पण्डित के द्वारा उनका संस्कृत अनुवाद कर यथा शीघ्र नागपुर भिजवाए। मराठी गद्य की एक प्रति नागपुर के संस्कृत विद्वान् व मोहिते शाखा के कार्यवाही श्री नरहर नारायण भिड़े के पास भी भिजवायी। श्री भिड़े द्वारा किया गया संस्कृत अनुवाद सर्वोत्कृष्ट प्रतीत होने से सभी ने उसे स्वीकार किया। श्री भिड़े को संस्कृत का गहरा अध्ययन था, इसलिए केवल एक शब्द में थोड़ा परिवर्तन के बारे में उन्होंने सूचित किया। वह परिवर्तन इस प्रकार था— "अभ्युदय व नि:श्रेयस इन दोनों की प्राप्ति के श्रेष्ठ साधन के रूप में वीरव्रत" इसमें अभ्युदय शब्द का उपयोग करते समय श्लोक की पंक्ति में एक मात्रा कम होने से जो कमी रह जाती है, उसकी पूर्ति हेतु उसके बजाय समुत्कर्ष शब्द रखा गया, जिसे सभी ने स्वीकार किया। 1940 के प्रारम्भ में यह संस्कृत प्रार्थना तैयार हुई जो पुणे के संघ शिक्षा वर्ग में डॉक्टर हेडगेवार की उपस्थिति में और नागपुर के संघ शिक्षा वर्ग में माधव सदाशिव गोलवलकर की उपस्थिति में कही गई। गुरु जी गोलवलकर उस समय नागपुर संघ शिक्षा वर्ग के सर्वाधिकारी थे। संघ शिक्षा वर्ग के बाद सम्पूर्ण भारत की शाखाओं में संस्कृत प्रार्थना का प्रारम्भ हुआ। राष्ट्रीय स्वयंसेवक संघ की प्रत्येक शाखा में संघ का स्वयंसेवक प्रार्थना का गायन करता है। संघ की शाखा में होने वाली संघ प्रार्थना में संघ कार्य के मूल ध्येय का सार तत्त्व मिला हुआ है। इसके साथ ही एक स्वयंसेवक का व्यक्तिगत और सार्वजनिक जीवन में व्यवहार और चरित्र कैसा होना चाहिए, उसकी दैनिक पुष्टि और स्वयं का मूल्याकन भी इस प्रार्थना के माध्यम से दिखता है। इसका नियमित उच्चारण स्वयंसेवकों के संकल्प को आध्यात्मिक स्तर पर सुदृढ़ करता है और समाज और देश के लिए मर मिटने का संकल्प परिलिक्षित होता है।

इसी तरह शारीरिक शिक्षाक्रम में पहले मराठी की आज्ञाएँ होती थीं। आज संघ में 'क्रमिका एक कुरू' यह जो आज्ञा जाती है, पहले मराठी भाषा में वह "रामरामी एक सुरू" के रूप में दी जाती थी। षट्पदी ऊर्ध्वभ्रमण चतुष्क के बजाय उन दिनोंइ 'चौरंगी उडव मार चौक' यह आज्ञा दी जाती थी। इस प्रकार शारीरिक शिक्षाक्रम की सारी आज्ञाएँ श्री बालाजी सालोडकर और श्री नरहर नारायण भिड़े के सहयोग से संस्कृत में की गयी और इन आज्ञाओं की शुद्ध संस्कृत शब्द-रचना संघ शिक्षा वर्गो के माध्यम से सर्वत्र प्रचलित हुई।

बैठक में संगठन की संरचना, प्रार्थना, कार्य-पद्धति, आज्ञा, प्रतिज्ञा आदि महत्त्वपूर्ण विषयों पर गम्भीर विचार-विमर्श हुआ और प्रार्थना तथा आज्ञाओं को संस्कृत में रूपान्तरित करने का निश्चय किया गया। प्रार्थना के आधारभूत तत्त्वों का निर्धारण हो जाने पर श्री नानासाहेब टालाटुले ने उसे मराठी भाषा में लिपिबद्ध कर दिया जो बाद में संस्कृत के अनेक विद्वानों के पास पथ्यरूप देने के लिए भेजा गया। गद्य प्रारूप में संघ का लक्ष्य, लक्ष्य-प्राप्ति का मार्ग, लक्ष्य-प्राप्ति के लिए आवश्यक गुणवत्ता संघ का अधिष्ठान, संकल्प आदि जिस क्रम में लिखे गये थे, उसी क्रम से संस्कृत में रूपान्तरित प्रार्थना में आये हैं। श्री यादवराव ने नागपुर के संघ शिक्षा वर्ग में इसका प्रथम गायन किया।

संघ संगठन की आराध्य है भारतमाता, अत: प्रार्थना की यह विशेषता है कि इसका आरम्भ मातृभूमि की वन्दना से होकर अन्त में भी मातृभूमि की जयजयकार पर समाप्त होती है।

संघ प्रार्थना

संघ में सबसे पहले हिन्दी-मराठी प्रार्थना होती थी जिसका 1939 तक राष्ट्रीय स्वयंसेवक संघ में प्रतिदिन गायन होता था।

प्रार्थना

नमो मातृभूमि जिथे जन्मलो मी।
नमो आर्यभूमि जिथे वाढलो मी।।
नमो धर्मभूमि जिथे च्याचं कामी
पडो देह माझा सदा ती नमी मी।।
हे गुरु श्री रामदूता शील हमको दीजिए।
शीघ्र सारे सद्गुणों से पूर्ण हिन्दू कीजिए।।
लीजिए हमको शरण में, रामपंथी हम बनें
ब्रह्मचारी, धर्मरक्षक, वीर व्रतधारी बनें।।

राष्ट्रगुरु श्री समर्थ रामदास की जय।
।। भारतमाता की जय।।

1940 से संस्कृत की इस प्रार्थना का प्रयोग होता है।

नमस्ते सदा वत्सले मातृभूमे
त्वया हिंदुभूमे सुखं वर्धितोहम
महामङ्गले पुण्यभूमे त्वदर्थे
पतत्वेष कायो नमस्ते नमस्ते।।
प्रभो शक्तिमन् हिंदुराष्ट्राङ्गभूता
इमे सादरं त्वां नमामो वयम्
त्वदीयाय कार्याय बद्धा कटीयं

शुभामाशिष देहि तत्पूर्तये।
अजय्यां च विश्वस्य देहीश शक्तिं
सुशीलं जगद्येन नम्रं भवेत्
श्रुतं चौवी कण्टकाकीर्ण मार्गं
स्वं स्वीकृतं न: सुगं कारयेत।।
समुत्कर्षनि:श्रेयस्यैकमुग्रं
पर साधनं नाम वीरव्रत
तदन्त: स्फुत्वक्ष्या ध्येयनिष्ठा
हृदन्त प्रजागर्तु तीव्राकेनि:शम।
विजेत्री च न: संहता कार्यशक्तिर्
विद्यायास्य धर्मस्य संरक्षणम्
परं वैभव: नेतुमेतत् स्वराष्ट्रं
समर्था भवत्वाशिषा ते भृशम।।
।। भारत माता की जय।।

प्रार्थना का भावार्थ

(1) हे वत्सल मातृभूमि! मैं तुम्हें सदैव प्रणाम करता हूँ। हे हिन्दूभूमि! तूने ही मेरा सूखपूर्वक संवर्द्धन किया है। हे महामंगलकारी पुण्यभूमि! तेरे ही कार्य में मेरी यह काया समर्पित हो। आपको मैं अनन्त बार प्रमाण करता हूँ।।

(2) हे सर्वशक्तिमान परमेश्वर! हम हिन्दू राष्ट्र के अंगभूत घटक, तुझे आदरपूर्वक प्रमाण करते हैं। तेरे ही कार्य के लिए हमने अपनी कमर कसी है। उसकी पूर्ति के लिए हमें शुभ आशीर्वाद दीजिए। विश्व के लिए जो अजेय हो ऐसी शक्ति, सारा जगत् जिससे विनम्र हो, ऐसी विशुद्ध शील तथा स्वयं के द्वारा स्वीकृत किये गये हमारे कंटकमय पथ को सुगम करने वाला ज्ञान भी हमें दीजिए।।

(3) ऐहिक और पारलौकिक कल्याण तथा मोक्ष (अभ्युदय सहित नि:श्रेयस) की प्राप्ति का जो एकमेव श्रेष्ठ उग्र साधन है, उस वीरव्रत का हम लोगों के अन्त:करण में स्फुरण हो। अक्षय (कभी न समाप्त होने वाली) तथा त्रीव ध्येयनिष्ठा हमारे हृदय में सदैव जागृत रहे। तेरे ही आशीर्वाद से हमारी विजयशालिनी संगठित कार्यशक्ति स्वधर्म का रक्षण कर, अपने इस राष्ट्र को परम वैभव की स्थिति में ले जाने में पूर्णत: समर्थ हो।।

।। भारत माता की जय।।

संघ की यह प्रार्थना प्रेरणादायक और विनय-भाव से पूर्ण है। यह मातृभूमि और धर्म की सेवा हेतु महान और निःस्वार्थ भाव निर्माण करती है। संघ की यह प्रार्थना किसी के विरुद्ध नहीं है, और इस प्रार्थना में एक भी पंक्ति या शब्द नहीं है जो किसी नकारात्मक भावना को प्रज्वलित करता हो। संघ की यह प्रार्थना एक सकारात्मक भाव निर्माण करने वाली प्रार्थना है।

इस प्रार्थना में एक महत्त्वपूर्ण पंक्ति है जो स्वयंसेवक के दैनिक चिन्तन और कार्यशैली को प्रभावित करती है जिसका अर्थ है 'मैंने इस कार्य को करने का व्रत स्वयं प्रेरणा से लिया है और मुझे पता है कि यह मार्ग काँटों से भरा हुआ है, सुगम नहीं है।' इसलिए कोई स्वयंसेवक दम्भ नहीं भरता कि वह समाज और राष्ट्र हेतु कार्य करके किसी पर कोई कृपा कर रहा है।

अपनी मातृभूमि को समृद्ध और शक्तिशाली बनाने के सर्वाच्च लक्ष्य की प्राप्ति के लिए प्रार्थना में इस समर्पण की पृष्टि या पुनरावृत्ति प्रतिदिन होती है और कई बार उसे विचारों में मतभेद होने के बावजूद सभी को निर्भयता और अपेक्षारहित साथ ले चलने के लिए, दूसरों के प्रति सहज रहने और लोगों के साथ मिलकर कार्य करने के लिए प्रेरित करती है। एक बात ध्यान से देखी जानी चाहिए कि राष्ट्रीय स्वयंसेवक संघ किसी अध्यात्मिक उन्नति की बात नहीं करता। न व्यक्तिगत मोक्ष या उद्धार की बात करता है। उसका अन्तिम लक्ष्य राष्ट्र को परम वैभव अर्थात् भौतिक प्रगति के साथ वैभव है। संघ ऐसा संगठन है जो सामाजिक समृद्धि की बात करता है। संघ निस्वार्थ सेवा की बात करता है। हिन्दू समाज को संगठित करने की पैरवी करता है।

संघ के प्रत्येक प्रशिक्षण शिविर में संघ की प्रार्थना के भावार्थ को गहराई से और विस्तार से समझाने के लिए विशेष रूप से सत्र आयोजित किये जाते हैं।

बैठकों का महत्त्व

संघ में बैठकों का बड़ा महत्त्व है। सभी बड़े निर्णय बैठकों में ही लिये जाते हैं। कोई भी विचार बैठक में रखा जाता है और उस पर सभी लोगों की राय ली जाती है।

संघ की कार्य-पद्धति में सर्वाधिक महत्त्व आइडियोललॉजिकल अटैचमेंट को ही दिया जाता है। संघ सब कुछ बदल सकता है परन्तु आइडियोलोंजिकल अटेचमेन्ट को नहीं बदल सकता। संघ में विचारधारा सब कुछ है। इसके बाद संस्थागत आत्मीयता (इंस्टीट्यशनल अटैचमेंट) को महत्त्व दिया जाता है और उसके बाद व्यक्तिगत आत्मीयता (पर्सनल अटैचमेंट) का क्रम है। संघ की रूपरेखा और कार्यपद्धति बनाते समय हेडगेवार ने इस बात का विशेष ध्यान रखा कि स्वयंसेवकों में अनुशासन का अभाव, अहंकार जागना, गुटबाज़ी आदि समस्याएँ घर न कर सकें। हेडगेवार यह अच्छे से समझते थे कि जहाँ पर भी एक विचार के कार्यकर्ता जब एक जगह पर आते हैं तो मानवीय स्वभाव के कारण उनमें भी कुछ स्पर्धा, कुछ मतभेद उठते हैं। जिससे उनमें गुटबाजी पनपती है और फिर अनुशासहीनता आती है। इसी स्थिति से बचने के लिए हेडगेवार ने इंस्टीट्यशनल अटैचमेंट और पर्सनल अटैचमेंट पर बहुत ध्यान दिया। और इसी कारण संघ ने अपनी कार्यपद्धति की इस बात पर बहुत ज़ोर दिया कि स्वयंसेवक एक-दूसरे के घर तक सम्बन्ध स्थापित करे और इसी कारण संघ ने अपनी कार्य-पद्धति में 'गट पद्धति' को अपनाया। गट के प्रत्येक स्वयंसेवक के सम्बन्ध उनके परिवार तक पहुँचे। हेडगेवार ख़ुद इस बात की ओर ध्यान देते थे कि प्रत्येक स्वयंसेवक हर सप्ताह में कम से कम एक बार दूसरे स्वयंसेवक के घर जाये। इस प्रक्रिया को हेडगेवार मिलन-प्रक्रिया कहते थे।

संघ ने अपने ऊपर दो ही बन्धन लगाये है, और जिसे संघ हर हाल में थामे रखेगा। पहला बन्धन जो संघ ने ख़ुद पर लगाया है, वह यह है कि संघ कभी भी राजनीति नहीं करेगा। दूसरा बन्धन यह है कि संघ का पदाधिकारी किसी भी राजनीतिक दल का पदाधिकारी नहीं हो सकेगा।

संघ में प्रचारक

जो स्वयंसेवक अविवाहित रहकर अपना सम्पूर्ण समय और जीवन संघ कार्य के लिए समर्पित करता है और संघ से मिली ज़िम्मेदारी का निर्वाहन करने के लिए दिये गये क्षेत्र में जाता है, उसे प्रचारक कहा जाता है। अब अविवाहत व्यक्ति ही संघ में पूर्णकालीन प्रचारक हो सकते है। लेकिन संघ की शुरु में अपवादस्वरूप कुछ वैवाहिक स्वयंसेवकों को भी प्रचारक के रूप में जिम्मेंदारी दी गई थी।

राष्ट्रीय स्वयंसेवक संघ के भीतर प्रचारक पद्धति एक अद्‌भुत, अनोखी और अनूठी संरचना है। एक प्रचारक संघ कार्य करने वाला पूर्णकालिक स्वयंसेवक होता है। उसे किसी प्रकार का कोई वेतन अथवा मान-धन नहीं मिलता है। संघ के प्रचारकों की रहने की व्यवस्था उसके प्रवास के दौरान संघ के कार्यालयों में की जाती है। संघ का पूर्णकालीन प्रचारक संघ के कार्यलय में रहता है। और कई बार संघ के कार्यकर्ताओं अथवा संघ विचार से सहानुभूति रखने वाले लोगों के घरों में भी रहता है। संघ का पूर्वकालीन प्रचारक बहुत की साधारण तरीक़े से जीवन व्यतीत करता है। प्रचारक को एक संन्यासी की श्रेणी में रखा जा सकता है। प्रचारक परिवार और समाज के बीच सामान्य व्यक्ति के रूप में भले ही रहता हो लेकिन उसका जीवन संन्यासी के समान ही रहता है।

संघ का अधिकतम कार्य समाज के सदस्यों द्वारा ही किया जाता है। प्रचारक संगठन की आत्मा के रूप में होता है। समाज में प्रचारक सम्मान की दृष्टि से देखे जाते हैं। संघ में आजीवन प्रचारक रहने की कोई बाध्यता नहीं है। परन्तु, जब इस त्याग का वास्तविक बोध होता है, तब शायद, वह अन्य दायित्वों की तुलना में प्रचारक के दायित्व को श्रेष्ठ समझता है। प्रचारक के रूप में ऐसी हज़ारों पवित्र आत्माएँ समाज और मातृभूमि के उत्थान के लिए अपना जीवन समर्पण कर देती हैं। कुछ ऐसे भी प्रचारक हुए हैं जो आगे चलकर संन्यासी बन गये। सम्भवतः वे योग, ध्यान और समाज सेवा के नियमित अभ्यास से इतने आध्यात्मिक हो जाते हैं

और इस मार्ग पर चल पड़ते हैं। परन्तु प्राथमिक रूप से एक प्रचारक कर्मयोगी है, जिसका दृढ़ विश्वास है कि मातृभूमि और समाज की सेवा करना ही आध्यात्मिक मोक्ष प्राप्त करने का सर्वश्रेष्ठ मार्ग है।

एक प्रचारक के ब्रह्मचारी होने की परम्परा किसी भी आध्यात्मिक और संगठनात्मक हठधर्मिता के कारण नहीं है, बल्कि किसी भी प्रकार के पारिवारिक और सांसारिक दायित्वों के बिना समाज के लिए पूर्णकालिक रूप से कार्य करने की व्यावहारिकता पर आधारित है। एक प्रचारक होने के लिए किसी भी पारिवारिक बन्धन से दूर और मुक्त तथा पूर्ण रूप से समर्पित व्यक्ति की आवश्यकता होती है। प्रचारक का एक लघु रूप और भी होता है, जिसे 'विस्तारक' कहा जाता है। विस्तारक के रूप में कार्य करने के लिए समय की प्रतिबद्धता प्रचारक की तुलना में कम होती है, सम्भवत: यह प्रतिबद्धता कुछ महीनों से एक वर्ष की छोटी अवधि के लिए होती है। विस्तारक का कार्य भी प्रचारक की तरह होता है, बस दोनों के समय के समर्पण में अन्तर होता है। जैसा की 'विस्तारक' शब्द से ही पता चल जाता है, एक विस्तारक वह कार्यकर्ता है जो नये क्षेत्र में संघ कार्य का विस्तार करके उस क्षेत्र में संगठन का विस्तार करने के लिए भेजा जाता है। विस्तारक संघ की शुरुआत में देश के विभिन्न भागों में डॉ. हेडगेवार ने भेजे थे।

संघ में ज़्यादातर प्रचारक उच्च षिक्षित, विभिन्न क्षेत्रों में उल्लेखनीय कार्य करने वाले रहे है। कई प्रचारक स्वर्ण पदक विजेता और विश्वविद्यालय स्तर पर प्रथम स्थान प्राप्त किये हुए हैं। उनमें से कई तो अपने कौशल और शैक्षणिक योग्यता के आधार पर जो भी क्षेत्र चुनते, उसमें महान् स्थान प्राप्त करने वाले होते, लेकिन उन्होंने संघ का पूर्णकालीन प्रचाारक होने का मार्ग चुना। संघ के प्रारम्भिक प्रचारकों में से एक स्वर्गीय यादवराव जोशी निपुण शास्त्रीय गायक थे। डॉ. हेडगेवार ने एक बार उन्हें एक संगीत के कार्यक्रम में सुना था, जहाँ उन्होंने 'बालगंधर्व पुरस्कार' जीता था। बाद में उन्होंने उसे पर्दे के पीछे बुलाया और कहा कि वह उसे एक देशभक्ति गीत सिखाएँगे। यादवराव हमेशा कहा करते थे, 'बाद में वह गीत मेरे जीवन का गीत बन गया अर्थात् उन्होंने अपना सम्पूर्ण जीवन राष्ट्र सेवा में समर्पित कर दिया। दक्षिण भारत में संघ के सुदृढ़ काम की स्थापना में उनकी अहम भूमिका थी। यादवराव जोशी के साथ बाद में वन विहार पर गये 13 युवाओं में से 8 प्रचारक बन गये, उनका व्यक्तित्व कुछ इस प्रकार का था। स्वर्गीय नाना पालकर और शिवराय तेलंग महान् लेखक थे। नाना पालकर ने प्रथम और द्वितीय सरसंघचालकों की प्रसिद्ध आत्मकथाएँ लिखी थीं और साथ ही सन् 1950 के दशक के अन्त में भारत में

इजराइल पर सबसे पुरानी पुस्तकों में से एक मराठी पुस्तक 'छळ कडून बळ कड़े' लिखी थी। अटल बिहारी वाजपेयी अपने प्रचारक दिनों से ही कविता लेखन कर रहे थे और एक कवि के रूप में उनका नाम तभी प्रकाश में आया, जब उन्होंने राजनीति में प्रवेश किया। वे संघ प्रेरित पत्रिकाओं के सम्पादक भी रहे। उन्होंने आत्मा को झकझोर देने वाली देशभक्ति की भावना से ओत-प्रोत कई देशभक्ति की कविताएँ लिखी हैं। ऐसी ही एक कविता है, 'हिन्दू तन-मन, हिन्दू जीवन, रग-रग हिन्दू मेरा परिचय।' कुछ वर्ष प्रचारक रहे बच्छराज व्यास जो बाद में तत्कालीन जनसंघ के अध्यक्ष बने, वे भी कवि थे और उनकी कई कविताएँ संघ के गीतों में स्थान पाती हैं। श्री हो.वे. शेषाद्रि 'कर्नाटक राज्य साहित्य अकादमी पुरस्कार' विजेता थे। अधिकांश प्रचारक, सामान्य तौर पर, विभिन्न प्रान्तों और क्षेत्रों में काम करते हुए उनके कार्य के एक भाग के रूप में कई भाषाएँ सीखकर महान् भाषाविद् भी बने। पूर्व सरसंघचालक स्वर्गीय श्री राजेन्द्र सिंह (रज्जू भैया) भौतिकी विषय के महान् शिक्षक थे। एक प्रसिद्ध न्यूक्लियर वैज्ञानिक ने एक बार शिकायत की थी कि संघ ने भारत के एक होनहार परमाणु वैज्ञानिक को छीन लिया।

संघ के प्रचारकों को देश भर में जहाँ भी उनकी आवश्यकता होती है, भेजा जाता है। प्रचारकों को अनुषंगिक संगठनों को मजबूत करने के लिए भी भेजा जाता है। जनसंघ के संस्थापक डॉ. श्यामा प्रसाद मुखर्जी के अनुरोध पर पंडित दीनदयाल उपाध्याय, नानाजी देशमुख, सुन्दर सिंह भंडारी और अटल बिहारी वाजपेयी को जनसंघ में भेजा गया था। कन्याकुमारी में विवेकानन्द शिला स्मारक का कार्य प्रारम्भ करने के लिए संघ के सरकार्यवाह एकनाथ रानाडे को उनके दायित्व से मुक्त करके भेजा गया था। विश्व हिन्दू परिषद के संगठन को मजबूत करने के लिए दादासाहेब आपटे को ज़िम्मेदारी दी गयी थी। श्याम गुप्त को 'एक शिक्षक-एक विद्यालय' को लेकर 'एकल आन्दोलन' को देश भर में बढ़ाने के लिए भेजा गया था। संघ से निकले ऐसे अनगिनत प्रेरणादायक व्यक्तित्व हैं।

संघ के आरम्भिक दिनों में प्रचारकों को बेहद कठिन परिस्थितियों में काम करना पड़ा। लेकिन संघ के प्रति समर्पण और राष्ट्र के लिए मर मिटने का संकल्प ही था जिसके कारण विपरीत परिस्थितियों में भी संघ के स्वयंसेवकों और प्रचारकों ने हार नहीं मानी और राष्ट्र निर्माण के लिए दिन-रात जुटे रहे। प्रचारकों को शुरूआत में बेहद तंग हालत में भी रहना पड़ा। न्यूनतम सुविधाओं में गुजर-बसर करना पड़ता था। अक्सर प्रचारकों को खुले में अथवा घर के बाहर अहाते में भी सोना पड़ता था। प्रचारकों को पैदल और कभी साइकिल की व्यवस्था हो जाने पर साइकिल से मीलों

की यात्रा करनी पड़ती थी। बहुत कम या अनियमित भोजन और कई बार बिना भोजन के रहना पड़ता था। कई बार उन्हें कच्चे चने खाकर या भूखे रहना पड़ता था और तब तक अत्यन्त कठिन जीवन जीना पड़ता था जब तक उनके कार्य क्षेत्र में किसी प्रकार का संगठन न खड़ा हो जाये। संघ के स्थापना के बाद निकले प्रचारकों की इस पीढ़ी ने जो संघर्ष किया है, तकलीफ़ झेलकर संगठन को मज़बूत किया और पूरे देश में फैलाया, उसकी आज कल्पना नहीं की जा सकती। संघ के प्रथम संघचालक डॉ. हेडगेवार से लेकर वर्तमान के सरसंघचालक मोहन भागवत तक के सभी संघ प्रमुखों ने लगातार देश का दौरा किया। 33 वर्ष तक संघ के सरसंघचालक रहे श्री गुरुजी गोलवलकर कहते थे, "रेल की बोगी मेरा दूसरा घर है।" उन्होंने अपने 33 वर्ष के कार्यकाल में पूरब से पश्चिम और उत्तर से दक्षिण, 60 बार सम्पूर्ण देश का दौरा किया था, जिसमें उनके जीवन के अन्तिम दो वर्ष भी थे, जब वे कैंसर से बीमार थे।

चूँकि एक प्रचारक एक संन्यासी की तरह होता है, इसलिए उससे किसी क्षेत्र से कोई विशेष लगाव की अपेक्षा नहीं होती। इसलिए देखा जा सकता है कि दक्षिण भारत का एक प्रचारक उत्तर भारत में भी सफलतापूर्वक प्रचारक बनकर काम करता है तो महाराष्ट्र का कोई प्रचारक तमिल में या नार्थ ईस्ट में जाकर काम करता है। क्योंकि, संघ स्थापना महाराष्ट्र में हुई और प्राथमिक स्तर पर इसका विकास वहीं हुआ, इसलिए प्रचारकों और कार्यकर्ताओं की प्रथम टोली मराठी भाषी थी। लेकिन, कुछ ने तमिल, कुछ ने पंजाबी और कुछ ने गुजराती भाषा को अपनी नई भाषा के रूप में अपनाया। प्रारम्भिक दिनों में दादाराव परमार्थ को आज के तमिलनाडु और तत्कालीन मद्रास प्रान्त में भेजा गया था। बाद में दत्ता जी डिडोलकर और शिवराम जोगलेकर को वहाँ भेजा गया। इन तीनों ने वहाँ संघ कार्य की नींव रखी। वे न केवल स्थानीय जनता के साथ घुल-मिलकर रहे, बल्कि उन्होंने वहाँ की भाषा में प्रावीण्य प्राप्त किया। वह भी केवल पढ़ने और बोलने का नहीं, अपितु वे बड़ी कुशलता से पुस्तक और निबन्ध लेखन कार्य भी करते थे। इसी प्रकार माधवराव मुले व्यावहारिक रूप से पंजाबी बन गये और गुजरात के पूर्व मुख्यमन्त्री और वर्तमान में देश के प्रधानमन्त्री नरेन्द्र मोदी के प्रणेता लक्ष्मण राव इनामदार अपने युवावस्था के दिनों से गुजरात में ही बस गये। यह प्रचारक जीवन पद्धति की एक झलक मात्र है।

राजनीतिक क्षेत्र में भेजे गये कई प्रचारक बड़े नेता के रूप में स्थापित हो गये हैं, जिन्होंने बड़ी कुशलतापूर्वक और ऊर्जा के साथ राजनीतिक सत्ता को सँभाला जिनमें श्री नरेंद्र मोदी, श्री अटल बिहारी वाजपेयी और लालकृष्ण आडवाणी कुछ

नाम हैं। अखिल भारतीय विद्यार्थी परिषद, विश्व हिन्दू परिषद और भारतीय मजदूर संघ जैसे संघ सम्बन्धित अन्य संगठनों ने भी इस प्रकार की प्रचारक व्यवस्था को अपनाया है। संघ प्रेरणा से एक नये क्षेत्र में काम शुरू करने वाला एक नया संगठन सामान्य तौर पर प्रचारक के लिए संघ से आग्रह करता है। बाद में उस संगठन से अपने कार्यकर्ता, स्वयंसेवक और यहाँ तक की प्रचारक निर्मित करने की अपेक्षा होती है। इस प्रकार सम्पूर्ण भारत में हज़ारों की संख्या में ऐसे उत्कृष्ट गुणों वाले लोग हिन्दू धरोहर, राष्ट्रीय एकता, समानता, सामाजिक सौहार्द्र, समाज के प्रति समर्पण, इसके उत्थान और राष्ट्र निर्माण में नागरिकों के कर्तव्य के बारे में सार्थक सन्देश का प्रचार-प्रसार कर रहे हैं। सही मायने में, वे भारत को अपने सभी नागरिक बन्धुओं के लिए बेहतर स्थान बनाने के लिए कार्यरत हैं। कोई आश्चर्य नहीं है कि संघ विचार के विरुद्ध मिथ्या और भ्रामक दुष्प्रचार के अभियानों के बावजूद इसके आलोचक और विरोधी संघ के विकास को रोक नहीं पाये। प्रचारक के रूप में इन अप्रत्यक्ष संन्यासियों द्वारा किए जा रहे मूक कार्य के समक्ष इसके आलोचकों के ईर्ष्यापूर्ण प्रयत्न कभी टिक न पाएँगे। यह एक शाश्वत सत्य है कि 'सकारात्मकता सदैव नकारात्मकता पर विजय प्राप्त करेगी।'

राष्ट्रीय स्वयंसेवक संघ के स्थापना होने के पश्चात् प्रारम्भिक कुछ वर्षों तक संघ में प्रचारक शब्द प्रचिलित नहीं था। अधिकांश स्कूल के किशोर छात्र जो किशोर स्वयंसवेक के रूप में पहचाने जाते थे, अपने घरों में रहते थे और कार्यक्रम और बैठक के समय एकत्र होते थे। थोड़े ही समय में संघ का कार्य नागपुर के बाहर भी पहुँच चुका था। विदर्भ के वर्धा, भडारा आदि अनेक ज़िलों में संघ की शाखाएँ खुल गई थीं। वहाँ की शाखाओं का संचालन स्थानीय कार्यकर्ता ही किया करते थे। संघ की नागपुर में जड़े जमने के बाद जब संघ की शाखाओं का देश भर में फैलाव शुरू हुआ तो डॉ. हेडगेवार को लगा कि पूरे देश में शाखाओं का स्वरूप एक जैसा ही रखना होगा। अत: देश भर में संघ की शाखाओं और संघ के कार्य का एक जैसा स्वरूप तभी खड़ा होगा जब इसके लिए कोई व्यवस्था हो। इसी कारण नागपुर और नागपुर के बाहर की शाखाओं में एकरूपता लाने के लिए और नागपुर के तर्ज़ पर नागपुर के बाहर भी शारीरिक शिक्षा हेतु प्राथमिक शिक्षा वर्ग और संघ शिक्षा वर्ग लगाये जाने लगे। इन सभी शाखाओं के कार्य में एक सूत्रता लाने की दृष्टि से प्रवास करने वाले कार्यकर्ताओं की आवश्यकता महसूस होने लगी। देश भर में स्वयंसेवकों

के साथ विचार विनिमय कर उन्हें संघ कार्य से दृढ़ता से जोड़ने तथा अपने दैनन्दिन जीवन में संघ कार्य के लिए अधिकाधिक समय देने हेतु पूर्णकालीन स्वयंसेवकों की आवश्यकता महसूस होने लगी थी। प्रारम्भ में डॉक्टर हेडगेवार अकेले प्रवास करते थे।

धीरे-धीरे संघ कार्य का विस्तार होने लगा तो लोगों ने हेडगेवार से कार्यकर्ताओ की माँग की। स्कूल के तरुण छात्र स्वयंसेवक कार्यकर्ताओं को वार्षिक परीक्षा के पश्चात् ग्रीष्मकालीन छुट्टियों में 4-5 सप्ताह तक विदर्भ और महाकौशल क्षेत्र में जाकर संघ की नयी शाखाए खोलने की आवश्यकता डॉ. हेडगेवार द्वारा व्यक्त किये जाने पर उस दिशा में विचार करना आरम्भ हुआ। चर्चाओं के दौरान कुछ कार्यकर्ताओं ने इस दृष्टि से अपनी तैयारी भी दर्शायी। बाहर जाकर संघ कार्य करने वाले ऐसे स्वयंसेवकों को पहले 'विस्तारक' कहा जाता था। हर साल ऐसे विस्तारक कार्यकर्ता ग्रीष्मकालीन छुट्टियों में अन्यत्र जाकर संघ कार्य का विस्तार करने लगे। विस्तारकों के इन प्रयासों से संघ की शाखाओं में तेज़ी से वृद्धि हुई। डॉक्टर हेडगेवार से चर्चा करने के बाद विस्तारकों के साथ-साथ पूर्णकालीन कार्यकर्ताओं की आवश्यकता स्वयंसेवकों को भी महसूस होने लगी थी। दूसरे शहरों से आने वाली चिट्ठियों में शाखा खोलने के लिए स्वयंसेवकों की माँग की जाती थी। तब डॉ. हेडगेवार के मन में पूर्णकालीन प्रचारक का विचार आया। उस समय हेडगेवार ने महसूस किया कि ऐसे स्वयंसेवक तैय्यार किये जाये जो नौकरी और व्यवसाय करने के बजाय पूर्ण रूप से संघ कार्य के लिए समर्पित रहें। ये स्वयंसेवक गृहस्थ जीवन से भी दूर रहें और अपना पूरा जीवन और समय संघ कार्य के लिए दें।

संघ के शुरूआती दिनों में हेडगेवार प्रचारको के चुनाव में बड़ी सावधानी बरतते थे। उन्होंने ऐसे स्वयंसेवकों को प्रचारक बनाने की कोशिश की जो पढ़े-लिखे और अच्छे परिवार से आते थे। दरअसल इसके पीछे हेडगेवार की सोच यह थी कि यदि शुरुआत में ही बहुत कम पढ़े-लिखे और सामान्य परिवार के लोग निकलेंगे तो समाज में यही सन्देश जायेगा कि जिनका कोई भविष्य नहीं होता, कोई सामाजिक स्तर नहीं और अभाव में जीवन जी रहे लोग ही संघ के प्रचारक बनते हैं। ऐसी छवि संघ के प्रचारकों के बारे में न बने, इसके लिए जब कोई स्वयंसेवक हाईस्कूल पास कर प्रचारक बनने की इच्छा करता तो डॉक्टर हेडगेवार कहते थे कि इन्टर करो, बी.ए. करो। डॉ. हेडगेवार अक्सर स्वयंसेवकों के सामने सुभाष चन्द्र बोस

का आदर्श प्रस्तुत करते थे जैसे उन्होंने आई.सी.एस. की परीक्षा उत्तीर्ण की परन्तु नौकरी नहीं की थी। वैसे ही स्वयंसेवकों को उच्च शिक्षित होने पर प्रचारक बनाने की कोशिश हेडगेवार करते थे।

श्री दादाराव परमार्थ, श्री बाबासाहेब आपटे, श्री रामभाऊ जामगडे, श्री गोपाल राव येंकुटवार आदि ज्येष्ठ कार्यकर्ताओं ने अपने व्यक्तिगत जीवन को तिलांजलि देकर संघ कार्य के लिए प्रवास पर जाने की तैयारी दर्शायी। 1932 के उत्तरार्द्ध में डॉ. हेडगेवार ने इन कार्यकर्ताओं को पूर्णकालिक कार्यकर्ताओं के रूप में अन्य स्थानों पर भेजने की योजना बनायी। संघ कार्य के इस तरह होने वाले विस्तार में दादाराव परमार्थ को पुणे, श्री गोपालराव येंकुटवार को सांगली (महाराष्ट्र), श्री रामभाऊ जामगडे को यवतमाळ (विदर्भ) में पूर्णकालीन संघ कार्यकर्ता के रूप में भेजने की योजना बनी। इन सभी पूर्णकालीन कार्यकर्ताओं को सभी स्वयंसेवको की उपस्थिति में डॉ. हेडगेवार ने भावपूर्ण शब्दों में विदाई दी। इस प्रकार से कार्यकर्ताओं को प्रचारक के नाम से अन्यत्र भेजने की पद्धति संघ में शुरू हुई।

1937 के आरम्भ में विदर्भ व महाराष्ट्र के प्रमुख स्थानों पर, महाकोशल के कई स्थानों पर तथा उत्तर प्रदेश के बनारस में संघ की शाखाएँ शुरू हो चुकी थीं। किन्तु पंजाब, दिल्ली, उ.प्र. के प्रमुख शहरों में संघ का कार्य शुरू करने की आवश्यकता महसूस की जाने लगी। इन प्रकार की आवश्यकता को ध्यान में आते ही डॉ. हेडगेवार ने नागपुर के स्वयंसेवकों को इन राज्यों के महत्त्वपूर्ण शहरों में उच्च शिक्षा के लिए वहाँ के महाविद्यालयों में प्रवेश दिलवाया और इन स्वयंसेवकों की वहाँ पर रहने की व्यवस्था करवायी। इस तरह जुलाई 1937 में श्री भाऊ-साहब देवरस को बी.कॉम. लॉ के लिए लखनऊ, श्री कृष्णा जोशी को महाविद्यालयीन शिक्षा ग्रहण करने सियालकोट (पंजाब), श्री दिगम्बर पातुरकर को लाहौर, श्री मोरेश्वर मुंजे को उच्चशिक्षा प्राप्त करने रावलपिंडी में शिक्षा ग्रहण करने के साथ-साथ संघ कार्य को फैलाने हेतु भेजा। इसी प्रकार अपनी महाविद्यालयीन शिक्षा नागपुर में समाप्त करने के बाद श्री वसन्तराव ओक को दिल्ली, श्री बापूराव दिवाकर को पटना, श्री नरहरि पारखी को दानापुर और मुंकुदराव मुंजे को मुंगेर के प्रचारक के रूप में डॉक्टर हेडगेवार ने भेजा। श्री नारायण तरटे को प्रचारक के रूप में ग्वालियर भेजा। 1938 में श्री एकनाथ रानडे एम.ए. होने के बाद प्रचारक के रूप में महाकोशल के जबलपूर में गये। कुछ समय बाद प्रल्हादराव को भी जबलपुर भेजा गया। 1939 में विट्ठलराव पत्की को कलकत्ता, श्री जनार्दन चिंचाळकर को मद्रास में प्रचारक के

रूप में भेजा गया। इन सभी पूर्णकालिक कार्यकर्ताओं को प्रचारक नाम से सम्बोधित किया जाने लगा। इस प्रकार संघ कार्य में प्रचारक शब्द शुरू हुआ। और ये सभी प्रचारक संघ से भेजे गये पहले प्रचारक थे।

प्रचारक पद संघ के ढाँचे की एक महत्त्वपूर्ण इकाई है। प्रचारक एक ऐसा व्यक्ति होता है जो संघ कार्य में अपना पूरा जीवन देता है। अविवाहित होता है। केवल अपवादस्वरूप ही कुछ ऐसे उदाहरण मिलेंगे कि विवाहित व्यक्तियों को भी प्रचारक के रूप में स्वीकार किया गया हो। प्रचारकों को प्रचार प्रमुख के माध्यम से सरकार्यवाह चुनता है, मान्यता देता है और उसे प्रचारक के लिए नियुक्त करता है। प्रचारकों का तबादला करने और उनके ज़िम्मेदारी देने और ज़िम्मेदारियों में परिवर्तन करने का अधिकार सरकार्यवाह को होता है। संघ में प्रचारक प्रायः उन युवकों को बनाया जाता है जो संघ के तीनों शिक्षा वर्ग में शामिल हो चुके होते हैं और सफलतापूर्वक प्रशिक्षण ले चुके होते है। इन प्रशिक्षण क्रमों को ऑफ़िसर्स ट्रेनिंग कैम्प कहते है। पहला और दूसरा शिक्षा वर्ग ज़िला स्तर पर लगता है जबकि अन्तिम शिक्षा वर्ग अनिवार्य रूप से नागपुर में ही लगता है।

बनारस विश्वविद्यालय में मदन मोहन मालवीय ने हेडगेवार द्वारा भेजे गये प्रचारकों को न केवल सुविधाएँ प्रदान की बल्कि आर.एस.एस.कार्यालय के लिए विश्वविद्यालय की सीमा में ही भवन की व्यवस्था भी करायी। बनारस आये हुए तीन प्रचारकों में एक पी.बी. दाणी थे जो भैय्या जी के नाम से जाने जाते थे। जो बाद में संगठन के सरकार्यवाह हुए। बाबासाहेब आपटें राष्ट्रीय स्वयंसेवक संघ के पहले प्रचारक थे, किन्तु यह कहना मुश्किल है कि प्रचारक की संकल्पना संघ में निश्चित रूप में कब आयी। स्व. डॉक्टर जी हमेशा कहा करते थे कि संघ का प्रत्येक स्वयंसेवक प्रचारक है। उस काल में यह आग्रह अवश्य ही रहा करता था कि यदि कोई स्वयंसेवक शिक्षा या नौकरी के लिए किसी अन्य स्थान पर जा रहा हो, तो वह संघ के अधिकारियों से मिलकर जाये। स्वयंसेवकों से यह अपेक्षा रखी जाती थी कि जहाँ जा रहा हो, वहाँ के संघ कार्य के लिए अधिकतम समय दे।

डॉक्टर हेडगेवार का देहावसान सन 1940 में हुआ उस समय उनकी न्यूनतम इच्छा थी कि देशभर में संघ कार्य के विस्तार के लिए 100 प्रचारक निकलें। वे कहा करते थे कि इतने प्रचारक उपलब्ध हो जायें तो 5 वर्षों में संघ कार्य को राष्ट्रव्यापी स्वरूप प्राप्त हो सकता है। उस समय उनके जीते जी उनकी इच्छा पूरी नहीं हो सकी परन्तु उनके निधन के बाद दूसरे सरसघंचालक बनाये गये गुरु गोलवलकर ने द्वितीय विश्वयुद्ध के समय एक आह्वान किया था, जिसका आशय यह था

कि स्वयंसेवक संघ कार्य के लिए कम से कम एक वर्ष के लिए घर से बार निकलें। इसे ऐसा समर्थन मिला कि अकेले महाराष्ट्र से उस समय 2,000 प्रचारक निकले। किन्तु वह आह्वान तात्कालिक था। संघ की प्रचारक प्रणाली की एक और विशेषता है—प्रचारक की अलिप्तता, निरपेक्षता। संघ कार्य के लिए अधिकतम समय देने वाला व्यक्ति प्रचारक कहलाता है, किन्तु प्रचारक को अधिकारी नहीं माना गया है। उसे प्रणाम लेने का अधिकार नहीं है। अखिल भारतीय या प्रान्तीय स्तर का भी प्रचारक जब किसी शाखा में जाता है, तो उसे वहाँ के कार्यवाह को, भले ही वह शालेय विद्यार्थी हो, प्रणाम करना पड़ता है।

आज संघ के प्रचारकों में अनेक उच्च शिक्षा विभूषित युवकों का समावेश है। कोई एम.टेक., कोई भौतिकशास्त्री है तो कोई रसायनशास्त्री या आणविक विशेषज्ञ, इंजीनियर और डॉक्टर भी ख़ूब हैं। ये युवक अपने क्षेत्रों में रहे होते, तो उन क्षेत्रों में निश्चित रूप से नाम कमाया होता, किन्तु उन्होंने अपनी व्यक्तिगत आशा-आकांक्षा को त्याग दिया और राष्ट्रकार्य को प्रधानता दी और संघ के प्रचारक के रूप में अपना जीवन जीने का निर्णय लिया।

1931 में आर.एस.एस. ने नई शक्ति बटोरी। बाबाराव सावरकर 1922 ई. में जेल से छूटने के बाद तरुण हिन्दूसभा की ओर से हिन्दू युवकों को संगठित कर रहे थे। उन्होंनें अपनी संस्था को आर.एस.एस. में मिला देने का फ़ैसला किया। इस फ़ैसले का आंशिक कारण यह था कि बाबाराव सावरकर का स्वास्थ्य गिर रहा था और वह लम्बे दौरे नहीं कर सकते थे। इससे संगठन का काम ठीक से नहीं चल रहा था। वह ख़ुद मानते थे कि हिन्दू युवकों के अनेक संगठन नहीं होने चाहिए। इससे मध्य प्रान्त में संघ-शाखाओं की बाढ़ आ गयी। बनारस में संघ को समर्थन दिलाने का प्रयास भी बाबाराव सावरकर ने किया। भैयाजी दाणी तथा कुछ और लोगों ने जो शाखा शुरू की थी वह प्रसिद्ध विद्वान्, भाऊराव दामले के बनारस के संघचालक बन जाने पर राजी हो जाने से और मज़बूत हुई।

अगले वर्ष हिन्दू महासभा के साथ सम्बन्धों की वजह से उत्तरी और पश्चिमी भारत में संघ के विस्तार के लिए दरवाज़े खुल गये। अपने दिल्ली अधिवेशन में हिन्दू महासभा ने प्रस्ताव पारित करके, आर.एस.एस. के कार्यों की प्रशंसा की और कहा कि संघ-शाखाओं को देश-भर में फैलना चाहिए। भाई परमानन्द कराची में हिन्दू युवक परिषद का सम्मेलन करने वाले थे। उन्होंने बाबाराव सावरकर को सम्मेलन में हेडगेवार को भी कराची लाने के लिए पत्र लिखा। उन दिनों महासभा के नेता

आर.एस.एस. को युवकों के क्षेत्र में अपनी ही राजनीति का विस्तार मानने लगे थे। वह समझने लगे थे कि हेडगेवार इस काम के लिए उपयुक्त व्यक्ति है। कराची सम्मेलन में प्रस्ताव पारित हुआ कि 'सारे देश में संघ का कार्य फैलना चाहिए।' हेडगेवार वहाँ 6 दिन रुके और नेताओं तथा युवकों से लम्बी बातचीत करते रहे। ये युवक ज़्यादातर सिन्ध और पंजाब के प्रान्तों से आये थे। आपसी चर्चा के बाद एक शाखा कराची में खुल पायी लेकिन कुछ कारणों की वजह से वह जल्दी ही बन्द हो गयी। लेकिन इन सम्पर्कों से लाभ बहुत हुआ और कुछ दिनों बाद इनकी सहायता से उस क्षेत्र में संघ के कार्य का बहुत विस्तार हुआ। भाई परमानन्द के पुत्र महावीर और दामाद धर्मवीर ने परवर्ती विकास-कार्य के लिए आधारभूत केन्द्र प्रदान किया।

उन दिनों बाबाराव सावरकर अपना कुछ वक्त दिल्ली में बिताकर महासभा का काम करते थे। उन्होंने दिल्ली में शाखा खुलवाई और हिन्दू महासभा भवन में संघ-प्रचारकों को ठहरने की व्यवस्था करायी। लेकिन बाबाराव सावरकर का सहयोग महाराष्ट्र के बम्बई प्रेसीडेंसी क्षेत्र में अत्याधिक कारगर साबित हुआ। सावरकर ने हेडगेवार को बम्बई बुलाया। उस क्षेत्र में स्थित अनेक नगरों और क़स्बों में उनका लोगों से परिचय कराया। वह हेडगेवार के साथ कई जगह गये। पुणे के दादाराव परमार्थ हेडगेवार के बाल-सखा थे। उन्होंने पूरा जीवन संघ को समर्पित कर रखा था। पूणे क्षेत्र में संगठन की ज़िम्मेदारी उन्हें सौंपी गयी। दादाराव परमार्थ हिन्दू महासभा की राजनीति के खुले समर्थक थे। वह सावरकर-बन्धुओं के प्रति श्रध्दा का भाव रखते थे। इससे उस क्षेत्र के ब्राह्मणों का उन्हें बहुत समर्थन मिला। इनमें से अधिकांश सावरकर के स्वाभिमानी अनुयायी थे। इससे दादाराव परमार्थ इस क्षेत्र में संघ का मज़बूत आधार बनाने में सफल हुए। पूना आर.एस.एस. का दूसरा प्रमुख केन्द्र बन गया और 1935 में नागपुर के साथ-साथ यहाँ भी दूसरा प्रशिक्षण-शिविर शुरू किया गया।

1937-40 के बीच का समय ऐसा था जिन दिनों आर.एस.एस. का काम बेहद तेज़ी से फैला। 1940 में जब हेडगेवार की मृत्यु हुई तो इसका अखिल भारतीय रूप बन चुका था। प्रचारकों को दिल्ली, पंजाब, संयुक्त प्रान्त को बिहार में भेजा चुका था। हिन्दू मुस्लिम सम्बन्धों में बढ़ रहे तनाव ने संघ की शाखाओं के बढ़ने में महत्त्वपूर्ण भूमिका निभायी। 1938 ई. तक महाराष्ट्र और उत्तर भारत में 400 संघ केन्द्र और 40,000 स्वयंसेवक बन चुके थे। 1939 ई. में डॉ. हेडगेवार ने संघ की गतिविधियों को अखिल भारतीय आधार पर प्रतिष्ठित किया। उस वर्ष उन्होंने आदेश दिया कि स्वयंसेवकों को मद्रास भेजा जाये 1940 ई. में तमिलनाडु के अन्य बड़े

नगरों में प्रचारक भेजे गये। 1939 और 1940 के बीच कर्नाटक क्षेत्र के बेलगाँव, बीजापुर, हुबली और मंगलौर में प्रचारक भेजे गये। इस दौरान संघ विश्वविद्यालय के विद्यार्थियों पर ध्यान केन्द्रित कर रहा था और इससे अच्छे नतीजे निकले। 1940 में एक अनुमान के अनुसार संघ के स्वयंसेवकों की संख्या 1,00,000 तक पहुँच गई थी।

वी.डी. सावरकर के संरक्षण से भी इन दिनों संघ का कार्य इतना आगे बढ़ा और फैला। हेडगेवार उनके प्रशंसक थे और रत्नागिरी जेल में उनसे मिल चुके थे। 1937 में जेल से छूटने के बाद सावरकर हिन्दू महासभा की गतिविधियों में कूद पड़े थे। नवम्बर 1937 में सी.पी. बेरार हिन्दू सम्मेलन की अध्यक्षता करने अकोला आये। हेडगेवार ने उनसे नगर की संघ–शाखा देखने की प्रार्थना की। सावरकर ने संघ-शाखा देखी। सावरकर को वहाँ जाकर प्रसन्नता हुई। उन्हें संघ का अनुशासन और उसका जुझारूपन बहुत अच्छा लगा। वह जहाँ कहीं जाते, संघ शाखा में पहुँचते और भाषण देते। उन्होंने संघ को संरक्षण दिया और उन्हें प्रोत्साहित किया। महासभा के अन्य नेता भी यह करते थे। श्यामा प्रसाद मुखर्जी ने 1940 ई. में लाहौर शाखा को सम्बोधित किया और सुनने में आता है कि यह कहा, "मैं इस संगठन को भारत के मेघाच्छन्न राजनीति-आकाश की आशा-किरण के रूप में देखता है।"

1932 के कराची सम्मेलन के बाद उत्तरी भारत में संघ का जो आशानुकूल विस्तार नहीं हुआ, उसका कारण यह था कि इस क्षेत्र में संघ से प्रभावित होने वाले हिन्दुओं का अधिकांश आर्यसमाज से प्रभावित था। उनके झण्डा-अभिवादन आदि कार्यक्रमों में मूर्तिपूजा की गन्ध आती थी। डॉ. हेडगेवार अपने साथ हनुमान की मूर्ति लिये रहते थे और इधर के लोगों को यह पसन्द नहीं आता था। अतः आवश्यक परिवर्तन किये गये। प्रार्थना संस्कृत में कर दी गयी। हनुमान की पूजा समाप्त कर दी गयी और कर्मकाण्ड के प्रति सम्मान प्रकट करने का आग्रह त्याग दिया गया। यह संघ की महत्त्वपूर्ण प्रगति थी। इसका चरित्र क्षेत्रीय संगठन से बढ़कर अखिल भारतीय हो गया। 1940 के नागपुर ओ.टी.सी. (प्रशिक्षण शिविर) में अन्तिम बार बोलते हुए हेडगेवार ने कहा— आज मैं अपनी आँखों के सामने हिन्दू राष्ट्र का लघु रूप देख रहा हूँ।

उनकी दृष्टि लक्ष्य पर थी, लक्ष्य प्राप्ति के लिए आवश्यक गुणों पर थी। दैनिक एकत्रीकरण में भगवा ध्वज के माध्यम से उन्होंने भारतीय परम्परा के साथ-साथ शिवाजी के हिन्दवी स्वराज आन्दोलन से स्वयंसेवकों की भावना को जोड़ा। प्रतिज्ञा में 'हिन्दू राष्ट्र की स्वतन्त्रता' को सम्मिलित कर उनके संकल्प को दृढ़ किया।

दैनिक प्रार्थना और 'भारतमाता की जय' के द्वारा अखिल भारतीय देशभक्ति को जागृत किया। संघ के छह उत्सवों में शिवाजी के राज्याभिषेक दिवस को सम्मिलित कर स्वतन्त्रता प्रति के लक्ष्य का स्मरण दिलाया। स्वयंसेवकों के विकास की एक ही कसौटी थी कि वह लोक-संग्रह और संगठन-कुशलता के गुणों का विकास करते हुए अपना अधिकाधिक समय संगठन विस्तार के लिए समर्पित करता चले और अन्तत:: एक दिन संघ का पूर्णकालिक कार्यकर्ता यानी प्रचारक बन जाये।

डॉ. हेडगेवार की मुख्य चिन्ता यह थी कि स्वतन्त्रता के लक्ष्य की प्राप्ति के लिए आवश्यक सामर्थ्य खड़ा होने के पूर्व ब्रिटिश सरकार को संगठन के शिशुकाल में ही उस पर प्रहार करने का अवसर न मिलने पाये। इसके लिए उन्होंने स्वतन्त्रता प्राप्ति के लक्ष्य का ढोल नहीं पिटा। संघ का लक्ष्य मात्र हिन्दू संगठन बताया। 'संगठन क्यों' का उत्तर दिया, संगठन-संगठन के लिए क्योंकि संगठन में ही शक्ति है। साथ में उन्होंने इस बात की भी सावधानी बरती कि संघ कार्य का अख़बारी प्रचार न हो। कार्यकर्ताओं का ध्यान प्रचार के बजाय व्यक्तिगत सम्पर्कों द्वारा शाखा को सुदृढ बनाने और शाखा विस्तार पर केन्द्रित हो। डॉ. हेडगेवार समय के पूर्व ब्रिटिश सरकार की कोप दृष्टि से संघ को बचाना चाहते थे। यह उनके पत्रों से भी स्पष्ट होता है। नवम्बर 1936 में वसन्तराव ओक के दिल्ली आगमन और संघ कार्य प्रारम्भ होने की योजना का समाचार दिल्ली के किसी अख़बार में छपा था। डॉ. हेडगेवार ने उन्हे लिखा, "आपके दिल्ली पहुँचने का और वहाँ पर राष्ट्रीय स्वयंसेवक संघ का कार्य करने वाले हो, ऐसा समाचार किसी भी गलती से क्यों न हो, वृत्तपत्र में प्रकाशित हुआ है। यह बात संगठन की दृष्टि से ठीक नहीं हुई है। इस प्रकार की प्रसिद्धि हुई तो कार्य के आरम्भ में ही अनेक प्रकार की बाधाएँ उत्पन्न हो जाती हैं।

महाराष्ट्र के वृत्तपत्रों में भी प्रचार की प्रवृत्ति अधिक होने के कारण डॉक्टर हेडगेवार ने 12 दिसम्बर,1937 को सांगली के श्री काशीनाथराव लिमये को पत्र लिखकर सूचित किया कि, "संघ की कार्यनीति भिन्न है। उसमें प्रत्यक्ष कार्य की तुलना में समाचार-पत्रों में उसका प्रकाशन अल्प ही रहता है। वृत्त का प्रकाशन नहीं होना चाहिए, ऐसा हमारा अभिप्राय नहीं है। परन्तु वह अधिक मात्रा में न हो, ऐसा हमें निश्चय ही लगता है।"

डॉ. हेडगेवार ने संगठन का माध्यम अख़बारी प्रचार के बजाय घनिष्ठ व्यक्तिगत सम्पर्क को बनाया। डॉ. हेडगेवार को कार्यकर्ताओं का शिल्पी कहा जा सकता है। उन्होंने एक-एक कार्यकर्ता को धैर्यपूर्वक गढ़ा। उसके बाद उन्हे विभिन्न स्थानों पर शाखा खोलने के लिए भेजा। एक शाखा से अनेक शाखाए नागपुर में कीं,

फिर विदर्भ में विस्तार किया। विदर्भ के बाद महाराष्ट्र में खोली। उत्तर भारत में पहली शाखा काशी हिन्दू विश्वविद्यालय में सन् 1931 में भैयाजी दाणी ने वहाँ अध्ययन के लिए प्रवेश लेकर प्रारम्भ की। सन् 1936 के बाद उत्तर भारत के विभिन्न प्रान्तों में कार्यकर्ता भेजे। सन 1939 में कलकत्ता और मद्रास में कार्यकर्ता गये। इस प्रकार सन 1940 तक लगभग सभी प्रान्तों के कुछ प्रमुख नगरों में संघ की शाखाएँ खुल गयी थीं, जिनके आधार पर डॉ. हेडगेवार ने 1940 में अपनी मृत्यु के पूर्व नागपुर के अधिकारी शिक्षा वर्ग में लगभग पूरे भारत का प्रतिनिधित्व देखकर सन्तोष के साथ कहा कि, 'आज मैं अपनी आँखों से हिन्दू राष्ट्र का लघु रूप देख रहा हूँ।

वैचारिक अधिष्ठान

समर्थ रामदास ने कहा था, किसी भी कार्य की सफलता के लिए पाँच बातें सहायक होती हैं—अधिष्ठान, कर्ता, साधन, प्रयासों की विविधता और भाग्य। इन सबमें अधिष्ठान प्रथम और सर्वाधिक महत्त्वपूर्ण है, यह गीता ने बताया और रामदास ने इसे दोहराया। डॉ. हेडगेवार ने इसके मर्म को भली-भाँति समझ लिया था। इसीलिए उन्होंने संघ को सुदृढ़ वैचारिक अधिष्ठान दिया। अपने इस देश को सभी मायनों में स्वतन्त्र और वैभवशाली बनाना है तो पहले इस बात की खोज करनी चाहिए कि आख़िर वह विपन्नावस्था में कैसे और क्यों पहुँचा? दासता के बन्धनों में कैसे बँध गया? उन्होंने इन प्रश्नों के उत्तर खोजे। अपनी इस खोज में वे इस निष्कर्ष पर पहुँचे कि हमारे यहाँ की विविध जातियों और जनजातियों में तथा विविध सामाजिक सतहों के लोगों में हिन्दूसारा एक भावना का लोप होता गया, यही उसके पतन का कारण है। इसी भावना के अभाव में हमारा देश विदेशी आक्रांताओं के सामने हारकर ग़ुलाम हो गया। राष्ट्र हमारी माता है और हम सब उसके पुत्र हैं—समाज जीवन की यह अधिष्ठात्री अवधारणा क्षीण होने पर हर कोई केवल अपने स्वार्थ में डूब गया, इसीलिए सामाजिक एकता नष्ट हो गयी। अत: समाज को फिर से वैभव के उच्च शिखर पर ले जाना है तो एकता का वही भाव फिर से जाग्रत् कर समाज को संगठित करना ही उसके लिए एकमेव मार्ग है—यह था संघ संस्थापक के सारे चिन्तन की नींव या उसका अधिष्ठान।

बिना किसी विशेष प्रयास के हिन्दुस्थान में देश के लिए सर्वस्व का त्याग करने की भावना के शोलों को सहज हवा देकर जिसके अन्तर्तम में प्रज्वलित किया जा सकता है, ऐसा समाज हिन्दू समाज ही है और जब-जब इस समाज की मानसिकता

में पहले देश, बाद में मैं वाली भावना का लोप हुआ, तब-तब इस देश का पतन हुआ। अत: सारे वाद-विवादों को एक ओर हटाकर इस हिन्दूसमाज को हिन्दुस्थान के लिए जीने और उसी के लिए जीवन के हर क्षण और हर कण का विनियोग करते हुए अन्त में देश के लिए ही मरण स्वीकारने के संस्कार प्रदान करना ज़रूरी। डॉक्टर जी संघ के सामने एकमेव कार्य के रूप में प्रस्तुत किया यह राष्ट्रीय स्वयंसेवक संघ का वैचारिक अधिष्ठान है। अनेक हिन्दू इस देश को अपना देश कहते थे और आज भी कहते होंगे, किन्तु यह केवल ज़मीन का टुकड़ा नहीं, मात्र भूमि नहीं, मेरी मातृभूमि है, अनादि काल से चला आया यह मेरा राष्ट्र है। यह भावना केवल हिन्दुओं में जन्म से ही हुआ करती है। देश एक भूगोल है, जबकि राष्ट्र एक इतिहास है। अन्य लोगों के विचार में मात्र एक भूमि है, हिन्दुओं के लिए तो यह मातृभूमि है। मातृभूमि की यह भावना हिन्दुओं की नस-नस में रक्त की तरह दौड़ती है, खेलती है। वास्तव में मात्रभूमि और मातृभूमि में जो फ़र्क़ है, उसी के आधार पर यह स्पष्ट हो जाता है कि हिन्दू कौन है और अहिन्दू कौन?

हिन्दुत्व ही राष्ट्रीयत्व

हिन्दू समाज को इस तरह के अटूट भावबन्धन के आधार पर संगठन सूत्र में बाँधना ही वास्तविक राष्ट्रकार्य है। क्योंकि हिन्दुत्व केवल हिन्दुस्तान में ही राष्ट्रीयत्व है। अतः स्वाभाविकता से हिन्दुत्व के परिवर्द्धन के लिए किया जाने वाला प्रत्येक कार्य राष्ट्रीय कार्य हो जाता है।

हिन्दुत्व ही राष्ट्रीयत्व है, यही धारणा डॉ. हेडगेवार द्वारा स्थापित संघ का वैचारिक अधिष्ठान है। इसीलिए तो उन्होंने इसे हेडगेवार संघ अथवा हिन्दू संघ नाम न देते हुए राष्ट्रीय नाम दिया। यह मेरा राष्ट्र है। कहते ही इस राष्ट्र का समूचा इतिहास, सारी परम्परा, सभी महापुरुष मेरे हैं—इस गर्व से जिसका सीना फूल जाता है, वह हर व्यक्ति हिन्दू है भले ही वह किसी भी देवता को मानता हो या न मानता हो, पूजता हो या न पूजता होये अपने देवता की आराधना वह हाथ जोड़कर करता है अथवा आकाश की दिशा में अपने दोनों हाथों की खुली अंजलि में बाँधकर करता है, इसका कोई महत्त्व नहीं है। वह साष्टांग नमस्कार करता है या घुटनों के बल बैठकर अपने प्रभु की प्रार्थना करता है, सगुण का उपासक है या निर्गुण का, वह ईश्वरवादी है या अनीश्वरवादी–इससे कोई फ़र्क़ नहीं पड़ता। राष्ट्रीय भावनाओं से ओतप्रोत प्रत्येक व्यक्ति हिन्दू ही है।

जलगाँव की साप्ताहिक पत्रिका प्रगति के सम्पादक श्री जोशी द्वारा पूछे गये एक प्रश्न का उत्तर देते हुए उन्होंने हिन्दू शब्द की परिभाषा विस्तारपूर्वक रखी। उन्होंने कहा था हिन्दू किसी विशिष्ट पूजा–का नाम नहीं है। वह किसी सम्प्रदाय विशेष का भी नाम नहीं। हिन्दू को उसके परिधान से पहचाना नहीं जा सकता। हिन्दुत्व का कोई ख़ास परिधान भी नहीं है, अतः अमुक एक पद्धति से परिधान धारण करने वाला हिन्दू है, ऐसा नहीं कहा जा सकता। उसी प्रकार खान-पान से, भाषा से भी हिन्दू को परिभाषित नहीं किया जा सकता।

हिन्दुओं के अपने कोई ख़ास बाह्य लक्षण् नहीं हैं। चंदन का टीका लगाने वाला, खड़ा लगाने वाला या आड़ा लगाने वाला अथवा चन्दन न लगाने वाला भी हिन्दू है। चोटी रखने वाला या न रखने वाला भी हिन्दू है। हिन्दू किसी जाति या सम्प्रदाय का नाम नहीं, यहाँ की राष्ट्रीय जीवन-पद्धति का नाम है।

दूसरी बार डॉक्टर जी जब जलगाँव आये उस समय मुसलमानों के त्योहार के समय मुसलमानों के एक जुलूस ने बिना कारण शनी पेठ की एक संघ शाखा पर अचानक आक्रमण किया और छुरे चला दिये। परिणामस्वरूप शनी पेठ में दंगा हो गया। तब डॉक्टर जी ने अधिकारियों की एक बैठक बुलायी। मामला संगीन था। संघ हिन्दुओं का संगठन था। उसी की एक शाखा पर मुसलमानों के एक जुलूस ने हमला किया था। संघ का एक स्वयंसेवक घायल हुआ था।

अत: इस पृष्ठभूमि में सरसंघचालक निश्चय ही मुसलमानों की आक्रामकता को लेकर कुछ मौलिक मार्गदर्शन करेंगे, ऐसी स्वयंसेवकों की आशा-अपेक्षा थी। अपनी संघ-बैठकों में डॉक्टर जी बौद्धिक वर्ग शायद ही लेते थे। गपशप के दौरान ही वे कुछ मार्गदर्शन कर जाते थे। स्वयंसेवकों को ही अधिक बोलने के लिए प्रोत्साहित किया करते थे। उस बैठक में निम्नानुसार प्रश्नोत्तर हुए—डॉक्टर जी ने पूछा, दंगे में कितने हिन्दू मारे गये? पाँच। हिन्दू इस तरह फिर कभी मार न खायें, इसके लिए हमें क्या करना चाहिए? हमें भी उतने ही मुसलमानों को मारना चाहिए। यानी कितनों को? कम-से-कम पाँच को। ऐसा करने से क्या फिर कभी दंगा नहीं होगा? स्वयंसेवक अन्तर्मुख हो गये।

डॉक्टर जी ने ही फिर पूछा– जलगाँव में फिर कभी दंगा ही न हो, इसके लिए आप क्या करेंगे एक हिन्दू के बदले में दो मुसलमानों को मारें तो दंगा नहीं होगा। एक ने उत्तर दिया। किसी ने यह संख्या अनुपात और बढ़ाया, दूसरे ने उससे अधिक बताया। कुछ ने दावा किया कि इतने अनुपात में मुसलमानों को मार डालने से फिर दंगा करने की वे हिम्मत ही नहीं करेंगे।

डॉक्टर जी इस पर अर्थपूर्ण हँसी हँसते हुए बोले इस तरह से नहीं सोचना चाहिए। फिर यहाँ दंगा न हो, इसके लिए उपाय मैं बताता हूँ। एक हिन्दू मारा गया तो आप दस हिन्दुओं को संघ में लाइए, फिर दंगा नहीं होगा। जिस शाखा पर हमला हुआ, उसमें केवल पच्चीस-तीस की उपस्थिति थी, वहीं यदि दो-ढाई सौ की होती तो उस शाखा पर हमला करने की हिम्मत क्या कोई कर भी पाता? बताइए, आप लोग ही। इस एक ही उत्तर में उन्होंने हिन्दू संगठन की परिभाषा को जहाँ स्पष्ट किया, वहीं संघ मुसलमानों से द्वेष करना नहीं सिखाता, यह भी सुस्पष्टता से रखा।

हिन्दू संगठन से उनका आशय हिन्दुओं का किसी के विरोध में संगठन यानी नकारात्मक संगठन नहीं था। उनका दृष्टिकोण सकारात्मक था, रचनात्मक था। उनके इस मार्गदर्शन और सीख के बाद जलगाँव में संघ शाखाएँ बढ़ीं, हर शाखा में उपस्थिति भी ख़ूब बढ़ी। परिणामतः आगामी पच्चीस-तीस वर्षों में जलगाँव में मुसलमानों ने दंगा किया ही नहीं ।

संघ स्वयंसेवक एक राष्ट्रीय स्वयंसेवक

हैदराबाद रियासत के निज़ाम ने हिन्दुओं पर काफ़ी अत्याचार करना प्रारम्भ कर दिया था और उसके विरोध में भागानगर में हिन्दुओं ने काफ़ी बड़ी संख्या में सत्याग्रह आन्दोलन छेड़ा था। उस समय संघ की पुणे शाखा में हाल ही में अधिकारी बने एक स्वयंसेवक ने सरसंघचालक डॉ. हेडगेवार के पुणे आगमन पर उनसे पूछा— डॉक्टर जी, मैं यहाँ की एक संघ शाखा का अधिकारी तो हूँ, किन्तु वास्तव में हूँ तो एक स्वयंसेवक ही। अत: एक स्वयंसेवक के नाते आप सरसंघचालक से एकचालकानुवर्तित्व के सिद्धान्तानुसार पूछना और अनुमति लेना चाहता हूँ कि क्या मैं भागानगर सत्याग्रह में भाग लूँ ?

उन्होंने छूटते ही कहा, कदापि नहीं। उनसे ऐसे उत्तर की शायद उस नये अधिकारी को आशा नहीं थी। वह सकते में आ गया। तब संघ कार्य का विस्तार बहुत नहीं हुआ था। इस कारण डॉ. हेडगेवार का पुणे आना-जाना काफ़ी जल्दी-जल्दी हुआ करता था। दूसरी बार जब वे पुणे गये तो उसी अधिकारी ने उनसे फिर वही सवाल किया और उन्होंने फिर वही उत्तर दिया। तीसरी बार जब वे पुणे गये तब भी भागानगर सत्याग्रह जारी था। अबकी बार कुछ ढीठ होकर उस शाखाधिकारी ने पूछा— डॉक्टर जी, आप सरसंघचालक हैं। भागानगर में हिन्दू हितों की रक्षा के लिए सत्याग्रह जारी है। उसमें शामिल होने की अनुमति मैं आपसे हर मुलाक़ात में माँगता रहा हूँ और हर बार आप मुझे मना करते आये हैं, क्यों? कृपया बताइए। उन्होंने अबकी बार उसे जो उत्तर दिया, बहुत ही मार्मिक था। उन्होंने कहा— स्वयंसेवकत्व के बारे में अभी तुम कच्ची मटकी हो। तुमने पहली बार जब मुझसे सत्याग्रह में जाने की अनुमति माँगी तब तक दो सौ से अधिक स्वयंसेवक उस सत्याग्रह में कारावास में चले भी गये थे। उनमें से किसी ने मेरी अनुमति नहीं माँगी थी। हिन्दू हितों की रक्षा में क्या करना चाहिए, यह बात तो हर स्वयंसेवक को ख़ुद भी मालूम होनी चाहिए। वह एक राष्ट्रीय स्वयंसेवक है, बताया काम करनेवाला कोई नौकर तो नहीं है न ?

अब तक संघ काफ़ी अच्छी प्रगति कर रहा था कि सन् 1927 में नागपुर में भी मुसलमानों ने दंगा किया। हताशा में हड़बड़ायें कुछ मान्यवर लोग डॉक्टर जी के पास संरक्षण माँगने आये। उससे पहले रामटेक में राममन्दिर की चढ़ान पर रास्ते के दोनों ओर मुसलमानों ने बलात् कुछ दरगे बाँधने की कोशिश की थी। वातावरण में तनाव पैदा हो गया था। डॉ. हेडगेवार ने गणवेशधारी संघ स्वयंसेवकों को रास्ते के दोनों ओर खड़े कर सारे दरगे उखाड़ फेंके थे। नागपुर में भी संघ समाज की रक्षा के लिए कुछ वैसा ही करें, यह कामना लेकर ये सम्भ्रान्त नागरिक डॉक्टर जी से मिलने आये। उन्होंने संघ के लठैत स्वयंसेवकों को दंगाग्रस्त क्षेत्रों में तैनात करने का आग्रह किया। डॉक्टर जी ने उन्हें समझाया कि रामटेक की परिस्थिति एक अपवाद थी और अपवाद केवल एक ही होता है। माना कि अपवाद से ही नियम सिद्ध होता है, किन्तु यहाँ तो नियम यह है कि संघ हिन्दू समाज को ही संरक्षणक्षम बनाना चाहता है। समाज घरों में सोता रहे और संघ के स्वयंसेवक पहरा या गश्त लगाते उसका संरक्षण करें, यह संघ को स्वीकार है ही नहीं। डॉक्टर जी की बात मान्यवरों की समझ में आयी नहीं। उनमें से कुछ ने झल्लाकर कहा—, आपका उत्तर हमें कुछ अजीबोग़रीब और ऊटपटाँग लग रहा है। एक ओर तो आप हिन्दू समाज के संरक्षण की डींग हाँकते हैं और उधर हिन्दू जब पिट रहे हैं तो उनके बचाव के लिए संघ जाना नहीं चाहता। तो क्या केवल दक्ष-आरम्भ करने के लिए ही संघ शुरू किया है आपने?

डॉक्टर जी ने शान्तिपूर्वक कहा— सिर पर चादर तान संघ धाड़ बेचकर सो जायेगा। उनमें से एक समझदार बुज़ुर्ग ने कहा, डॉक्टर जी, बात हमारे पल्ले नहीं पड़ रही है। कृपया आप कुछ खुलकर बतायेंगे? तब उन्होंने कहा— आप पहले यह बताइए कि ऐसे दंगे के समय आप मान्यवर हिन्दू लोग क्या करने जा रहे हैं? संघ के स्वयंसेवक लाठी-काठी लेकर रात में आपके मुहल्लों में पहरा देंगे और आप लोग उनके बल पर निढाल होकर अपने घरों में खर्राटे भरते सुरक्षित और आश्वस्त नींद लेंगे, यह संघ की हिन्दू समाज के संरक्षण की परिकल्पना नहीं है। आप लोग अपने मुहल्ले की सुरक्षा समिति बनाने के लिए युवकों और नागरिकों की एक बैठक बुलाइए। मैं भी उस बैठक में आऊँगा। संघ के आपके मुहल्ले में रहने वाले स्वयंसेवक भी उपस्थित रहेंगे। रात में गश्त लगाने की पारियाँ तय कर दीजिए। इसके लिए हिन्दुओं की टोलियाँ बनाइए। हमारे स्वयंसेवक मुहल्ले- मुहल्ले की उन टोलियों में रहेंगे ही। राष्ट्रीय स्वयंसेवक संघ न तो कोई पुलिस दल है, न अग्निशामक बल। अब उन सज्जनों की समझ में बात आ गयी। उन्होंने दंगाग्रस्त

इतवारी भाग में मुहल्ला सुरक्षा समितियाँ बनवायीं। एक-एक घण्टा गश्त लगाने के लिए टोलियाँ बनवा दीं। हिन्दुओं को घबराहट के मारे भागते देखने वाले दंगाइयों ने जब देखा कि हिन्दू समाज प्रतिकार करने के लिए कमर कसकर तैयार हो गया है, इतवारी में फिर दंगा नहीं हुआ। समाज में आत्मभान जगाते हुए उसे संगठित करने का संघ का तरीक़ा ऐसा है। डॉक्टर जी कहा करते थे, संघ अपने लिए कुछ नहीं करेगा। संघ के नाते संघ कुछ नहीं करेगा। कर भी नहीं रहा है। वह तो समाज को ही सब कुछ करने की प्रेरणा अपने उदाहरण से देगा। संघ कुछ नहीं करेगा, संघ के स्वयंसेवक सबकुछ करेंगे। डॉ. हेडगेवार समेत कुछ छह सरसंघचालक हुए हैं। छठे ने कमान सँभाली है। आज तक संघ के स्वयंसेवक उनके द्वारा दी गयी सीख का अचूक अनुकरण पूरे अनुशासन के साथ कर रहे हैं ।

यही कारण है कि संघ में श्रेय लेने की होड़ नहीं होती, दौड़ भी नहीं होती संघ विचार ही समाज विचार बने और वही राष्ट्र विचार हो जाये, इसके लिए आवश्यक होता है कि संघ का प्रत्येक स्वयंसेवक राष्ट्रीय स्वयंसेवक बने। इसका अर्थ यही है कि संघ के प्रत्येक स्वयंसेवक को अपने आप को ऐसे राष्ट्र कार्य हेतु सिद्ध होने के लिए आवश्यक गुण एवं क्षमता को अपने अन्दर प्रयासपूर्वक लाना चाहिए और इस कार्य के लिए हानिकारक स्वभाव-दोषों को कठोरता से दूर करना चाहिए। प्रतिदिन नियमपूर्वक संघ की शाखा में जाना इस गुणसंवर्द्धन प्रक्रिया का प्रारम्भ होता है और जीवनकाल में उसे पूर्णत्व की ओर ले जाने का प्रयास करना होता है। संघ में कोई सदस्यता पंजीकरण नहीं होता। संघ में सदस्यता नहीं होती, स्वयंसेवकत्व अवश्य होता है। संघ में भरती होने के लिए कोई चन्दा आदि नहीं होता। वहाँ अनुशासन ज़रूर होता है, किन्तु संघ स्थान पर संचालन करने, कवायद करने, गणवेष धारण करने आदि बाहरी बातों में तल्लीन होना अनुशासन नहीं होता, समूचे जीवन को राष्ट्र कार्य के लिए आवश्यक प्रणाली में ढालते जाने का नाम संघीय अनुशासन है। यह अनुशासन संस्कारों से आता है, संस्कारों में ही खिलता है। जीवन को राष्ट्रीयता की दिशा में प्रयासपूर्वक मोड़ने का नाम अनुशासन है, ऐसा संघ संस्कार सिखाते हैं। इसीलिए संघ में अनुशासन तो है किन्तु कोई अनुशासनात्मक (यानी अनुशासन तोड़ने का दण्ड देनेवाली) कार्रवाई नहीं होती।

संघ के कारण संघ शब्द को नये आयाम

यही कारण है कि राष्ट्रीय स्वयंसेवक संघ ने संघ शब्द को नये आयाम प्रदान किये हैं। संघ की स्थापना से पहले संघ शब्द का प्रयोग क्रिकेट संघ, हॉकी संघ, कबड्डी संघ, श्रमिक संघ, मेहनतकशों का संघ, शिक्षक संघ आदि में होता रहा था। अंग्रेज़ी शब्द फ़ेडरेशन का अनुवाद भी संघ प्रतिशब्द से ही किया जाता रहा था। फ़ेडरल स्टेट को संघ राज्य अथवा राज्य संघ आज भी कहा जाता है। सब शब्दों में संघ से केवल विशिष्ट घटकों का समूह ही ध्वनित होता है। जलगाँव में हुई जिन दो बैठकों का पहले उल्लेख आया है, उनमें नागरिकों की बैठक में उन दिनों जलगाँव परिसर में काफ़ी लोकप्रिय रही साप्ताहिक पत्रिका 'प्रबोध चन्द्रिका' के सम्पादक श्री वासुदेवराव फडणीस भी उपस्थित थे। उनके एक प्रश्न के उत्तर में डॉ. हेडगेवार ने अपनी शैली में कहा था— आलू की बोरी में भरे आलुओं का संघ नहीं होता। सौ-पचास आदमी इकट्ठा हो जाने से संघ नहीं कहलाते। किसी ख़ास समय पर ख़ास काम के लिए इकट्ठा होने का नाम संघ नहीं होता। संघ शाखाओं की अपेक्षा बाज़ार में क्या अधिक लोग नहीं होते? सिनेमाघरों में तीन घंटे इकट्ठे बैठने वालों को संघ नहीं कहा जाता। इसलिए संघ मात्र एक जनसमुच्चय नहीं है।

राष्ट्रीय स्वयंसेवक संघ का अर्थ है—राष्ट्र के लिए जीवन कैसे व्यतीत करें, इस बात का वस्तु-पाठ अपने आचरण द्वारा दूसरों को देने वाले और आपस में विशुद्ध बन्धुभाव से जुड़े लोगों का चैतन्ययुक्त संगठन। राष्ट्रीय स्वयंसेवक संघ यानी इस प्रकार एकरस बने, एक ही लक्ष्य की ओर अग्रसर, उसी से अभिमन्त्रित और इस कार्य को आजीवन करते रहने की प्रतिज्ञा लिये हिन्दुओं का सम्पूर्ण भारत के कोने-कोने में फैला अभेद्य संगठन। यह थी संघ शब्द की डॉ. हेडगेवार की अवधारणा। इसके लिए उन्होंने सम्पूर्ण इतिहास का मन्थन किया। अतीत को मथा, वर्तमान को भी मथा। उस मन्थन से नवनीत ऊपर आया—हिन्दुत्व ही राष्ट्रीयत्व है। उसी नवनीत का नाम है—राष्ट्रीय स्वयंसेवक संघ। राष्ट्र के स्वास्थ्य के लिए आरोग्य, दृष्टि,

पुष्टि तथा सन्तुष्टि प्रदान करनेवाले इस बल संवर्द्धक नवनीत को शुद्ध और निर्मल रखने तथा राष्ट्र को अन्तत: परम वैभव की ओर ले जाने के लिए समर्थ रखने की पूरी सावधानी तथा दक्षता उन्होंने बरती।

इससे स्पष्ट है कि राष्ट्रीय स्वयंसेवक संघ कोई संस्थान नहीं है, वह कोई अभियान नहीं है, न ही कोई आन्दोलन है। उसकी कोई सदस्यता नहीं, कोई सदस्यता शुल्क या चन्दा नहीं। संघ में आने के लिए कोई लालच या प्रलोभन नहीं, न आने पर कोई ज़ुर्माना नहीं। मुफ़्त गणवेष, मुफ़्त यात्रा, मुफ़्त भोजन जैसे कोई आकर्षण संघ में आने के लिए नहीं दिये जाते। राष्ट्र जीवन के सभी क्षेत्रों में चेतना, तेज और ओज निर्माण करने वाला राष्ट्रीय स्वयंसेवक संघ एक महाऊर्जा केन्द्र है। संघ के स्वयंसेवक इस ऊर्जा केन्द्र से घर-घर में, हर कारख़ाने में, उद्योग-व्यवसाय में राष्ट्रीय ऊर्जा पहुँचाने वाले बिजली के तार हैं, उपकेन्द्रों में लगाये हुए ट्रांसफ़ॉर्मर हैं। इस तरह का अद्‌भुत प्रयास या प्रयोग राष्ट्र जीवन में हज़ार वर्ष के इतिहास में इससे पूर्व नहीं हुआ। अन्य संस्थानों, प्रतिष्ठानों, आन्दोलनों और संगठनों ने राष्ट्र को लगी बीमारियों के लक्षणों के अनुसार औषधोपचार किये। यह देखने के बाद भी कि ऐसे औषधोपचार का रोग निवारण के लिए कोई उपयोग नहीं हो रहा है, कुछ भी लाभ नहीं हो रहा है, उस सत्य को देखने से लगातार इनकार ही करते हुए वही दवा-दारू मरीज़ को देते रहने का उपचार ये लोग करते रहे। डॉ. हेडगेवार के रूप में इस राष्ट्र को नया धन्वन्तरि मिला। बीतते समय के साथ वह हिन्दू समाज का, राष्ट्र का महाधन्वन्तरि साबित हुआ। उसने रोग की जड़ खोज निकाली। उसके लिए राष्ट्रीय स्वयंसेवक संघ नाम की दिव्यौषधि तैयार की और उसे देते हुए आवश्यक अनुपात तथा परहेज़ आदि भी बता दिये। सदियों पुराने इस रोग के पूरी तरह से निवारण के लिए कितना समय लगेगा, ऐसा प्रश्न डॉक्टर जी से कोई करता तो वे उत्तर देते थे —रोगी औषधि सेवन बराबर और निर्धारित समय पर करता है या नहीं, इस पर तो इस प्रश्न का उत्तर निर्भर करता ही है, साथ ही उसकी सुश्रूषा एवं परिचर्या करने वाले कितने प्रेम, लगन और परिश्रमपूर्वक उसकी सेवा करते हैं, इस पर भी काफ़ी कुछ निर्भर करता है। स्वयं प्रेरणा और समर्पण भाव से राष्ट्र की आजीवन सेवा करने वालों तथा एकता, ममता और समरसता की भावना से ही कार्य करने वालों का राष्ट्रीय संगठन—यही राष्ट्रीय स्वयंसेवक संघ के तीन शब्दों और दस अक्षरों का विश्लेषण है, परिभाषा है। यही तो संघ की अलौकिकता है। संघ के समान और कोई संगठन देश में तो क्या, विदेशों में भी नहीं है।

संघ की विचारधारा गंगोत्री से गंगासागर तक, कश्मीर से कन्याकुमारी तक और गुजरात से गुवाहाटी तक निरन्तर बह रही है। असंख्य जीवनों ने इसको फलीभूत किया है। जिनकी चार-चार पीढ़ियाँ संघ में कार्य कर रही हैं, ऐसे परिवार अब देश के हर राज्य में देखे जा सकते हैं। संघ में स्वयंसेवकों को कोई धार्मिक कर्मकाण्ड नहीं सिखाया जाता और न ही संघ किसी धार्मिक कर्मकाण्ड का आग्रह करता है। लेकिन हिन्दुस्तान का सारा जनजीवन धर्माधिष्ठित ही रहा है। धर्म हमारे जनजीवन का मुख्य आधार रहा है। संघ उसी अर्थ में हिन्दू धर्म और हिन्दू संस्कृति का संवर्द्धन और संरक्षण करता हुआ हिन्दू राष्ट्र की सर्वांगीण उन्नति साधना चाहता है। संघ का मानना है कि राष्ट्र का रक्षण, अभिवृद्धि और समृद्धि जिसके कारण होती है, वही धर्म है। धर्म व्यक्ति-व्यक्ति के बीच, व्यक्ति और समाज के बीच होने वाले व्यवहार का नियन्त्रण करते हुए उनके सम्बन्धों को परस्परपूरक तथा परम्परानुकूल बनाता है। शरीर को जैसे आत्मा के आधार की आवश्यकता होती है, ठीक वैसे ही समाज को अपनी उन्नति के लिए धर्म के आधार की आवश्यकता होती है। धर्म के बारे में ऐसा चिन्तन केवल हिन्दू धर्म में ही पाया जाता है। संघ ने धर्म को इसी व्यापक विचार के रूप में प्रस्तुत किया है। अनेक लोग जब किसी एक मत या उपासना का मार्ग स्वीकारते हैं तो उस उपासना प्रणाली को हमारे यहाँ पन्थ या सम्प्रदाय कहा जाता है। ऐसी भिन्न-भिन्न उपासना पद्धतियों को मिलाकर हिन्दू धर्म होता है। सम्प्रदाय अथवा पंथ अनेक, किन्तु धर्म केवल एक हिन्दू धर्म।

अत: धर्म की इस अवधारणा को जिसने अपने वैचारिक अधिष्ठान में दृढ़ता से रोपा है, वह राष्ट्रीय स्वयंसेवक संघ साम्प्रदायिक अथवा पन्थिक या जातिवादी कैसे हो सकता है? हिन्दुस्तान में हिन्दू धर्म राष्ट्र धर्म है, क्योंकि वह समूचे राष्ट्र जीवन को धारण करता है।

डॉ. केशव बलिराम हेडगेवार का निधन

23 अप्रैल 1940 को पूना का अधिकारी शिक्षण वर्ग प्रारम्भ हुआ। इस वर्ग की विशेषता यह थी कि इसमें ही सबसे पहले संघ की संस्कृत आज्ञाओं एवं प्रार्थना का प्रयोग हुआ। 28 अप्रैल को डॉ. हेडगेवार इस शिक्षा वर्ग में भाग लेने पूना पहुँचे। वर्ग में चलने वाली शारीरिक एवं बौद्धिक कार्यक्रमों पर डॉक्टर हेडगेवार का ध्यान था। महाराष्ट्र के एक सौ बत्तीस स्थानों के आठ सौ से ज़्यादा स्वयंसेवकों ने इस वर्ग में भाग लिया था। स्वयंसेवकों की संख्या की दृष्टि से यह वर्ग पिछले सभी वर्गों से बढ़कर था। 7 मई 1940 को डॉ. हेडगेवार ने संघ के सरकार्यवाह माधव सदाशिव गोलवलकर को पत्र लिखा। उसमें उन्होंने कहा कि, "इस वर्ष के ओ.टी.सी. ने पिछले सभी ओ.टी.सी. को मात दे दी। संख्या एवं भवन दोनों दृष्टि से इस वर्ष की मान्यता बहुत बढ़ गयी है। लोगों में उत्साह बढ़ गया है तथा कार्य के विषय में भी तीव्रता विशेष दिखायी देती है।" यह वर्ग पूना के सुप्रसिद्ध नूतन मराठी विद्यालय के भवन में चल रहा था और इसी विद्यालय में डॉक्टर हेडगेवार ने इस शिक्षा वर्ग के लिए अपना निवास बनाया था। इसी वर्ग में डॉ. हेडगेवार ने स्वयंसेवकों के सामने चार भाषण दिये। इन भाषणों में उनके विचार ग़ौर करने लायक़ थे। राष्ट्रीयत्व की भावना न होने के कारण अपने समाज को किस प्रकार पराजित होना पड़ा, इसका उन्होंने वर्णन किया और स्वयंसेवकों को बताया कि प्रत्येक व्यक्ति के अपने आप को 'हिन्दूराष्ट्रांगभूत' मानकर व्यवहार करने से ही हम इस अधःपतन से फिर उबर सकेंगे। डॉ. हेडगेवार ने कहा— "हिन्दुस्तान एक राष्ट्र होने के कारण हममें से प्रत्येक जन उसका घटक है तथा प्रत्येक घटक राष्ट्र के लिए है। हमें यही समझना चाहिए। विराट राष्ट्र पुरूष के सभी घटकों को उस विराट स्वरूप की पूर्णता के लिए ही प्रयत्नशील होना चाहिए।" संघ ने पन्द्रह वर्षों में लोगों की आँखों में समा सकनेवाला संघटन खड़ा करने में जो सकलता पायी, उसका मर्म समझाते हुए उन्होंने कहा," हमें जो सफलता मिली है, वह स्वयंसेवकों की निष्ठा, और समर्पण के बल पर ही।

समाचार-पत्रों द्वारा यह कार्य नहीं किया जा सकता था। किसी भी तत्त्वज्ञान को यदि सिद्ध करना है तथा उसकी सत्यता लोंगों को पढ़ानी है तो उसके लिए शक्ति का अधिष्ठान चाहिए। ध्यान रखिए कि यदि बल न रहा तो न्याय भी अप्रभावी सिद्ध होता है।" डॉ. हेडगेवार ने यह भी मार्मिकता से बताया कि इस बात की सदैव सावधानी बरतनी चाहिए कि कही संघटन अन्तः कलह का शिकार न हो जाये। उन्होंने कहा "संघ बाहर से होने वाले आक्रमणों से नहीं डरता। परन्तु संघ के अन्दर गड़बड़ नहीं होनी चाहिए। संघ का सभी काम प्रेम और आपसी सामंजस्य से होना चाहिए। संघ के पास कोई और शक्ति नहीं है। हमारे पास तो केवल नैतिक शक्ति है और अपनी नैतिक शक्ति के बल पर हम अपना काम कर रहे है।"

इसके उपरान्त उन्होंने बताया कि जनसंख्या के आधार पर नगर के तीन तथा गाँवों में एक प्रतिशत इस हिसाब से हमें संघ का काम बढ़ाना है। डॉ. हेडगेवार ने यह भी स्पष्ट किया कि हमारा कार्य केवल इसलिए नहीं कि विदेशी अंग्रेज़ अथवा मुसलमान हमारे ऊपर आक्रमण कर रहे हैं। हमारा काम प्रतिक्रियात्मक नहीं है। अत्याचार और लड़ाई के लिए हम संघटन नहीं कर रहे, पैदा हो रहे हैं। इसलिए संघटन नहीं बढ़ाना है, बल्कि संकट उत्पन्न ही न हो, इसके लिए प्रयत्न करना है।

14 मई को डॉ. हेडगेवार ने पूना से नागपुर के लिए प्रस्थान किया। नागपुर पहुँचते-पहुँचते ही डॉ. हेडगेवार की तबीयत ख़राब होने लगी। डॉ. हरदास और डॉ. विंचुरे आदि नियमित डॉ. हेडगेवार का परीक्षण करते रहे। प्रतिदिन डॉ. हेडगेवार की कमज़ोरी बढ़ती जा रही थी। डॉक्टर हेडगेवार की इस बीमारी की अवस्था में ही बम्बई से डॉ. श्यामा प्रसाद मुखर्जी का पत्र आया कि वे 20 मई को डॉक्टर हेडगेवार से मिलने नागपुर आ रहे है तथा एक दिन नागपुर में रुककर कलकत्ता जायेंगे। उस समय बंगाल में फ़ज़लुल हक़ का मन्त्रिमण्डल था तथा उनके मूक समर्थन से पूर्वी बंगाल के नोआखाली भाग में हिन्दुओं पर अत्याचार होना प्रारम्भ हो गया था। इस स्थिति से निपटने के लिए डॉ. श्यामा प्रसाद मुखर्जी प्रयत्न कर रहे थे तथा इसी का रास्ता निकालने और डॉ. हेडगेवार से विचार-विमर्श करने के उद्देश्य से वे नागपुर पहुँचे। श्यामा प्रसाद मुखर्जी के साथ बैठक में डॉ. हेडगेवार के अलावा भण्डारा के दादासाहेब देव, श्री अप्पा जोशी उपस्थित थे। इसी बैठक में डॉ. मुखर्जी ने यह सुझाव रखा कि संघ को राजनीति में प्रवेश करना चाहिए। इस पर डॉ. हेडगेवार ने स्पष्ट कहा कि, "संघ प्रचलित राजनीति में भाग नहीं लेगा।" इसके पहले भी श्यामा प्रसाद मुखर्जी गुरु गोलवलकर के साथ संघ प्रमुख से मिलकर संघ को राजनीति में आना चाहिए ऐसा निवेदन कर चुके थे।

इस समय नागपुर में चल रहे अधिकारी शिक्षण वर्ग में भाग लेने वाले चौदह सौ स्वयंसेवक प्रात: चार बजे से रात्री दस बजे तक शिक्षा वर्ग में व्यस्त थे और डॉ. हेडगेवार इन लोगों के शिक्षा के बारे में बराबर जानकारी लेते रहते थे। परन्तु ख़राब स्वास्थ के चलते वर्ग में उपस्थित स्वयंसेवकों को सम्बोधित नहीं कर पा रहे थे। वर्ग समाप्ति पर था। प्रत्येक स्वयंसेवक के मन में भी यही बात उठ रही थी कि यहाँ आने पर भी डॉक्टर हेडगेवार के विचार सुनने का सौभाग्य नहीं मिल पाया। संघ की दृष्टि से तो वर्ग एक महान् पर्व ही है। डॉक्टर हेडगेवार के ख़राब स्वास्थ के बावजूद उनके ज़िद के चलते दूसरे दिन प्रात: उन्हें वर्ग में लाया गया। लगभग डेढ-दो हज़ार व्यक्तियों को उनका भाषण अच्छी तरह सुनायी दे सके तथा उन्हें भाषण देते हुए कम से कम कष्ट हो, इसलिए ध्वनिवर्धक यन्त्र की व्यवस्था की गयी थी। इस शिक्षा वर्ग में डॉ. हेडगेवार ने अपने जीवन का अन्तिम भाषण दिया। उन्होंने कहा, "माननीय सर्वाधिकार्यजी, प्रान्त संचालक, अधिकारी वर्ग तथा स्वयंसेवक बन्धुओं ! मैं यह नहीं जानता कि आज मैं आपके सम्मुख दो शब्द भी ठीक तरह से कह सकूंगा। आप सबको मालूम ही होगा कि पिछले 24 दिनों से मैं बीमार हूँ। आज आप सब स्वयंसेवकों को देखकर मुझे बड़ा हर्ष हो रहा है। आज मैं अपने सामने हिन्दू राष्ट्र की छोटी-सी प्रतिमा देख रहा हूँ। आज आप अपने-अपने स्थानों को वापस जा रहे है। मैं आप सबको प्रेम से विदाई देता हूँ। आज आप सब लोग यहाँ से बिछड रहे है। परन्तु यह विषय दु:ख का नहीं है। जिस कार्य को सम्पन्न करने के निश्चय से आप यहाँ एकत्रित हुए थे, उसी कार्य की पूर्ति के लिए ही आप अपने स्थान पर वापस जा रहे हैं। आज आप प्रतिज्ञा करें—जब तक तन में प्राण है, संघ को नहीं भूलेंगे। किसी भी तरह के मोह से आपको विचलित नहीं होना चाहिए। जब तक हम लोग जीवित हैं, संघ के स्वयंसेवक रहेंगे। तन-मन-धन से संघ का कार्य करने के लिए अपने दृढ़ निश्चय को अखण्डित रूप से जागृत रखिए। प्रत्येक स्वयंसेवक को संघ कार्य ही अपने जीवन का प्रमुख कार्य समझना चाहिए। मैं आज आपको इस दृढ विश्वास के साथ विदाई दे रहा हूँ कि आप अब इस मन्त्र को अपने ह्रदय पर अच्छी तरह अंकित कर यहाँ से जायेंगे कि एकमात्र संघ कार्य ही मेरे जीवन का कार्य है।"

नागपुर वर्ग समाप्त होने के बाद डॉक्टर हेडगेवार की तबीयत दिन-प्रतिदिन तेज़ी से बिगड़ रही थी। डॉ. हेडगेवार की चिकित्सा करने वाले डॉक्टर भी रोग को पकड़ नहीं पा रहे थे। अत: यह निर्णय लिया गया कि उनके सम्पूर्ण शरीर की एक बार आधुनिक यन्त्रों के सहारे निरीक्षण कर लिया जाये। 15 जून को डॉक्टर हेडगेवार को मेयो अस्पताल में भर्ती कराया गया और उच्च तकनीक से उनका इलाज

किया गया। परन्तु उसके बाद भी डॉ. हेडगेवार के स्वास्थ में सुधार नहीं हो पा रहा था। अस्पताल के वातावरण में डॉक्टर हेडगेवार का मन नहीं लग रहा था, अत: उन्होंने घर चलने की ज़िद पकड़ ली। अत: डॉक्टर हेडगेवार की बात को मान देते हुए श्री बाबासाहब घटाटे आग्रह कर उन्हें अपने सिविल लाइंस के बँगले पर ले गये। घटाटे जी के बंगले पर आने के बाद सब अनुकूल होने के बाद भी बुखार और पीठ दर्द से डॉ. हेडगेवार को छुटकारा नहीं मिल रहा था।

19 जून की मध्य रात्रि को डॉक्टर हेडगेवार की तबीयत अत्यन्त ख़राब हो गयी थी। 20 जून की सुबह डॉ. हरदास, डॉ. विंचुरे तथा डॉ. गोविन्दलाल शर्मा ने डॉक्टर हेडगेवार की परीक्षा की परन्तु डॉक्टर हेडगेवार की हालत अत्यन्त चिन्तनीय हो गयी थी। रक्तचाप बहुत अधिक बढ़ जाने के कारण डॉक्टरों को बहुत चिन्ता हो गयी थी। डॉ. शर्मा ने तुरन्त मेरूदण्ड से पानी निकालने का सुझाव दिया। डॉ. हेडगेवार का प्लम्बर-पंक्चर करते ही पानी की धारा ज़ोर से बहने लगी। साधारणत: इतना अधिक स्राव नहीं होता। अत: यह देखकर डॉक्टरों के मन में शंका पैदा हो गयी। इस समय डॉक्टर हेडगेवार को असहनीय पीड़ा हो रही थी। पानी निकल जाने पर भी रक्तचाप में कमी के कोई चिन्ह नहीं दिखे। प्रति घण्टे डॉ. हेडगेवार की हालत गिरती जा रही थी। डॉ. हेडगेवार की हालत देख डॉक्टरों ने आशा छोड़ दी। शुक्रवार 21 जून, 1940 को सुबह नौ बजकर पच्चीस मिनट पर डॉक्टर हेडगेवार ने अन्तिम सांस ली।

प्रश्न यह उठा कि हेडगेवार का दाह संस्कार कहा किया जाये। विचार-विमर्श के बाद निश्चय हुआ कि ऐसे स्थान पर किया जाये, जहाँ उनका स्मारक भी बनाया जा सके। अत: रेशमबाग़ में उनका दाह संस्कार किया गया और उसी स्थान पर उनकी छोटी सी समाधि बना दी गयी। 21 जून, 1940 को डॉ. हेडगेवार के निधन के बाद अकोला में पाँच संघचालकों की एक बैठक हुई। जिसमें वर्धा के अप्पा जी जोशी, विदर्भ के बापूसाहेब सोहनी, नागपुर के श्री बाबासाहेब पाध्ये, श्री बाबासाहेब घटाटे व महाराष्ट्र प्रान्त के संघचालक काशीनाथ पन्त ने भाग लिया। सर्वसम्मत निष्कर्ष के बाद सभी ने गुरु जी के नेतृत्व में अपना विश्वास व्यक्त किया और तय किया कि डॉक्टर हेडगेवार की तेरहवीं के दिन श्रद्धांजलि सभा में नये सरसंघचालक के रूप में श्री गुरु जी गोलवलकर के नाम की अधिकृत घोषणा की जाये। 3 जुलाई,1940 को निर्धारित कार्यक्रम के अनुसार नागपुर प्रान्त के संघचालक बालासाहेब पाध्ये ने राष्ट्रीय स्वयंसेवक संघ के नूतन सरसंघचालक के रूप में माधव सदाशिव गोलवलकर के नाम की घोषणा की।

डॉ. हेडगेवार ने गुरु जी गोलवलकर को ही क्यों सरसंघचालक चुना?

21 जून, 1940 को केवल इक्यावन वर्ष की आयु में शरीर त्यागने के पूर्व उन्होंने अपेक्षाकृत नये स्वयंसेवक श्री माधव सदाशिव गोलवलकर उर्फ़ गुरु जी को अपना उत्तराधिकारी घोषित कर संघ की ज़िम्मेदारी गुरु जी गोलवलकर को सौप दी। गुरु जी से वरिष्ठ कई स्वयंसेवक थे, इनमे प्रमुख थे अप्पा जी जोशी जो स्वाधीनता आन्दोलन में डॉक्टर के सहयोगी थे और संघ स्थापना के विचार में भी सहभागी थे। इन सहयोगियों में बाबा आपटे थे, भैयाजी दाणी थे जो पहली बार गुरु जी गोलवलकर को संघ के सम्पर्क में लाये थे। इन सहयोगियों में बालासाहेब देवरस भी थे, नागपुर में संघ कार्य में जिनका सर्वाधिक योगदान था और जिन्हें हेडगेवार की प्रतिमूर्ति कहा जाता था। इन सहयोगियों में दादासाहेब परमार्थ का भी नाम था जो क्रान्ति की धधकती चिंगारी थे। किन्तु इन सबके होते हुए भी डॉक्टर हेडगेवार ने केवल ढाई वर्ष पूर्व संघ में वापस लोटे गुरु जी गोलवलकर का सरसंघचालक पद पर अभिषेक कर दिया और उनके इन सभी वरिष्ठ सहयोगियों ने पूर्ण निष्ठा एवं अनुशासन के साथ तैंतीस वर्ष तक गोलवलकर के नेतृत्व में संघ कार्य को बढ़ाने में दिन-रात एक कर दिया। उस समय अप्पा जी जोशी से पूछा गया था कि, "डॉ. साहब ने आपको सरसंघचालक क्यों नहीं चुना? गुरु जी गोलवलकर की आयु तो सिर्फ़ 34 साल थी। आपको छोड़कर उनको यह दायित्व क्यों दिया गया?" इसका जवाब अप्पा जी जोशी ने यह कहकर दिया कि, "मैं डॉक्टर जी का दाहिना हाथ हूँ, तो गुरु जी उनका हृदय हैं।"

सवाल यह उठता है कि डॉ. हेडगेवार ने अपने बाद माधव सदाशिव गोलवलकर जैसे नये नौजवान को संघ की ज़िम्मेदारी देने का निर्णय क्यों लिया? गोलवलकर उस समय संघ में सबसे वरिष्ठ और अनुभवी व्यक्ति नहीं थे। उस समय ऐसे कई लोग

थे जो अपना सारा जीवन संघ को समर्पित कर चुके थे और जिनकी संघ के प्रति निष्ठा में लेशमात्र शक नहीं था और जिन्होंने अनेक अवसरों पर अपनी संगठनात्मक क्षमता का परिचय दिया था। फिर इन लोगों के रहते गोलवलकर में ऐसी क्या खास बात थी कि डॉ. हेडगेवार ने उनका चुनाव किया? गोलवलकर की देशभक्ति या हिन्दू समाज को संगठित करने की निष्ठा उन लोगों से अधिक नहीं थी जिन्हें छोड़कर उन्हें नेतृत्व दिया गया। देखा जाये तो गोलवलकर का झुकाव राष्ट्रीय स्वतन्त्रता की अपेक्षा व्यक्तिगत आध्यात्मिक सिद्धि की ओर अधिक था। संघ का सरकार्यवाह बनने से पहले उन्होंने सार्वजनिक जीवन या राष्ट्रीय मामलों में कोई दिलचस्पी दिखायी हो या बहुत अधिक सक्रियता से भाग लिया हो, ऐसी बात भी नहीं थी। गुरु गोलवलकर का स्वभाव भी डॉ. हेडगेवार से भिन्न था।

इसका एक कारण यह हो सकता है कि डॉ. हेडगेवार के पास सही व्यक्ति चुनने का और उसे उत्तरदायित्व निभाने के लिए योग्य बनाने का अद्भुत क्षमता थी। डॉ. हेडगेवार जानते थे कि गुरु जी उनके चिन्तन को साकार रूप देकर पूरे भारत वर्ष में फैलाने की योग्यता रखते हैं। डॉ. हेडगेवार की नज़र में गुरु जी उस समय इस कार्य के लिए सर्वाधिक उपयुक्त व्यक्ति थे। गुरु जी गोलवलकर प्रतिभावान एवं युवा थे। डॉक्टर जी ने देश भर में उनके साथ प्रवास के दौरान गुरु जी गोलवलकर की क्षमताओं को पहचान लिया था।

इस बात की सम्भावना से इनकार नहीं किया जा सकता है कि गुरु गोलवलकर के अतिरिक्त किसी और को अगर संघ की कमान सौंपी जाती तो उसके लिए संघ को सावरकर के प्रभाव से बचा पाना सम्भव नहीं होता। यह सर्वविदित सत्य है कि हेडगेवार से लेकर अन्य सभी संघ के पदाधिकारी और सहयोगी सावरकर के प्रभाव में रहे थे। हो सकता है, सावरकर के दबाव में संघ भी उसी रास्ते पर चल पड़ता जिस रास्ते पर हिन्दू महासभा चल पड़ी थी। डॉ. हेडगेवार के लिए संघ को किसी भी प्रभाव से बचाने और अपना अस्तित्व बनाये रखने की सबसे बड़ी चुनौती और चिन्ता थी। संघ का स्वयं का वजूद बनाये रखने के लिए हेडगेवार को ऐसे व्यक्ति को संघ की कमान सौंपना ज़रूरी था जिस पर हिन्दू महासभा का और वीर सावरकर का कोई दबाव न हो और जो महाराष्ट्र की राजनीति में भी कभी सक्रिय न रहा हो। हो सकता है, यह सब बातें विचार करने के बाद ही डॉ. हेडगेवार ने संघ की कमान गुरु गोलवलकर को सौंपी। काशी विश्वविद्यालय में अध्ययन के लिए और संघ का काम बढ़ाने के लिए वहाँ गये दाणी पर गुरु गोलवलकर का बहुत प्रभाव था और गुरु गोलवलकर ने भी अपने छात्र रहे भैयाजी दाणी की संघ की शाखा शुरू

करने में बहुत मदद की थी। भैयाजी दाणी के कहने पर ही डॉ. हेडगेवार ने 1932 के विजयादशमी उत्सव के अवसर पर गुरु गोलवलकर को विशेष अतिथि के रूप में आमन्त्रित किया था।

गुरु गोलवलकर के संघ में सक्रिय होने के पहले डॉ. हेडगेवार के बाद बालासाहेब देवरस का नाम लिया जाता था। 1937 में जब डॉ. हेडगेवार ने बाईस वर्षीय बालासाहेब देवरस को नागपुर शाखा का कार्यवाह का दायित्व सौंपा था तब वे 1926 से ग्यारह वर्ष तक दैनिक शाखा की साधना से गुज़र चुके थे। डॉ. हेडगेवार और बालासाहेब देवरस में जबरदस्त सामंजस्य था। डॉ. हेडगेवार ने स्वयं बालासाहेब देवरस को गढ़ा था। जबकि माधव सदाशिव गोलवलकर ने स्वामी अखडांनन्द जी के सारगाछी से आकर इककतीस वर्ष की परिपक्व आयु में संघ में प्रवेश किया था। गुरु जी गोलवलकर डॉ. हेडगेवार की अपनी रचना नहीं थे। संघ में उनका आगमन एक प्रकार से परकाया प्रवेश था। जबकि बालासाहेब देवरस को डॉ. हेडगेवार की प्रतिमूर्ति कहा जाता था। गुरु जी गोलवलकर के संघ प्रमुख बनने के बाद से ही गुरु जी गोलवलकर बालासाहेब देवरस को असली सरसंघचालक कभी भावी सरसंघचालक तो कभी डॉ. हेडगेवार की वास्तविक प्रतिमूर्ति कहते थे। गुरुजी गोलवलकर बालासाहेब देवरस के संघ के प्रति समर्पण से बेहद प्रभावित थे और इसी कारण 1973 में गुरु जी गोलवलकर संघ की कमान सत्तावन वर्षीय बाला साहेब देवरस को सौंपकर गये। गुरु जी गोलवलकर ने अपने तैंतीस वर्षीय लंबे सरसघंचालक काल में प्रत्येक पत्र का उत्तर अपने हाथ से लिखकर दिया। डॉ. हेडगेवार द्वारा गुरु जी गोलवलकर को संघ की कमान सौंपने की जो भी वजह रही हो। परन्तु यह सच्चाई है कि गोलवलकर ने कुशल सगठनकर्ता के रूप में अपनी अद्‌भूत और असामान्य क्षमता का परिचय दिया। डॉ. हेडगेवार द्वारा सौंपे गये पौधे को माधव सदाशिव गोलवलकर ने एक विशाल वृक्ष में तब्दील कर दिया। ऐसा विशाल वृक्ष जिसकी शाखाएँ भारतीय जीवन के सभी क्षेत्रों में फैलीं। इसका श्रेय गोलवलकर को दिया ही जाना चाहिए। गुरु जी गोलवलकर ने सरसंघचालक रहते संघ की संस्कृति-निष्ठा को शब्द-दर्शन का रूप दिया।

जब 1940 में गुरु जी गोलवलकर ने संघ की कमान सँभाली उस समय संघ की 50 शाखाएँ और एक लाख स्वयंसेवक थे। 1973 में गुरुजी गोलवलकर की मृत्यु के समय दस हजार शाखाएँ और दस लाख के ऊपर स्वयंसेवक थे। यह संख्या एकदम सटीक नहीं मानी जा सकती क्योंकि संघ अपने स्वयंसेवकों की जानकारी सार्वजनिक नहीं करता था। संख्या के अनुपात में थोड़ा कम या ज़्यादा हो सकता है

लेकिन फिर भी यह साफ़ दिखता है कि विस्तार का अनुपात गुरु जी के कुशल नेतृत्व में तेज़ी से बड़ा था। ऐसे स्वयंसेवकों की संख्या जो नियमित शाखा नहीं जाते थे, इसमें शामिल नहीं है, वे भी लाखों में थे। डॉ. हेडगेवार के संघ प्रमुख रहते सिर्फ़ एक अन्य संगठन राष्ट्र सेविका समिति का गठन किया था जबकि गुरु गोलवलकर के रहते संघ ने राजनीतिक, धार्मिक, सामाजिक, शैक्षिक, श्रम और हर अन्य क्षेत्रों में अपने संगठन स्थापित किये थे। ज़ाहिर है, यह सब बहुत योजना, चिन्तन और कठोर परिश्रम के परिणामस्वरूप हुआ होगा। गोलवलकर लगभग सदैव दौर पर रहते थे। गोलवलकर साल में दो बार देश का दौरा करते थे। यह कार्य वह लगातार तैंतीस वर्षों तक जब तक वह संघ प्रमुख रहे तब तक करते रहे। गुरु गोलवलकर के संघ के प्रति समर्पण और निष्ठा के कारण ही यह सम्भव हो सका था।

काशी में अध्ययन और अध्यापन करने वाले माधव सदाशिव गोलवलकर संघ के द्वितीय सरसंघचालक बने

माधव सदाशिव गोलवलकर का जन्म 19 फरवरी 1906 को नागपुर में हुआ था। पिता का नाम सदाशिव राव और माता का नाम लक्ष्मीबाई था। वे अपने माता-पिता की चौथी सन्तान थे। दुर्भाग्यवश सदाशिव राव व लक्ष्मीबाई की पहली तीनोa सन्ताने तथा माधव के बाद जन्मी चारों सन्तानों का निधन हो गया था। माता-पिता ने बचे हुए इस एक मात्र पुत्र का नाम माधव रखा था, परन्तु सब उसे प्यार से मधु नाम से पुकारते थे। स्वाभिमानी और ज्ञान दान में आस्था रखने वाले शिक्षक पिता व धर्म परायण माता की सन्तान माधव बचपन से ही कुशाग्र बुद्धि का था। अपनी कुशाग्र बुद्धि के बल पर माधव गोलवलकर ने बचपन से ही हिन्दी, अंग्रेज़ी और मराठी भाषा पर वर्चस्व स्थापित कर लिया था। सरकारी महकमे में होने के कारण पिता का स्थानान्तरण एक स्थान से दूसरे स्थान पर होता रहता था। इसी के कारण माधव सदाशिव गोलवलकर ने बचपन में शिक्षा रायपुर, खण्डवा, दुर्ग आदि अनेक स्थानों पर ली। माधव सदाशिव गोलवलकर ने 1922 में चन्द्रपुर की जुबली हाईस्कूल से मैट्रिक परीक्षा उत्तीर्ण की तथा सन् 1924 में नागपुर के हिस्लोप कॉलेज की विज्ञान शाखा से इन्टर की परीक्षा प्रथम श्रेणी से उत्तीर्ण की।

इंटरमीडिएट के पश्चात् माधव सदाशिव गोलवलकर अपनी पिता के इच्छानुसार डॉक्टरी की शिक्षा प्राप्त करने हेतु पुणे के फर्ग्युसन कॉलेज में भी अध्ययनरत रहे। किन्तु तीन माह बाद ही अधूरी शिक्षा छोड़कर नागपुर वापस लौट आना पड़ा, इसका कारण सरकार का वह आदेश था जिसमें मुम्बई राज्य के निवासी छात्रो के लिए ही कॉलेजो में प्रवेश सीमित करने की घोषणा थी। मध्य प्रदेश और बेरार उन दिनों मुम्बई राज्य का घटक नहीं थे। इसलिए तीन माह में ही गुरु जी को अधूरी शिक्षा

छोड़कर पुणे से नागपुर लोटना पडा। माधवराव को डॉक्टर बनाने का भाऊ जी का सपना साकार नहीं हो सका। नागपुर लौटने पर हिस्लोप कॉलेज की विज्ञान शाखा में उन्होंने प्रवेश लिया और 1924 में इंटर की परीक्षा विशेष प्रावीण्य प्राप्त कर उत्तीर्ण की। कॉलेज जीवन के इन प्रथम दो वर्षों में एक उत्कृष्ट खिलाड़ी और मेघावी छात्र के रूप में उन्होंने ख्याति अर्जित की। इस काल की एक सस्मरणीय घटना है। प्राचार्य गार्डियनर ने पढ़ाते हुए बाइबल का एक सन्दर्भ प्रस्तुत किया। यह कॉलेज चूँकि ईसाई मिशनरियों द्वारा संचालित था, अतः वहाँ बाइबल का अध्ययन अनिवार्य था। कक्षा में प्राचार्य गार्डिनर द्वारा दिया गया सन्दर्भ ग़लत हैं ऐसा प्रतीत होते ही गोलवलकर ने उन्हें टोका और कहा कि माफ़ करे, आप ग़लत सन्दर्भ दे रहे हैं। वहाँ जिस सन्दर्भ की आवश्यकता थी, उसे गोलवलकर ने ठीक कर सुनाया। प्राचार्य को गोलवलकर का ज्ञान हजम नहीं हुआ और उन्होंने बाइबल मँगवाकर छानबीन की। उन्हें यह जानने में देर नहीं लगी की गोलवलकर ने जो कहा वह ठीक था। अपनी ग़लती को स्वीकार कर प्राचार्य ने गोलवलकर की पीठ थपथपायी। इन दो वर्षों के कॉलेज जीवन में अनेक बार कक्षा में अनुपस्थित रहकर भी गोलवलकर पुस्तकों का पठन किया करते थे। केवल परीक्षा उत्तीर्ण करना उनका ध्येय नहीं था। ज्ञानाजर्न की भूख मिटाने के लिए उनका पठन-कार्य हमेशा चलता रहता था। इंटरमीडिएट की परीक्षा उत्तीर्ण होने के बाद माधव गोलवलकर के जीवन में एक नये और दूरगामी परिणाम वाले अध्याय का आरम्भ हुआ। यह अध्याय बनारस हिन्दू विश्वविद्यालय में प्रवेश के साथ शुरू हुआ।

बनारस में महामना पं. मदन मोहन मालवीय द्वारा स्थापित तथा उनके अनुपम कतृत्व का प्रतीक हिन्दू विश्वविद्यालय उस समय देश भर के युवाओं के लिए शिक्षा का सबसे बेहतर स्थान था। इस विश्वविद्यालय की स्थापना 1916 में हुई थी। ज्ञान प्राप्त करने के लिए उस समय हज़ारों की तादाद में भिन्न-भिन्न राज्यों के छात्र इसे अपना ठिकाना बनाया करते थे। ऐसा कहा जाता है कि मदन मोहन मालवीय जी ने प्राचीन गुरुकुल पद्धति के आधार पर शिक्षा का यह आधुनिक आश्रम खडा किया था। इस शिक्षा संस्था की स्थापना के पीछे मूल उद्देश्य हिन्दू दर्शन, विद्या और कला की ज्योति प्रकाशित करने और उसका ज्ञान युवा और नई पीढ़ी को उपलब्ध कराने का ही था। इस विश्वविद्यालय को परिपूर्ण बनाने के लिए मदन मोहन मालवीय ने विशेष ध्यान दिया था। गोलवलकर ने बीएससी के छात्र के रूप में इस विश्वविद्यालय में प्रवेश किया था। बनारस विश्वविद्यालय के चार वर्षीय कालखण्ड में माधव सदाशिव गोलवलकर का झुकाव आध्यात्मिक जीवन की तरफ़ हो गया था।

विश्वविद्यालय के ग्रन्थालय का उपयोग उन्होंने संस्कृत महाकाव्यों, पाश्चात्य दर्शन, श्री रामकृष्ण परमहंस व स्वामी विवेकानद के विचार का आस्थापूर्वक अध्ययन करने में समय व्यतीत किया। 1916 में मदन मोहन मालवीय द्वारा स्थापित बनारस हिन्दू विश्वविद्यालय में प्रवेश के साथ ही माधव के दूरगामी परिणाम वाले अध्याय का सूत्रपात्र हुआ। मालवीय द्वारा स्थापित विश्वविद्यालय का मूल उददेश्य हिन्दू दर्शन विद्या और कला की ज्योति पुन: प्रकाशित करना तथा उसका लाभ नयी पीढ़ी तक पहुँचाना था। एक लाख ग्रन्थों के संग्रह से युक्त ग्रन्थालय वाले विश्वविद्यालय से सन् 1926 में बी.एस.सी और 1928 में प्राणी शास्त्र विषय में एम.एस.सी. प्रथम श्रेणी से उत्तीर्ण की। बनारस विश्वविद्यालय में गोलवलकर ने शिक्षा ग्रहण करने के साथ ही ग्रन्थालय का अपने ज्ञान बढ़ाने में जमकर इस्तेमाल किया। गोलवलकर ने इस दौरान संस्कृत महाकाव्यों, पाश्चात्य दर्शन, रामकृष्ण परमहंस व स्वामी विवेकानद के प्रेरक-विचार सम्पदा, भिन्न-भिन्न उपासना पन्थों के प्रमुख ग्रन्थों का मनपूर्वक अध्ययन किया। विश्वविद्यालयीन छात्र जीवन का यह कालखण्ड अत्यन्त आर्थिक संकटों से गुज़रने के बाद भी उनके चेहरे पर कभी तनाव, शिकन नहीं आयी। वे सदा मुस्कारते रहते थे।

एम.एस.सी. की परीक्षा उत्तीर्ण करने के बाद माधव सदाशिव गोलवलकर ने शोध प्रबन्ध लिखने हेतु मत्स्य जीवन का विषय चुना और इस सन्दर्भ में उन्होंने मद्रास के मत्स्य ग्रन्थालय में एक वर्ष तक निवास किया किन्तु आर्थिक परेशानियों के चलते उन्हें अपना शोध प्रबन्ध बीच में छोड़ना पड़ा। मद्रास में अपना थीसिस कार्य आर्थिक परेशानी के कारण अधूरा छोड़कर नागपुर लौटे माधव सदाशिव गोलवलकर को काशी विश्वविद्यालय में 1930 में प्राणी शास्त्र के प्राध्यापक की नौकरी मिल गयी। यह तीन वर्षों की अस्थायी नौकरी थी। नागपुर से काशी अध्ययन के लिए आये विध्यार्थियों ने 1928 में राष्ट्रीय स्वयंसेवक संघ की शाखा का शुभारम्भ विश्वविद्यालय के प्रांगण में कर दिया था। भैयाजी दाणी उसमें से एक थे। गुरु जी गोलवलकर से युवा स्वयंसेवक अत्यधिक प्रभावित रहते थे। स्वयंसेवकों में से एक भैयाजी दाणी ने गुरु जी गोलवलकर को शाखा में लाने का प्रयास शुरू कर दिया था जिसके परिणामस्वरूप गुरु जी गोलवलकर कभी-कभी शाखा में आते थे। स्वयंसेवक अध्ययन के साथ-साथ संघ के बौद्धिक में भी गुरु गोलवलकर को बुलाकर अपने ज्ञान को बढ़ाते थे। प्राध्यापक माधव गोलवलकर को सभी स्वयंसेवक गुरु जी के नाम से बुलाते थे जिसके चलते वे जीवनपर्यंत गुरु जी के नाम से विख्यात हुए।

भैयाजी दाणी के कहने पर 1932 के विजयादशमी महोत्सव के लिए गुरु जी गोलवलकर को विशेष अतिथि के रूप में डॉ. हेडगेवार ने आमन्त्रित किया था। इस आमन्त्रण पर नागपुर आये गुरु जी को डॉ. हेडगेवार ने संघ की शाखाओं का अवलोकन गुरुजी को कराया था। 1933 में अस्थायी नौकरी के तीन साल पूरा करने के बाद गुरु जी नागपुर लौट आये। नागपुर लौटने के बाद गुरु जी अपने मामा श्री रायकर जो कोचिंग क्लास चलाते थे, के यहाँ रहने लगे। इस समय गुरु जी ने अपने मामा की कोचिंग में पढ़ाना शुरू कर दिया तथा साथ ही लॉ कालेज में प्रवेश ले लिया। अध्यात्म दर्शन से प्रभावित गुरु जी का झुकाव नागपुर के धन्तोली स्थित रामकृष्ण आश्रम की ओर होने लगा। इस आश्रम के प्रमुख स्वामी भास्करेश्वरानन्द के साथ गुरु गोलवकर के घनिष्ठ सम्बन्ध हो गये थे। इस समय गुरु जी गोवलकर का ज़्यादातर समय आश्रम में बीतने लगा। हालाँकि गुरु जी गोलवलकर को डॉ. हेडगेवार ने नागपुर के तुलसीबाग़ में संघ की प्रमुख शाखा का कार्यवाह नियुक्त कर दिया था। इस दौरान गुरु जी गोलवलकर डॉ. हेडगेवार के साथ संघ की बैठकों में भी भाग लेते थे। 1935 में अकोला में आयोजित संघ शिक्षा वर्ग का दायित्व भी उन्होंने सँभाला था। 1935 में गुरु जी गोलवलकर ने वकालत की शिक्षा उच्च श्रेणी से उत्तीर्ण की।

1933 में काशी से नागपुर आने और 1935 में वकालत की परीक्षा उत्तीर्ण करने के बीच के इन दो वर्षों में गुरु जी में एकाग्र साधना का रुझान तेज़ हो गया था। इसके कुछ समय बाद 1936 में एक दिन गुरु गोलवलकर अपने माता-पिता, मामा परिवार, मित्रों तथा संघ प्रमुख डॉ. हेडगेवार को बिना बताये कलकत्ता से कुछ दूर सारगाछी में रामकृष्ण परमंहस के परम शिष्य तथा स्वामी विवेकानन्द के सखा स्वामी अखण्डानन्द से दीक्षा प्राप्त करने चले गये। अखण्डानन्द जी के सारगाछी आश्रम में रहते हुए गोलवलकर ने दाढ़ी और सिर के बाल भी बढ़ा लिये थे। दाढ़ी और बाल उनके मुखमण्डल की शोभा बढ़ाते थे। एक बार स्वामी अखण्डानन्द जी ने गुरु जी गोलवलकर की दाढ़ी और सिर के बाल पर हाथ फेरते हुए कहा कि यह बाल तुझ पर जँचते हैं। देखना इन्हें कभी कटाना नहीं। अपने गुरु की इस इच्छा का गुरु जी गोलवलकर ने ज़िन्दगी भर पालन किया। गुरु जी गोलवलकर की दाढ़ी और जटा का रहस्य सारगाछी आश्रम के महात्मा के इस आशीर्वाद में है। 13 जनवरी, 1937 को गुरु जी गोलवलकर को दीक्षा दी गयी। इसके 23 दिन बाद 7 फरवरी, 1937 को बेलूर मठ कलकत्ता में स्वामी अखण्डानद जी का निर्वाण हो गया। अपने गुरु के निधन के बाद गुरु जी गोलवलकर नागपुर लौट आये। एक माह नागपुर के

रामकृष्ण मिशन में रहकर गुरु जी गोलवलकर ने विवेकानद के शिकागो व्याख्यान का मराठी में अनुवाद किया। इसके बाद गुरु जी जी अपने मामा रायकर के यहाँ रहने चले गये। जीवन की इस दुविधा के दौर में डॉ. हेडगेवार ने गुरु जी गोलवलकर से कहा कि आध्यात्मिक जीवन का अनुभव प्राप्त किये हुए ज्ञानी व्यक्ति को केवल व्यक्तिगत सुखानुभूति में ही रमने के बजाय समाज और राष्ट्र के उत्थान में अपनी सारी शक्ति लगानी चाहिए और इसके बाद गुरु जी गोलवलकर ने राष्ट्रीय स्वयंसेवक संघ को अपना पूरा जीवन देने का निश्चय किया। 1938 का संघ शिक्षा वर्ग गुरु जी गोलवलकर के जीवन की दिशा निर्धारित करने वाला निर्णायक साल रहा। इसी संघ शिक्षा वर्ग में गुरु जी गोलवलकर को सर्वाधिकारी नियुक्त किया गया था।

फरवरी 1939 में वर्धा के पास सिंदी में राष्ट्रीय स्वयंसेवक संघ के कार्यकर्ताओ की बैठक आयोजित की गयी थी। दस दिन तक चली इस बैठक में संघ शाखा की कार्यपद्धति, आज्ञा, प्रार्थना आदि का स्वरूप निश्चित किया गया। इस बैठक में गुरु जी गोलवलकर भी थे।

1939 में डॉ. हेडगेवार ने गुरु गोलवलकर को बंगाल में संघ का कार्य शुरू करने की भेजा। 1939 के वर्ष प्रतिपदा दिवस पर कलकत्ता में संघ की प्रथम शाखा गुरु जी गोलवलकर शुरू करने में सफल रहे। एक महीने कलकत्ता रहने के बाद वे नागपुर आकर डॉ. हेडगेवार के साथ ही रहने लगे। रक्षा बन्धन महोत्सव पर उन्हें संघ का कार्यवाह घोषित कर दिया गया। भावी सरसंघचालक होने का यह स्पष्ट सकेत था। सरकार्यवाह के नाते गुरु जी का कार्यकाल काफ़ी छोटा रहा। गुरु जी केवल दस महीने ही संघ के सरकार्यवाह रहे।

संघ की राजनीतिक भूमिका पर गुरु जी

गांधी की हत्या में शामिल होने के आरोप में संघ पर प्रतिबन्ध लगा था। यह समय संघ के अस्तित्व के लिए सबसे बड़ा संकट था। संघ ने इस समय अपने आप को अकेला पाया। कोई भी संघ का पक्ष लेने सामने नहीं आया। परिस्थितियों की यह विवशता संघ के लिए वरदान बन गयी। 1925 में स्थापित दैनिक शाखा पद्धति के द्वारा सचित कर्मशक्ति सार्वजनिक अभिव्यक्ति के लिए नयी दिशाएँ खोजने लगी। अपने अस्तित्व को बचाये रखने के लिए संघ ने उस समय जनाधिकार समिति और अखिल भारतीय विद्यार्थी परिषद् जैसे सार्वजनिक मंचों को खड़ा किया। प्रचार क्षेत्र में पहली बार हिन्दुस्तान समाचार नामक पहली भाषायी समाचार एजेंसी की स्थापना की। दिल्ली में 'भारतवर्ष' और लखनऊ स्वदेश नामक दैनिक पेपर शुरू किये। आख़िरकार संघ को सभी आरोपों से मुक्त करते हुए 12 जुलाई, 1949 को संघ पर से प्रतिबन्ध हटा लिया गया।

यदि 1925 से 1947 तक शाखा केन्द्रित कालखण्ड को संघ यात्रा का प्रथम चरण माना जाये तो 1947 से 1949 तक के इस संघर्ष काल को द्वितीय चरण कहा जाता है। इस चरण में संघ का विकास शाखा तन्त्र के बाहर वैकल्पिक सार्वजनिक कार्यपद्धति में हुआ। उसे बड़े पैमाने पर अख़बारी प्रचार का अनुभव प्राप्त हुआ।

प्रतिबन्ध हटने के बाद संघ यात्रा का तीसरा चरण आरम्भ हुआ। देश् विभाजन के साथ ही स्वतन्त्रता का आगमन हुआ और इसके साथ ही कार्यकर्ताओं का मन भ्रमित होने लगा था। गुरु गोलवलकर को भी कार्यकर्ताओं के मन में चल रही उथल-पुथल का आभास था। संघ पर लगी पहली पाबन्दी हटने के बाद स्वयंसेवक एक अलग ही दिशा में विचार करने लगे थे। कुछ कार्यकर्ताओं का कहना और मानना था कि संघ को अब वर्तमान कार्य पद्धति से बाहर निकलकर समाज की पुनर्रचना के लिए ग़ैर-राजनैतिक रचनात्मक कार्य करने के साथ राजनीति में भी प्रवेश करके सत्ता के द्वारा राष्ट्रीय पुननिर्माण में सहयोग करना चाहिए। ऐसा नहीं है कि

कार्यकर्ताओं के मन में राजनीति को लेकर पहली बार प्रश्न उठा था। इसके पहले भी कई बार संघ को राजनीति करना चाहिए, ऐसे विचार समय-समय पर उठते रहे थे। जब डॉ. हेडगेवार ने गुरु गोलवलकर को संघ की शाखा शुरू करने के लिए 1939 में कलकत्ता भेजा, उस समय जनसंघ के संस्थापकों में से एक श्यामा प्रसाद मुखर्जी ने भी ने गुरु गोलवलकर से मिलकर संघ को राजनीति में आना चाहिए, ऐसा विचार रखा था गुरु गोलवलकर इस विचार को और श्यामा प्रसाद मुखर्जी को लेकर डॉ. हेडगेवार के पास आये थे। इस विचार पर डॉ. हेडगेवार ने दो टूक शब्दों में श्यामा प्रसाद मुखर्जी से कह दिया था कि संघ राजनीति कभी नहीं करेगा। स्वाधीनता प्राप्ति के समय भी संघ पर राजनीति में आने के लिए अन्दर और बाहर से दबाव था। कांग्रेस के अन्दर नेहरू और पटेल के बीच जो वैचारिक सघर्ष चल रहा था, उसमें सरदार पटेल चाहते थे कि संघ जैसा अनुशासित संगठन कांग्रेस में शामिल होकर उनके हाथ मज़बूत करे। जब संघ पर पहला प्रतिबन्ध लगा और प्रतिबन्ध हटवाने के लिए गुरु गोलवलकर दिल्ली में केन्द्रीय नेताओं से मिले उस समय पटेल ने संघ के कांग्रेस में विलीनीकरण की शर्त रखी थी जिसे गुरु जी गोलवलकर ने ठुकरा दिया था। सरदार पटेल और उनके समर्थकों ने इस सम्बन्ध में अपने प्रयास जारी रखे। प्रतिबन्ध उठने के बाद सरदार पटेल ने मद्रास के टी, वेंकटारमनशास्त्री को जिन्होंने संघ और सरकार के बीच मध्यस्थता की थी, को एक निजी पत्र में लिखा था कि वे गोलवलकर को इस सम्बन्ध में समझायें। समविचारी राजनेताओं के अलावा भी उस समय स्वयंसेवकों का एक बड़ा वर्ग संघ राजनीति करे, इस और झुक रहा था। इन स्वयंसेवकों का कहना था कि हमें जैसा समाज बनाना है, उसके लिए सत्ता आवश्यक है तभी समाज की कठिनाइया दूर हो सकेंगी।

संघ पर पाबन्दी हटने के पश्चात् गुरु गोलवलकर ने 18 से 22 अक्टूबर, 1949 तक प्रमुख कार्यकर्ताओं के सामने पाँच भाषणों में उनके मन में चल रही वैचारिक उठा-पटक पर प्रकाश डाला और अपने विचारों से स्वयंसेवकों को अवगत कराया। गुरु गोलवलकर के ये भाषण श्री गुरु जी समग्र पुस्तक के खण्ड दो में पृष्ठ 105 से 142 तक विस्तार से है। नागपुर की भाषण माला के पश्चात् दिसम्बर मास में उत्तर प्रदेश में जौनपुर और सीतापुर नामक स्थानों पर प्रचारकों के दो शिविरों में गुरु गोलवलकर ने इसी विषय को रखा। इस भाषणमाला को दिसम्बर 1949 को लखनऊ के राष्ट्रधर्म प्रकाशन ने 'ध्येय दर्शन' के नाम से प्रकाशित किया था, जिसका पुनर्मुद्रण दिल्ली के सुरुची प्रकाशन ने सन् 1997 में 'ध्येय दृष्टि' के नाम से किया है।

परन्तु राजनीति को लेकर गोलवलकर की धारणाएँ बहुत दृढ़ थी। डॉ. हेडगेवार के साथ-साथ गुरु गोलवलकर भी मानते थे कि समाज की वास्तविक शक्ति उसके चरित्र में होती है और चरित्र निर्माण राजसत्ता द्वारा सभव नहीं है। गोलवलकर ने 'ध्येय दर्शन' या 'दृष्टि' में अपने इस विचार को बहुत विस्तार से प्रस्तुत किया। गोलवलकर ने कहा कि मनुष्य के अदर श्रेष्ठ जीवन उत्पन्न करने का कार्य केवल सत्ता से नहीं हो सकता। जिन्होंने सत्ता नहीं पायी, वे तो दु:ख और कष्ट का जीवन अपनाकर भी समाज के लिए कार्य करते रहे। उन्हीं से घारणा हुई। सत्ता के मद और एकान्तिक अनाचार की ओर प्रवृत्त होने से व्यवस्था के स्थान पर अव्यवस्था उत्पन्न हो जाती है। सत्ता आने के बाद चारित्रिक पतन की गति तेज़ हो जाती है। गोलवलकर स्वयंसेवकों कांग्रेस का उदाहरण देते हुए कहते थे कि एक समय कांग्रेस में बड़े त्यागी और देशभक्त थे। देश की सेवा में उनके द्वारा श्रेष्ठ गुण प्रदर्शित हुए। अब उनके पास सत्ता आने से उनका क्या चरित्र है? आज उन देशभक्तों का पूरा पतन हो गया है। राजनीति मनुष्य में सत्ता लोलुपता जगाती है। सत्तालोलुपता से सिद्धान्त ख़त्म होते है। इसलिए डॉ. हेडगेवार चाहते थे कि संघ सत्ता-राजनीति से अलग रहकर समाज-जीवन को सास्कृतिक प्रकाश से अलोकित करने की भूमिका निभाये। गोलवलकर कहते थे कि जैसे सूर्य के प्रकाश से चन्द्रमा प्रकाशित होता है उसी प्रकार प्रजा के प्रकाश से ही राजसत्ता को जीवन, प्रकाश और प्रभाव मिलता है। 12 जुलाई को प्रतिबन्ध उठने के बाद ही भावी कार्यनीति के बारे में गम्भीर विचार-मन्थन प्रारम्भ हुआ। वाल्टर एडरसन और श्रीधर दामले की पुस्तक 'ब्रदरहुड इन सैफ्रन' में स्व. यशवन्तराव केलकर के साक्षात्कार के आधार पर लिखा है कि देश के स्वतन्त्रता के बाद और गांधी जी की हत्या के आरोप में संघ पहला प्रतिबन्ध लगने के पहले नवम्बर 1947 में बम्बई में संघ प्रचारकों की बैठक में स्वाधीन भारत में संघ की भावी कार्यनीति के बारे में प्रश्न उठे थे। प्रतिबन्ध काल के दौरान यह वैचारिक अर्तद्वन्द्व और भी तीव्र और गहरा हो गया था।

संघ के भीतर चल रहा यह विचार-मन्थन उस समय के पत्र-पत्रिकाओं में भी छप रहा था। अंग्रेज़ी साप्ताहिक 'आर्गनाइजर' में सन् 1949 में पत्र के सम्पादक के आर मलकानी, प्रो. बलराज मधोक आदि के लेखों में आग्रह किया गया कि संघ को राजनीति में आना चाहिए। इस मत का समर्थन करने वालों में संघ के प्रथम प्रचारक दादाराव परमार्थ भी थे। श्री दादाराव परमार्थ संघ स्थापना के पूर्व सन् 1920 से ही डॉ. हेडगेवार के साथ जुड़े हुए थे और 1930 के सविनय अवज्ञा आन्दोलन में डॉ. हेडगेवार के साथ जेल भी गये थे। मद्रास और कई अन्य प्रान्तों में संघ का कार्य शुरू

करने का श्रेय उन्हीं को जाता है। उन्हीं दिनों नागपुर से प्रकाशित हिन्दी साप्ताहिक 'युगधर्म' में बाला साहेब देवरस का, जिन्हें गुरु गोलवलकर ने डॉ. हेडगेवार की प्रतिमूर्ति कहा था और जिन्होंने गुरु गोलवलकर के बाद 21 साल तक संघ प्रमुख का पद सम्भाला था। 'संघ का अगला कदम' के नाम से एक लेख छपा जिसमे उन्होंने कहा कि अब संघ समाज जीवन के प्रत्येक क्षेत्र में कार्य करने की भूमिका अपनायेगा। यह लेख उन दिनों काफ़ी चर्चित रहा। दिल्ली के प्रान्त प्रचारक रहे श्री वसन्तराव ओक जिन्हें डॉक्टर हेडगेवार ने 1936 में दिल्ली में संघ कार्य प्रारम्भ करने भेजा था और जो उत्तर भारत में आने वाले पहले प्रान्त प्रचारक थे, संघ के राजनीति में आने के मुखर समर्थक थे। उस समय संघ के स्वयंसेवकों में यह पीड़ा थी कि देश का विभाजन रोकने में हम कुछ नहीं कर पाये और देश को स्वतन्त्रता भी बिना संघ के सहयोग से मिल गयी। स्वतन्त्र भारत में राष्ट्रीय पुनर्निमाण संघ की महत्त्वपूर्ण भूमिका हो, यह आकाक्षा प्रबल थी। इसके लिए संघ की स्वतन्त्रता पूर्व कार्य पद्धति में परिवर्तन उन्हें आवश्यक लगता था। कार्यकर्ताओं का एक वर्ग चाहता था कि संघ को राजनीति में प्रवेश कर सत्ता के माध्यम से राष्ट्र निर्माण का प्रयास करना चाहिए। वहीं दूसरी ओर कुछ वरिष्ठ कार्यकर्ताओं का आग्रह था कि संघ को गैर-राजनीतिक रचनात्मक कार्यविधि को अपनाना चाहिए। गुरु गोलवलकर की दृढ़ आस्था थी कि संघ का मुख्य कार्य चरित्र सम्पन्न देशभक्तों का निमार्ण करना है। यह कार्य निश्चित मर्यादा तक पूरा किये बिना अन्य क्षेत्रों में जाना परिणामकारी नहीं होगा। गोलवलकर के अनुसार परिस्थिति में कोई विशेष परिवर्तन नहीं हुआ है। उस समय नागपुर के अपने बौद्धिक में गुरु गोलवलकर ने कहा था कि, "स्वराज प्राप्ति एक घटना है, क्रिया है। स्वतन्त्र समाज-जीवन सदा सुरक्षित और सम्पन्न रखना चिरन्तन महत्त्व का प्रश्न है। उसके लिए राष्ट्र जीवन में से हानिकारक अवगुण मिटाकर सुसुत्र, सामर्थ्यशाली समाजजीवन निर्माण करने की दृष्टि से अपना कार्य खड़ा किया गया है।" उस समय स्वयंसेवकों के मन में काफ़ी ऊहापोह रहती थी। भाँति-भाँति के प्रश्न स्वयंसेवकों के मन में उठते थे। संघ कार्य की मंज़िल क्या है? उस तक पहुँचने का मार्ग क्या हो? उसकी कार्य पद्धति क्या हो? इस कार्य को पूरा करने में कितना समय लगेगा? तब तक क्या समाज के सामने आ रही आज की समस्याओं की ओर से आँखें मूंदकर बैठे रहना चाहिए?

कार्यकर्ताओं के मन में यह प्रश्न भी उठा कि यदि मान भी लें कि राष्ट्रीय पुनर्निमाण की दृष्टि से प्रत्यक्षत समाज कार्य आरम्भ करने के पूर्व यदि अवगुणो से मुक्त, चरित्र सम्पन्न देशभक्तों की अनुशासनबद्ध विशाल श्रृंखला खड़ी करना

पहली आवश्यकता है तो क्या ऐसे चरित्र सम्पन्न देशभक्तों का निर्माण केवल उसी कार्य-पद्धति से हो सकता है जिसका आविष्कार डॉ. हेडगेवार ने 1925 में अपने अनुभवों के आधार पर किया था और जिसे उन्होंने फरवरी 1939 में सिन्दी बैठक में अन्तिम रूप प्रदान किया था।

गुरु गोलवलकर स्वयंसेवकों से कहा करते थे कि वास्तव में इस सत्य को समझना आवश्यक है कि कार्य के पिछे तत्त्व निष्ठा होती है और तत्त्व निष्ठा के लिए तत्त्व बोध आवश्यक है। तत्त्वबोध के लिए उस मन्त्र का साक्षात्कार होना, उसका हर क्षण स्मरण करना आवश्यक है, जिसकी सिद्धि के लिए एक विशिष्ट कर्मपथ में अपने मन और समग्र शक्ति को एकत्रित करना होता है। यदि मन्त्र आँखों से ओझल हो जाता है तो कर्मपथ निर्जीव तन्त्र बन जाता है और साधक अँधी तन्त्रनिष्ठा का वेदी हो जाता है।

1942 का भारत छोड़ो आन्दोलन से संघ की दूरी

1942 के भारत छोड़ो आन्दोलन को विफल करने के लिए अंग्रेज़ों ने समूचे कांग्रेसी नेतृत्व को जेल में डाल दिया। कांग्रेस पार्टी पर प्रतिबन्ध लगा दिया गया। पूरा आन्दोलन नेतृत्वविहीन हो गया जिसके चलते आन्दोलन अहिंसा की मर्यादा को तोड़कर हिंसात्मक हो गया। इस भूमिगत हिंसक आन्दोलन का नेतृत्व कांग्रेस समाजवादी पार्टी के जयप्रकाश नारायण, अच्युत पटवर्धन, व राम मनोहर लोहिया के हाथों तथा कुछ क्षेत्रों में सुभाष चन्द्र बोस के फ़ॉरवर्ड ब्लाक के हाथों में चला गया। इस समय राष्ट्रीय स्वयंसेवक संघ में ज़बरदस्त ऊहापोह की स्थिति थी। संघ निर्णय नहीं कर पा रहा था कि इस आन्दोलन में पूरी ताक़त से शामिल हो या मूक दर्शक बनकर इस आन्दोलन की परिणति को देखा जाये। इस समय संघ भयंकर वैचारिक भटकाव के दौर से गुज़र रहा था क्योंकि जिस क्षण के लिए डॉ. हेडगेवार ने संघ को तैयार करने के लिए दिन-रात एक कर दिया था, वह वक़्त आ गया था। संघ के दूसरे सरसंघचालक गुरु गोलवलकर ने भी इसी दिन के लिए तैयार रहने स्वयंसेवकों से आह्वान किया था।

अत: हम, समय रहते खड़े हों और पूरे देश में राष्ट्रीय स्वयंसेवक सघ की शाखाओ का जाल बिछायें ताकि जब अवसर नज़दीक हो तभी हम एकदम कड़ा प्रहार करके स्वतन्त्रता प्राप्त कर लें। डॉ. हेडगेवार स्वयंसेवकों से अक्सर कहा करते थे कि हमें संघ की रजत जयन्ती नहीं मनानी है। हमें अपना उद्‌देश्य 25 साल के भीतर प्राप्त करना है। लेकिन इसके बाद भी यह कड़वा सच है कि संघ उस आन्दोलन में नहीं कूदा। संघ ने इस स्वतन्त्रता प्राप्ति के लिए किये गये आन्दोलन से अपने आप को अलग क्यों रखा? यह आज भी एक पहेली है। जिस समय के लिए डॉ. हेडगेवार ने संघ को तैयार किया था, वह आते ही संघ पलायन क्यों कर गया? इस आन्दोलन के समय संघ के सरसंघचालक रहे गुरु गोलवलकर ने डॉ. हेडगेवार की शिक्षा और ध्येय को अमल में क्यों नहीं लाया?

उस समय संघ की भूमिका निर्धारित करने के उद्देश्य से गुरु गोलवलकर ने प्रान्तीय कार्यकर्ताओं की बैठक नागपुर में बुलायी और सबसे विचार-विमर्श किया। उस समय गुरु गोलवलकर ने भावनाओं में न बहते हुए आन्दोलन का विवेचन व आकलन करने का निर्णय लिया। गुरु गोलवलकर ने विख्यात क्रान्तिकारी डॉ. पाण्डुरंग खानखोजे और बालासाहेब देवरस को भूमिगत जयप्रकाश नारायण के पास भेजा। गुरु गोलवलकर 7 प्रश्नों के जवाब के द्वारा अपना समाधान करना चाहते थे। प्रश्न निम्न थे—

1. करो या मरो वाले आह्वान में मरो का अर्थ तो स्पष्ट है किन्तु करो यानी क्या करो? इसके आदेश क्या कांग्रेस कार्यकारिणी ने दिये है?
2. आन्दोलन का तत्कालीन और दीर्घकालीन उद्देश्य क्या है? यानी अचूकता से क्या साध्य करना है?
3. आन्दोलन की कार्यशैली क्या और कैसी रहने वाली है?
4. आन्दोलन कितने समय तक चलाना है?
5. अपनी शक्ति का कुछ तो अनुमान लगाया ही होगा, वह शक्ति कितनी है?
6. आन्दोलन की सफलता के बाद क्या करना है?
7. अगर आन्दोलन असफल रहता है तो आगे क्या करना है?

डॉ. खानखोजे और देवरस जयप्रकाश जी से मिलकर वापस आये। डॉ. खानख़ोजे और देवरस का कहना था कि जयप्रकाश जी का एक भी उत्तर सन्तोषप्रद नहीं था। इतना ही नहीं, आन्दोलन छेड़ने वाले नेताओं में से किसी को गिरफ़्तार कर लेने के बाद पीछे रहने वालों को क्या करना है और क्या नहीं, इसका कुछ भी स्पष्ट निर्देश नहीं है। इन जानकारियों के आधार पर गुरु गोलवलकर ने अपने वरिष्ठ स्वयंसेवकों से विचार-विमर्श किया। सगठन के नाते संघ के सामर्थ्य और मर्यादाओं के बारे में वे अच्छी तरह जानते थे। साथ-साथ ही आन्दोलन के असली हालात उनके ध्यान में आ गये थे। विचार-विमर्श करने के बाद गुरु गोलवलकर ने कहा कि आन्दोलन देश की स्वतन्त्रता के लिए हो रहा है अत: कोई भी स्वयंसेवक भारतीय नागरिक के नाते इस आन्दोलन में व्यक्तिगत रूप से भाग ले सकता है। किन्तु संगठन के नाते संघ आन्दोलन में न उतरते हुए अपना निर्धारित नियमित राष्ट्रीय कार्य अर्थात् समाज संगठन करता रहेगा।

1942 के आन्दोलन में संघ के भाग न लेने के गोलवलकर का पक्ष दत्तोपत्त ठेगड़ी के शब्दों में भी प्राप्त होता है। दत्तोपन्त ठेगड़ी ने लिखा है कि 1942 के सितम्बर के अन्त में मंगलोर का कार्यक्रम सम्पन्न कर गुरु जी मद्रास जाने वाले थे।

42 के आन्दोलन के कारण अनेक स्वयंसेवकों और प्रचारकों के मन में खलबली मची हुई थी। सब स्वयंसेवकों के मन में प्रश्न था कि ऐसे आपातकाल के समय भी यदि संघ निष्क्रिय रहने वाला हो तो अब तक संचित शक्ति का क्या उपयोग? उन दिनों मैं (दत्तोपन्त ठेगड़ी) कालीकट में प्रचारक था, अन्त मुझसे कहा गया कि मंगलोर निकट होने से मैं वहाँ जाकर श्री गुरु जी को सब स्वयंसेवकों के विचारों से अवगत कराऊँ। तब मैं गुरु जी से मिला, गुरु गोलवलकर ने जो विस्तृत उत्तर दिया उसका सारांश यह है—

1. प्रारम्भ से संघ ने अपनी नीति रीति अपनायी है। उसके अनुसार जब संघ संस्थापक डॉक्टर हेडगेवार जंगल सत्याग्रह में भाग लेने गये तो उन्होंने संघ को उससे बाहर रखा और स्वयंसेवकों से आग्रह किया कि संघ कार्य बेरोक चलाये।
2. किन्तु आज की आपात स्थिति में उस रीति-नीति को छोड़ने से यदि स्वतन्त्रता निकट आएगी तो उस प्रकार से करने में कोई समस्या नहीं, क्योंकि कार्य और नीति-रीति का ध्येय एक ही है तथा स्वतन्त्रता अपना निकटतम लक्ष्य है ही।
3. आन्दोलन प्रारम्भ करने के पूर्व यदि कांग्रेस अन्य दलों को और संघ को विश्वास में लेती तो वाँछनीय होता। किन्तु उन लोगों ने वैसा नहीं किया है, फिर भी नाराज़ होने की आवश्यकता नहीं है। आन्दोलन से मिलने वाली स्वतन्त्रता सबकी होगी। केवल कांग्रेस की नहीं। इसलिए उस निमित्त अभिमान जताना अहितकारी है।
4. चिन्ता की बात है कि कांग्रेस ने आन्दोलन की पूर्व तैयारी नहीं की। परिणामस्वरूप जनता को अंग्रेज़ शासन से आमने-सामने लड़ना पड़ा। कोई सुनियोजित व्यवस्था नहीं थी। हाँ क्रान्तिकाल में सब कुछ निर्धारित ही चलेगा, ऐसा नहीं है। किन्तु यह भी उतना ही ठीक है कि आयोजन कुछ ना कुछ मात्रा में होना चाहिए। हाँ, नीति और निर्देश जनता के जोश पर आधारित है, नेतृत्व को उससे कोई लेना-देना नहीं है। सदा याद रखें कि क्रान्ति या आन्दोलन का योजनाशून्य होना आत्मघातक है।
5. इन सबके बावजूद, आन्दोलन में संघ के कूद पड़ने से यदि देश को आज़ादी प्राप्त हो जाती, उस प्रकार करने में आपत्ति नहीं। किन्तु गम्भीर विचार-विमर्श के बाद मेरा विश्वास बन गया है कि हमारी पूरी ताक़त लगाने से भी लक्ष्य के निकट तक हम नहीं पहुँच सकेंगे।

6. संघ की वर्तमान ताक़त के बारे में कई लोगों की धारणा अतिशयोक्ति है। विशेषता संघ जहाँ प्रबल है, वहाँ के लोग जितना अन्यत्र भी संघ उतना ही प्रबल हैं, ऐसा सोच रहे हैं। किन्तु उसमें वास्तविकता नहीं है। किसी भी संघर्ष में विजय के लिए सामर्थ्य के अतिरिक्त अन्य अनुकूल बातें भी आवश्यक होती हैं। उनमे एक, सामान्य जनता का समर्थन और सहयोग। दो, सेना और पुलिस आदि विभागों में असन्तोष व अशान्ति। संघर्ष प्रारम्भ करने पर उन विभागों का रुख़ महत्त्वपूर्ण है। बातें अनुकूल होने पर भी हमारे संघर्ष की जीत मात्र अधिक होगी, यह है मेरा आकलन। हमारी ताक़त बेलगाम से गोदिया तक सीमित होगी, ऐसा मुझे लगता है। क्या उससे हम लक्ष्य प्राप्त करेंगे?

यह सच है हमारा प्रभाव देश के मध्यभाग में मर्यादित है। यघपि वहाँ संघर्ष सफल होता है तो भी चारों ओर से वहाँ सेना को तैनात करना दुश्मन के लिए सम्भव होगा। उससे जनता हताश हो जायेगी। किन्तु संघर्ष द्वारा विमोचित भाग यदि सीमावर्ती है, वहाँ से प्रतिरोध करना अधिक आसान होगा, रणनीति की दृष्टि से सक्षम भी होगा।

इस परिस्थिति में मेरा विश्वास है कि संघ का आन्दोलन में संगठन के नाते शामिल होना व्यर्थ है। इसका अर्थ यह नहीं है कि हम अपनी चमड़ी बचाना चाहते हैं। किन्तु सच यह है कि अभी के आन्दोलन से जनता में निराशा ज़रूर फैल जायेगी।

गुरु गोलवलकर ने उस संग्राम की अन्तर्निहित शिथिलता, संघ की अखिल भारतीय वस्तुस्थिति, जनता की मनोस्थिति इत्यादि का आकलन किया और स्वयंसेवकों को देशभक्त नागरिक के नाते राष्ट्रीय समर में भाग लेने की अनुमति दी परन्तु संघ को इससे दूर रखा।

किन्तु लगभग 25 वर्ष पूर्व पुणे से प्रकाशित अंग्रेज़ी पत्रिका 'क्वेस्ट' में पुणे विश्वविद्यालय में राजनीतिक शास्त्र के प्रोफ़ेसर श्री वसन्तराव सिरसीकर ने जो बालासाहेब देवरस की प्रेरणा से 1942 में ठेगड़ी के साथ ही नागपुर से प्रचारक होकर कर्नाटक गये थे, ने उस समय के बारे में एक लेख लिखा था जिसे एक प्रकार से बालासाहेब देवरस के चिन्तन की प्रतिध्वनि कहा जाता है। प्रो. सिरसीकर के अनुसार बालासाहेब देवरस और अनेक वरिष्ठ प्रचारक और स्वयंसेवक उस आन्दोलन में कूद पड़ने के लिए व्यग्र थे, किन्तु गोलवलकर का सोच भिन्न था। प्रश्न यह भी उठता है कि अँग्रेज़ी हुकूमत ने जब सभी नेताओं को पकड़कर जेल में बन्द कर दिया तो फिर संघ को क्यों छोड़ दिया। क्या ब्रिटिश शासकों को यह

मालूम था कि राष्ट्रीय स्वय सेवक संघ से कोई खतरा नहीं है? इस कालखण्ड में संघ के बारे में ब्रिटिश सरकार द्वारा संकलित जानकारी और उनकी संघ के बारे में सोच राष्ट्रीय अभिलेखागार में सुरक्षित एक मोटी फ़ाइल में उपलब्ध है। इस फाइल के अध्ययन से विदित होता है कि ब्रिटिश सरकार को अपने गुप्तचर विभाग द्वारा विभिन्न प्रान्तीय सरकारों से 1943 में जो जानकारी मिली, उससे ब्रिटिश सरकार निम्न निष्कर्षा पर पहुँची—

1. संघ का अन्तिम लक्ष्य देश को स्वतन्त्र कराना है। वह मूलत: ब्रिटिश विरोधी संस्था है।
2. संघ किसी राजनैतिक दल का पुछल्ला नहीं है। उसमे कही काँग्रेसी और कहीं हिन्दू महासभा के लोग जुड़े हुए हैं।
3. संघ अपनी ताक़त पूरी होने तक ब्रिटिश शासन का कोपभाजन नहीं बनना चाहता है किन्तु अपनी शक्ति पूरी होने पर वह अँग्रेज़ शासन के ख़िलाफ़ खड़ा होगा
4. संघ टकराव टालने के पक्ष का हिमायती है, इस कारण संघ से फ़िलहाल कोई ख़तरा नहीं है। इसलिए संघ प्रमुख को गिरफ़्तार करने या संघ पर प्रतिबन्ध लगाने की ज़रूरत नहीं है।
5. संघ की नज़र में दुश्मन नम्बर एक अँग्रेज़ नहीं है बल्कि भारतीय मुसलमान है। संघ उन्हीं से निपटने में अपनी पूरी ताक़त लगा रहा है। इस कारण संघ से अँग्रेज़ प्रशासन को कोई परेशानी हो, इसकी आशंका बहुत कम है।
6. राष्ट्रीय स्वयंसेवक संघ एक अति महत्त्वपूर्ण अखिल भारतीय संगठन बनने की दिशा में तेज़ी से बढ़ रहा है। संघ के प्रवक्तागण बराबर कहते रहते हैं कि संघ का मूल लक्ष्य हिन्दू एकता प्राप्त करना है।
7. संघ की सदस्य संख्या लगातार बढ़ रही है। मध्य प्रान्त में सदस्य संख्या बत्तीस हज़ार से बढ़कर तैंतीस हज़ार तीन सौ चौवालीस हो गयी है। मुम्बई में अठारह हज़ार उनतीस से बीस हज़ार चार सौ छिहत्तर और पजाब में दस हज़ार से चौदह हज़ार तक पहुँच गयी।

इसमें सन्देह नहीं कि संघ के कार्यकर्ताओं के मन में अक्सर यह प्रश्न उठता रहता था कि सन 1942 में डॉ. हेडगेवार जीवित होते तो क्या करते? क्या वे अपनी सृजनात्मक बुद्धि से उस अल्प शक्ति के उपयोग का कोई अभिनव उपाय खोज निकालते? डॉ. हेडगेवार के अन्तर्मन को पूरी तरह से जानने के बाद भी गुरु

गोलवलकर जैसा बुद्धिमान व्यक्ति वह उपाय क्यों नहीं खोज पाया जो उस समय संघ के लिए अत्यन्त आवश्यक था। क्या दोनों के व्यक्तित्व का अन्तर इसका प्रमुख कारण रहा है?

डॉ. हेडगेवार स्वतन्त्रता आन्दोलन के पुत्र थे। स्वतन्त्रता प्राप्ति की तड़प उनके रोम-रोम में व्याप्त थी। डॉ. हेडगेवार ने बौद्धिकता का दावा कभी नहीं किया। ऊँची तत्त्व चर्चा में वे कभी नहीं उलझे। वे ज़मीनी आदमी थे। डॉ. हेडगेवार सार्वजनिक जीवन से पूरी तरह जुड़े रहे थे। उनके सार्वजनिक जीवन के कार्यकर्ताओं से सीधे सम्बन्ध थे। उनके पास व्यावहारिक सृजनात्मक बुद्धि थी। वे अनुभव से सीखकर तुरन्त मार्ग खोज लेते थे। वस्तुत: वे कर्मयोगी थे। संघ का निर्माण उन्होंने स्वतन्त्रता प्राप्ति के उपकरण के रूप में किया। उसी को ध्यान में रखकर उन्होंने संघ की अभिनव कार्यपद्धति का आविष्कार किया था। भविष्य दृष्टि से उन्होंने 1942 को समय सीमा बनाया था, क्या वे उससे चूक सकते थे?

जबकि माधव सदाशिव गोलवलकर मूलत: आध्यात्मिक और बौद्धिक प्राणी थे। सांसारिक जीवन से विरक्ति का भाव उनके मन में बहुत पहले से प्रबल हो गया था। 1929 में मद्रास से लिखे उनके लम्बे-लम्बे पत्रों में उनकी आध्यात्मिक छटपटाहट और बौद्धिक उड़ानों के प्रमाण मिलते हैं। उन्हीं दिनों उनके मन में हिमालय जाने का विचार पैदा हुआ था। 1934 में डॉक्टर हेडगेवार के सम्पर्क में आने के बाद भी उनका मन राष्ट्र कार्य और अध्यात्म साधना के बीच झूलता रहा था। अन्तत: 1936 में वे डॉक्टर हेडगेवार को बिना बताये मोक्ष साधना के लिए स्वामी अखण्डानन्द के सारगाछी आश्रम में चले गये थे। संघ में उनका विकास दैनिक शाखा तन्त्र में से नहीं हुआ था, बल्कि डॉक्टर हेडगेवार के व्यवहार से प्रभावित होकर ऊपर से हुआ था। अपने गुरु की मृत्यु पर वापस संघ लौटे गुरु गोलवलकर ने संघ को बुद्धि से ग्रहण किया था। डॉ. हेडगेवार द्वारा सौंपे गये प्रत्येक कार्य को पूरे मन से निभाने का प्रयास किया। हिन्दी, अंग्रेज़ी और मराठी तीनो भाषाओं में पकड़ होने के कारण वे संघ के प्रभावी व्याख्याकार सिद्ध हुए। संघ के बाहर सार्वजनिक जीवन का अनुभव उनके पास न के बराबर था। सरसंघचालक रहते हुए उन्होंने संघ को ऊँचा तत्त्वज्ञान तो प्रदान किया, किन्तु शायद उनके पास युग प्रवर्तक डॉक्टर हेडगेवार की वह सृजनात्मक व्यावहारिक बुद्धि नहीं थी जो प्रतिकूल परिस्थिति में भी नये मार्ग खोज लेती है। इसलिए 1942 में वे संघ को वह मार्गदर्शन नहीं दे सके जो सम्भवत: डॉक्टर हेडगेवार के रहने पर दे पाते। शायद इसी कारण 1942 के भारत छोड़ो आन्दोलन में भाग न लेने का आघात भी स्वयंसेवकों को झेलना पड़ा। संघ के स्वयंसेवकों को भरोसा था कि स्वतन्त्रता संघ के प्रयासों से ही आयेगी।

सन् 1973 में सरसघंचालक का पद ग्रहण करने के तुरन्त पश्चात् बालासाहेब देवरस ने महाराष्ट्र के एक पुराने कार्यकर्ता पत्रकार श्री गोखले के साथ अपनी भेटवार्ता में स्वीकार किया था कि विभाजन और स्वतन्त्रता के आगमन का पूर्वाभास नहीं हो सका था। हम असावधान पकड़े गये। बालासाहेब देवरस की यह स्वीकारोक्ति बताती है कि गुरु गोलवलकर और बालासाहेब देवरस के बीच 1942 के आन्दोलन को लेकर कहीं ना कहीं वैचारिक मतभेद थे।

सैनिक क़वायद पर प्रतिबन्ध

अंग्रेज़ सरकार ने 5 अगस्त 1940 को एक अध्यादेश निकालकर भारत सुरक्षा क़ानून 56 व 58 के अन्तर्गत किसी भी निजी सगठन द्वारा सैनिक गणवेष धारण करने एवं सैनिक क़वायद करने पर प्रतिबन्ध लगा दिया था। इस अध्यादेश को स्वीकार करते हुए गुरु गोलवलकर ने 28 अप्रैल, 1943 को संघ की सभी शाखाओं के नाम एक परिपत्र जारी करके सैनिक प्रशिक्षण को समाप्त करने की घोषणा कर दी। गोलवलकर ने लिखा कि अपने संघ के शिक्षा क्रम में से सैनिक कहे जाने वाले अंग को निकाल दिया गया है। सैनिक विभाग तथा सेनापति, सरसेनापति जैसे पदों को समाप्त कर दिया गया है। इस शीर्षक के अन्तर्गत आने वाली जो शिक्षा हम देते थे, वह बहुत प्राथमिक थी और उसका उपयोग भ्रातृत्व की भावना तथा नागरिक अनुशासन का संस्कार देना मात्र था। किन्तु अपने कार्य को क़ानून की मर्यादाओं के भीतर रखने की इच्छा से हमने उसे बन्द कर दिया है। इस निर्णय के कारण ही संघ के जन्मकाल से ही डॉक्टर हेडगेवार के सहयोगी और सरसेनापति के पद पर आसीन श्री मार्तण्ड राव जोग ने इस्तीफ़ा दे दिया था। उसी समय से संघ की ख़ाकी शर्ट और निकरवाले सैनिक गणवेष की जगह सफ़ेद क़मीज़ तथा काली टोपी को अपनाया गया।

बंगाल को बचाने में गुरु जी गोलवलकर, पटेल और श्यामा प्रसाद मुखर्जी का महत्त्वपूर्ण योगदान

विभाजन को ही शान्ति व दंगों से मुक्ति का मार्ग मान लेने के बाद पटेल काफ़ी हद तक खुले और स्पष्ट तौर पर हिन्दुओं के पक्ष में दिखने लगे थे। पंजाब विभाजन कांग्रेस कार्य समिति में पारित हो गया था। बंगाल को स्वतन्त्र करने के षड्यन्त्र बन रहे थे। बंगाल के मुख्यमन्त्री सुहरावर्दी और शरतचन्द बोस के बीच स्वतन्त्र बंगाल को लेकर एक साझा समझ विकसित हो गयी। मई 1947 में शरत बोस ने एक संयुक्त और प्रभुसत्ता सम्पन्न बंगाल के प्रस्ताव की रूपरेखा तैयार की। इसमें संयुक्त

निर्वाचन, वयस्क मताधिकार और जनसंख्या के आधार पर आरक्षण के प्रावधान थे। इस स्वतन्त्र बंगाल में हिन्दू और मुसलमान मन्त्री समान संख्या में होने थे। प्रधानमन्त्री मुसलमान और गृहमन्त्री हिन्दू बनाने का प्रावधान था। यह स्वतन्त्र राज्य अपने स्वरूप में समाजवादी गणतन्त्र के रूप में प्रस्तावित था। श्यामा प्रसाद मुखर्जी इससे अत्यन्त विचलित थे। हिन्दू महासभा के नेता श्यामा प्रसाद मुखर्जी ने अपनी चिन्ता से संघ के सरसंघचालक गुरु जी गोलवलकर को अवगत कराया। गुरु जी ने श्यामा प्रसाद मुखर्जी से कहा कि वह इस सम्बन्ध में गांधी और पटेल को तत्काल अवगत करा दें। गुरु जी गोलवलकर हिन्दू महासभा के श्यामा प्रसाद मुखर्जी के साथ बंगाल विभाजन के पक्ष में मज़बूती से खड़े थे। गुरु जी गोलवलकर की सलाह के बाद मुखर्जी 13 मई को सादपुर में गांधी से मिले। गांधी ने कहा कि वह पूरी योजना के बारे में नहीं जानते। मुखर्जी ने बताया कि सुहरावर्दी स्वतन्त्र बंगाल बनाने के बाद पाकिस्तान में मिलना चाहते हैं। मुखर्जी के पूछने पर कि क्या गांधी बंगाल को शेष भारत से अलग करने का विचार कर सकेंगे। गांधी ने कोई उत्तर नहीं दिया। मुखर्जी ने इस सम्बन्ध में जब नेहरू के विचार जानना चाहे तो नेहरू ने 14 मई को मुखर्जी को उत्तर दिया कि वह इस पर निश्चित कुछ नहीं कह सकते। हिन्दू महासभा किसी भी स्थिति में स्वतन्त्र बंगाल नहीं चाहती थी। राष्ट्रीय स्वयंसेवक संघ भी स्वतन्त्र बंगाल के पक्ष में नहीं था। उस स्थिति में हिन्दुओं के मुसलमानी वर्चस्व में चले जाने का ख़तरा था। श्यामा प्रसाद मुखर्जी ने पटेल को 11 मई 1947 को पत्र में लिखा

"हम सब अन्तिम घटनाओं के विषय में स्वभावत: अतिशय चिन्तित हैं। शरत् बाबू सार्वभौम बंगाल के आधार पर सुहरावर्दी क्रे साथ बातचीत करने का प्रयत्न करके भयंकर हानि पहुँचा रहे हैं। इसमें उन्हें हिन्दुओं का ज़रा भी समर्थन नहीं है और वह एक भी सार्वजनिक सभा में भाषण देने की हिम्मत नहीं कर सकते। मुझे आशा है कि आप किसी को भी यह अनुमति नहीं देगे कि वह सार्वभौम बंगाल के विचार पर गम्भीरता से सोचे। मुझे पता चला है कि 17 मई को दिल्ली में एक कॉन्फ़्रेंस होने वाली है, जिसमें नेताओं के समक्ष अन्तिम योजना प्रस्तुत की जायेगी। मेरी तो आशा है कि आख़िरी मंज़िल में मुस्लिम लीग के कैबिनेट मिशन की योजनाओं को स्वीकार करने की कोई सम्भावना नहीं है। यदि परिस्थितियों ने जिन्ना को ऐसा करने के लिए मजबूर किया, तो कृपया देखें कि बंगाल के विभाजन के प्रश्न पर हमें घोखा न हो जाये। कैबिनेट मिशन योजना की कल्पना के अनुसार शिथिल केन्द्रीय सत्ता की स्थापना हो जाये, तो भी बंगाल में हमें कोई सुरक्षिततता नहीं रहेगी। पाकिस्तान बने या न बने, हम बंगाल की वर्तमान सीमाओं में से दो प्रान्त खड़े करने की माँग करते हैं।"

सरदार पटेल ने 17 मई को श्यामा प्रसाद को भेजें पत्र में कहा कि मेरे विचार से आपको कोई चिन्ता नहीं करनी चाहिए। परिस्थिति के साथ परिणामकारी तथा शोभास्पद ढंग से निपटने के विषय में आप हम पर निर्भर रह सकते हैं। जब तक बंगाल के हिन्दू दृढ़तापूर्वक संगठित रहेंगे और हमें ऐसा समर्थन देते रहेंगे जो वे ही दे सकते हैं, तब तक वे बिल्कुल सुरक्षित हैं।

सुहरावर्दी और शरतचन्द्र बोस का विभाजित भारत में एक 'प्रभुता सम्पन्न', स्वतन्त्र और अविभाजित बंगाल के स्वप्न की भयावहता को गुरु जी गोलवलकर और पटेल समझ रहे थे। गुरु जी गोलवलकर का मानना था कि कश्मीर, हैदराबाद, जूनागढ़ की परम्परा में ही एक स्वतन्त्र बंगाल भी भारत के पेट में फोड़े की तरह बना रहेगा। पटेल भी गुरु गोलवलकर के इस आकलन से सहमत थे। पटेल दृढ़ता के साथ हिन्दू महासभा और राष्ट्रीस स्वयंसेवक संघ के साथ इस मुद्दे पर समर्थन में थे। पटेल बंगाल विभाजन के लिए दृढ़ थे। गुरु जी गोलवलकर ने अपने दिल्ली प्रवास के दौरान पटेल से इस मुद्दे पर मुलाक़ात की थी। गुरु जी गोलवलकर का मानना था कि स्वतन्त्र अविभाजित बंगाल की माँग, इसका समर्थन व इसका बनना भारत के लिए एक अन्य नासूर होगा। यह उसी तरह था जैसे मोपलाओं की मोपलिस्तान की माँग या सिखों की खालिस्तान की माँग या उत्तर पश्चिमी सीमाप्रान्त की पख़्तूनिस्तान की माँग या द्रविड़स्तान आदि कई स्तान थे जो इस अराजकता में, क़तार में स्वतन्त्र होने के लिए खड़े थे। बंगाल की स्थिति इनमें सबसे महत्त्वपूर्ण व मज़बूत थी। हिन्दू महासभा के श्यामा प्रसाद मुखर्जी, और संघ के गुरु जी गोलवलकर बंगाल को बचाने के लिए विभिन्न संगठनों से लगातार बैठकें करते रहे। गुरु जी गोलवलकर ने कलकत्ता में डेरा डालकर मुस्लिम लीग के षड्यन्त्र के ख़िलाफ़ और हिन्दू हितों के लिए लोगों को जागृत करने और विभाजित बंगाल पर आम सहमति बनाने और हिन्दुओं को मुस्लिम लीग के षड्यन्त्र से अवगत करने में महत्त्वपूर्ण भूमिका निभायी। संघ के स्वयंसेवकों के जनजागरण ने बंगाल को बचाने में महत्त्वपूर्ण भूमिका निभायी।

इस षड्यन्त्र के पीछे सुहरावर्दी का दिमाग़ था। सुहरावर्दी इस संयुक्त बंगाल के आख़िरी मुख्यमन्त्री थे और उनका स्वप्न था कि वह इस स्वतन्त्र बंगाल के नियन्ता बता रहें। 16 अगस्त 1946 का कलकत्ता का नरसंहार उन्हीं के समय में हुआ था, जिसमें उनकी सक्रिय भूमिका थी। 5 अगस्त 1946 को कलकत्ता के स्टेट्मैन में एकलेख में उन्होंने लिखा था कि रक्तपात और अराजकता स्वयं में कोई बुराई नहीं है, अगर वे किसी नेक कारण के लिए किये गये हैं। मुसलमानों के बीच आज पाकिस्तान से बड़ा नेक और प्रिय कारण कोई दूसरा नहीं है।

मुस्लिम लीग के बंगाल सचिव अब्दुल हाशिम और गवर्नर बरोज के साथ मुख्यमन्त्री सुहरावर्दी स्वतन्त्र बंगाल के समर्थन में थे। वही गुरु गोलवलकर और संघ के स्वयंसेवक बंगाल के लोगों को इस कुटिल चाल में न फँसने के लिए समझा रहे थे। हिन्दुओं को मुस्लिम लीग से बचाने और हिन्दुओं को किसी भी अप्रिय स्थिति से निपटने के लिए संगठित कर रहे थे। संघ के स्वयंसेवकों के दिन-रात परिश्रम के कारण बंगाल के हिन्दू संघ के साथ जुड़ रहे थे।

मुस्लिम लीग के बंगाल सचिव अब्दुल हाशिम और गवर्नर बरोज इसके विशेष समर्थक थे। शरत् बोस और अब्दुल हाशिम ने गांधी से इसका समर्थन माँगा। अब्दुल हाशिम ने गांधी से साझा बंगाली संस्कृति व भाषा की बात की और कहा कि वे उत्तर पश्चिम के मुसलमानों द्वारा शासित होना पसन्द नहीं करते। अब्दुल हाशिम की असलियत का पता लगाने के लिए गांधी ने उनसे पूछा कि यदि पाकिस्तान व बंगाल, स्वेच्छा से, समान धर्म के आधार पर संधि करना चाहें तो उन्हें क्या आपत्ति है? अब्दुल हाशिम ने कहा— यह तो अखिल इस्लामीकरण होगा। हाशिम ने रवीन्द्रनाथ की प्रशंसा की और कहा कि हिन्दू और मुसलमान, दोनों उनका सम्मान करते हैं। गांधी ने मुस्लिम लीग के नेता को याद दिलाया कि रवीन्द्रनाथ की रचनाओं का आधार उपनिषदों की अन्तर्भावना है और इसी के कारण वे बाक़ी भारत से जुड़े हुए है। यदि बंगाल स्वेच्छा से शेष भारत में मिल जाना चाहे तो वह क्या कहना चाहेंगे? मुस्लिम लीग नेता चुप हो गये।

गांधी इस योजना का समर्थन करने को तैयार थे, यदि यह निश्चित हो जाए कि संयुक्त बंगाल के समस्त निर्णय दोनों समुदायों के अलग-अलग दो तिहाई बहुमत से लिये जाएँगे। वल्लभभाई संयुक्त, सम्प्रभु बंगाल आन्दोलन के पूर्णरूप से विरोधी थे। जवाहरलाल उनका समर्थन करने को तैयार थे, यदि अविभाजित बंगाल भारत के साथ सम्बन्धित रहे। सरदार पटेल ने के.सी. नियोगी को पत्र में लिखा कि, "सार्वभौमिक संयुक्त बंगाल एक छलावा है और यह आशंका है कि किरन शंकर राय तथा शरत् बोस इसमें फँस जायें। इसलिए सबकों मिलकर इस प्रस्ताव का विरोध करके सुहरावर्दी की इस योजना को समाप्त कर देना चाहिए। बंगाल के हिन्दुओं की रक्षा करने का सिर्फ़ एक ही उपाय है और वह है विभाजन के ऊपर ज़ोर देना। इसी के द्वारा कलकत्ता को पूर्व बंगाल में जाने से बचाया जा सकता है।" जिन्ना द्वारा 16 मई के केबिनेट मिशन योजना के अन्तर्गत एक शिथिल केन्द्र मान लेने पर भी श्यामा प्रसाद मुखर्जी ने बंगाल विभाजन पर ज़ोर दिया था।

बंगाल के गवर्नर बरोज ने एक आन्दोलन का, जिसका नाम उसने स्वतन्त्र बंगाल राज्य रखा, बहुत सक्रिय रूप से समर्थन किया। उसने सुहरावर्दी को सलाह दी कि वह किरन शंकर राय को तैयार करें कि वह अविभाजित बंगाल की अलग संविधान सभा बनाने की वार्ता के साथ-साथ, मुस्लिम लीग के साथ मिलकर एक संघ बना लें। माउंटबेटन को भी इस योजना से सहानुभूति थी और उन्होंने ब्रिटिश कैबिनेट को भी इसके लिए राज़ी कर लिया था। बरोज बहुत प्रसन्न और चिन्तामुक्त हो गये थे। अँग्रेज़ों के बंगाल में बहुत व्यावसायिक व औद्योगिक सरोकार थे और वे इसके पक्षधर थे। परन्तु बरोज को संशय था कि नेहरू और पटेल ज़िद पर अडें रहेंगे और नेहरू के अखिल भारतीय दृष्टिकोण पर बंगाल का बलिदान हो जायेगा, यद्यपि गांधी बंगाल विभाजन के विरूद्ध थे। गांधी का तर्क था कि यदि विभाजन होता है तो मुसलमान और सत्तारूढ़ मुस्लिम लीग सरकार इसके लिए ज़िम्मेदार होगी। गांधी चाहते थे कि मुख्यमन्त्री सुहरावर्दी हिन्दुओं से बात करके उनकों विभाजन के विचार से विरत करें।

अन्ततः एक संयुक्त, सम्प्रभु बंगाल बनाने के प्रस्ताव का कुछ नतीजा नहीं निकला। कांग्रेस कार्य समिति ने माउटंबेटन की विभाजन योजना को मान ही लिया था। जवाहरलाल और पटेल एक स्वतन्त्र और अविभाजित बंगाल के पूर्णतया विरोधी थे। जहाँ तक अन्तरिम काल के लिए अस्थाई रूप से कलकत्ता पर संयुक्त अधिकार (कांग्रेस और मुस्लिम लीग का) का प्रश्न था, जब वायसराय ने पटेल से 6 महीने के लिए इस पर राय माँगी तो पटेल ने उत्तर दिया कि वे संयुक्त अधिकार को 6 छटे के लिए भी नहीं मानेंगे। फलस्वरूप संयुक्त सम्प्रभु बंगाल का प्रस्ताव एकदम समाप्त हो गया। गांधी की उपस्थिति और सहमति भी स्थिति को बदल न सकी। गांधी को भी अन्ततः लगा कि विभाजन अपरिहार्य है।

यह देखना ज़रूरी है कि बंगाल के स्वतन्त्र रहने की अपनी इच्छा की तरह ही माउटंबेटन हैदराबाद के स्वतन्त्र रहने पर भी सोचते थे। कश्मीर के मसले को संयुक्त राष्टसंघ में ले जाने की सलाह नेहरू को उन्होंने ही दी थी। माउटंबेटन की कोशिशे पहले भारत के बालकानीकरण की रही थी फिर बाद में बंगाल, हैदराबाद और कश्मीर को स्वतन्त्र करने की थी। पटेल ने बंगाल, हैदराबाद, त्रावणकोर, जूनागढ तथा अन्य कही भी माउटंबेटन की किसी भी बात को निर्णायक रूप से नहीं माना। नेहरू अपनी अन्तराष्ट्रीय शान्तिदूत की छवि या झूठे आदर्शवाद या अन्य किसी सम्मोहन के कारणा माउटंबेटन की नीति व सलाह को मानकर कश्मीर को जिसमें उन्होंने पटेल को हस्तक्षेप नहीं करने दिया, भारत और पाकिस्तान दोनों का नासूर बना गये।

गुरु जी गोलवलकर, सरदार पटेल और नेहरू के बीच पत्र-व्यवहार

आर.एस.एस. पर पहला प्रतिबन्ध 4 फरवरी, 1948 की सरकारी विज्ञप्ति

2 फरवरी, 1948 को अपने प्रस्ताव में भारत सरकार ने घृणा और हिंसा की उन शक्तियों को जड़ से उखाड़ देने के संकल्प की घोषणा की है जो हमारे देश में सक्रिय हैं राष्ट्र की आज़ादी को ख़तरे में डाल रही हैं, और जो उसके उज्ज्वल नाम को कलकित कर रही है। इस नीति के अनुसार भारत सरकार ने चीफ कमिश्नर द्वारा प्रशासित प्रदेशों में राष्ट्रीय स्वयंसेवक संघ को ग़ैरकानूनी घोषित करने का फ़ैसला किया है। गवर्नर द्वारा प्रदेशों में ऐसे क़दम उठाये जा रहे है।

भारत सरकार और प्रादेशिक सरकारें जनतात्रिक है, अत: उन्होंने हमेशा सभी पार्टियों और संगठनों को चाहे उनकी नीतियाँ और उद्‌देश्य भिन्न हैं, भिन्न ही नहीं विपरीत भी हैं—उचित सीमा तक जायज़ राजनीतिक, सामाजिक और आर्थिक गतिविधियों की छूट दी। सरकार को केवल यह चिन्ता रही है कि ये गतिविधियाँ औचित्य एवं क़ानून की सामान्य स्वीकृत सीमाओं का अतिक्रमण न करें। राष्ट्रीय स्वयंसेवक संघ के घोषित उद्‌देश्य्य और लक्ष्य हैं—हिन्दुओं की शारीरिक, बौद्धिक और नैतिक भलाई एवं उनके बीच भाईचारे, प्रेम और सेवा की भावना पैदा करना। सरकार स्वयं भी जनगण के सभी अंगों की आम भौतिक और बौद्धिक स्थिति को बेहतर बनाने के लिए अत्यधिक चिन्तित है और सरकार ने इन उद्‌देश्य्यों को ध्यान में रखकर योजनाएँ ख़ासतौर पर देश के नवयुवकों को सैनिक मामलों में शारीरिक प्रशिक्षण और शिक्षा देने के वास्ते तैयार कर रखी हैं। सरकार को यह देखकर खेद होता है कि राष्ट्रीय स्वयंसेवक संघ अपने घोषित आदर्शों पर क़ायम नहीं रहता।

संघ के सदस्य अवांछित ही नहीं ख़तरनाक हरकतें करते है। पता चला है कि देश के कई हिस्सों में राष्ट्रीय स्वयंसेवक संघ के सदस्यों ने आगजनी, डकैती,

लूटमार, हत्या की हिंसक कार्यवाइयाँ की है और ग़ैरकानूनी तौर पर हथियार और गोला-बारूद इक्ट्ठा किया है। यह भी पता चला है कि वे जनता को आतंकवादी तरीक़ों पर आमादा करने, बन्दूक पिस्तोल जमा करने, पुलिस और सेना को सरकार के विरुद्ध भड़काने के लिए पर्चे बाँटते हैं। ये गतिविधियाँ गुप्त रीति से की जाती रही है, सरकार समय-समय पर इन कार्यवाइयों से ठोस तौर पर निबटने के लिए अपनी ज़िम्मेदारी पर विचार करती रही है। अभी हाल ही में नंबर के अन्त में जब प्रादेशिक सरकारों के मुख्य और गृह मन्त्रियों का दिल्ली में सम्मेलन हुआ, तब सरकार ने अपने रवैये को परिभाषित किया था।

उस समय सर्वसम्मति से तय हुआ था कि अभी वह वक़्त नहीं आया है कि संघ से एक संगठन के रूप में निपटा जाये। और उसके सदस्यों पर पूर्ववत् व्यक्तिगत रूप से ही कार्यवाई की जाये। संघ की आपत्तिजनक और हानिकारक गतिविधियाँ बिना कम हुए जारी है। संघ की गतिविधियों से प्रेरित और प्रायोजित हिंसा के पथ ने कई लोगों को अपना शिकार बनाया है। सबसे हाल में, हमारे लिए सर्वाधिक मूल्यवान व्यक्ति स्वयं महात्मा गांधी जी इसके शिकार हुए।

ऐसी स्थिति में, हिंसा की फिर से भड़क उठनेवाली इन कटुतम घटनाओं को रोकने के लिए, अपने कार्य-कर्तव्य का पालन करते हुए इस दिशा में पहला क़दम उठाकर संघ को एक ग़ैरकानूनी संस्था घोषित करने का फ़ैसला किया है। सरकार को कोई सन्देह नहीं है कि हृदय से देश का भला चाहने वाले और क़ानून का पालन करने वाले सभी नागरिकों का सहयोग सरकार को मिलेगा।

प्रतिबन्ध हटाने की घोषणा करने वाली भारत सरकार की 11 जुलाई ,1949 की विज्ञप्ति

भारत सरकार प्रान्तीय सरकारों से, संघ पर से प्रतिबन्ध हटा लेने के प्रश्न पर विचार-विमर्श करती रही है। गत वर्ष अक्टूबर में इस संगठन के प्रमुख ने सरदार पटेल से जो बातचीत की उसमें इस समस्या के मुख्य उद्देश्य उभरकर सामने आये। संक्षेप में वे इस प्रकार थे—संघ को एक लिखित और प्रकाशित संविधान के तहत काम करना चाहिए, इसे अपनी गतिविधियाँ सांस्कृतिक क्षेत्र तक ही सीमित करनी चाहिए, हिंसा और गोपनीयता का रास्ता त्याग देना चाहिए, भारत के संविधान और राष्ट्रध्वज के प्रति निष्ठा प्रकट करना चाहिए और अपने संगठन का ढाचा जनतान्त्रिक रखना चाहिए। लोगों को इस वार्ता के भंग होने और परवर्ती घटनाक्रम की पूरी जानकारी है।

इसके बावजूद संघ के प्रति सरकार का रवैया किसी प्रकार के बदले की भावना से नहीं प्रेरित हुआ। जब ऊपर उल्लिखित शर्तों को मान लेने के लिए आर.एस.एस. के नेताओं को समझाने-बुझाने के वास्ते कतिपय ग़ैर-सरकारी व्यक्तियों ने उनसे जेल में मिलना चाहा तो सरकार ने उन्हे सुविधा प्रदान की। इसी वर्ष मार्च के महीने में आर.एस.एस. के नेता ने संविधान का प्रारूप सरकार के पास भेजा। सरकार ने प्रान्तीय सरकारों के साथ उसकी धाराओं को जाँचा-परखा। भारत सरकार ने आर.एस.एस. नेता के पास प्रारूप पर अपनी प्रतिक्रिया भेजी और उन्होंने भारत सरकार के सुझावों को सामान्यत: स्वीकार कर लिया है। उन्होंने जो स्पष्टीकरण दिया है, उससे संकेत मिलता है कि वह सरकार के सुझावों को ध्यान में रखते हुए संविधान के सन्दर्भ-भाव प्रावधानों को रूप देंगे।

"आर.एस.एस. के नेता ने आश्वासन दिया है कि आर.एस.एस. के संविधान में भारत के संविधान और राष्ट्रध्वज के प्रति निष्ठा को और सुस्पष्ट कर दिया जायेगा। यह भी स्पष्ट कर दिया जायेगा कि हिंसा करने वाले या हिंसा में विश्वास करने वाले या गुप्त तरीक़ों से काम करनेवाले लोगों को संघ में नहीं रखा जायेगा। संघ के नेता ने यह भी स्पष्ट किया है कि संविधान जनवादी तरीक़े पर तैयार किया जायेगा। विशेष रूप से सरसंघचालक को व्यवहारत: चुना जायेगा। क्योंकि उत्तराधिकारी तत्कालीन कार्यकारी मण्डल की सम्मति से नामाकिंत होगा। संघ का कोई सदस्य बिना प्रतिज्ञा तोडे किसी समय संघ छोड़ सकेगा और नाबालिग़ अपने माँ-पिता के इच्छा से ही संघ में प्रवेश पा सकेगे। अभिभावक अपने बच्चो को संघ अधिकारियों के पास लिखित प्रार्थना करने पर संघ से हटा सकेंगे।

"इस हेर-फेर और संघ के नेता द्वारा दिये गये स्पष्टीकरण को देखते हुए भारत सरकार इस निष्कर्ष पर पहुँची है कि आर.एस.एस. को मौक़ा दिया जाना चाहिए कि वह एक जनतान्त्रिक, सांस्कृतिक भारतीय संविधान को निष्ठा और राष्ट्रीय ध्वज को स्वीकार करने वाले, गोपनीयता को छोड़कर हिंसा से दूर रहने वाले संगठन के रूप में काम कर सके। निस्सन्देह सरकार महसूस करती है कि इन सिद्धान्तों पर आधारित संविधान के तहत, उचित भावना से काम करने पर इसके कार्यों पर कोई जायज़ आपत्ति नहीं उठाई जा सकेगी। अत: सरकार ने केन्द्र प्रशासित क्षेत्रों से संगठन पर से प्रतिबन्ध उठा लेने का और संघ के सभी नज़रबन्द या गतिविधियों में भाग लेने के कारण जेल काट रहे व्यक्तियों को यथाशीघ्र रिहा कर देने का फ़ैसला किया है। प्रान्तीय सरकारों से भी अपने क्षेत्रों में ऐसा ही करने की प्रार्थना की गयी है।

प्रथम प्रतिबन्ध लगने पर गोलवलकर, पटेल और नेहरू में पत्र-व्यवहार

प्रतिबन्ध आवश्यक कर्तव्य में बाधक

प्रिय माननीय पं. नेहरू

कैम्प नागपुर,
11 अगस्त 1948

1 फरवरी अड़तालीस (1/2/48) को मेरी गिरफ़्तारी होने के पहले तथा पूज्य महात्मा जी की हत्या के कारण उत्पन्न असाधारण वातावरण में मैंने आपको एक पत्र लिखा था। 6/8/48 को कारावास से मुक्त होने पर फिर मैं उसी प्रेम, आदर तथा सम्मानपूर्ण सहयोग की भावना से आपको लिख रहा हूँ।

यह सत्य है कि मैं उस समय यह नहीं समझ पाया कि मैं तथा मेरे असंख्य मित्र गिरफ़्तार तथा नज़रबन्द क्यों किये गये। मैं बाद में की गयी उस कार्यवाई को भी नहीं समझ पाया जो उस संगठन के सम्बन्ध में की गयी जिसका मैं प्रतिनिधित्व करता हूँ। मैं कई बार प्रकट किये गये इस तर्क से अपने को समझाने का प्रयत्न करता हूँ कि अत्यन्त असाधारण परिस्थिति के फलस्वरूप वह असंयमित कार्यवाई की गयी। मैं इस बात पर विश्वास नहीं करना चाहता कि उच्च तथा उत्तरदायी पदों पर स्थित व्यक्ति उत्तेजित हो सकते हैं। जल्दबाज़ी कर सकते हैं और अपना मानसिक सन्तुलन खो सकते हैं। उनके सम्बन्ध में ऐसा सन्देह भी नहीं होना चाहिए। किन्तु यही निष्कर्ष मुझे बाध्य होकर स्वीकार करना पड़ा है। छह महीने की नज़रबन्दी के बाद जब मुझे या मेरे कार्य को, लगाये गये सभी गम्भीर अभियोगों से, निर्दोष सिद्ध करने योग्य पर्याप्त प्रकाश पड़ चुका है, मुझ पर एक आज्ञा जारी की गयी जिसके द्वारा मुझे नागपुर में ही रहने के लिए बाध्य कर दिया गया और मेरी गतिविधि पर इस प्रकार प्रतिबन्ध लगाये गये कि मेरी मुक्तता अपेक्षाकृत अधिक विस्तृत जेल में नये कारावास के रूप में परिणत हो गयी।

किन्तु सर्वसाधारण अधिकारियों की, विशेषकर आपकी मनःस्थिति उस समय चाहे जो हो और आज भी जो कुछ भी हो, मैं सर्वशक्तिमान परमात्मा का कृतज्ञ हूँ कि उसने मेरे मन को कलुषित होने नहीं दिया और मैं अपने स्नेह, सौहार्द तथा आत्मीयता की भावना से परिपूर्ण हूँ। मुझे आशा और विश्वास है कि मेरे पुराने सहयोगी कार्यकर्ताओं की यही भावनाएँ होंगी। मैं स्नेह के इस सन्देश को सभी तक पहुँचा देता और मैं सभी से यह कहता कि वे कष्ट और व्यथा की भावना से हृदय को मलिन न होने दें। किन्तु मेरे ऊपर लगाये गये इन प्रतिबन्धों ने मुझे इस आवश्यक कर्तव्य से रोक दिया। इस अन्यायपूर्ण प्रतिबन्धों में डाले जाने के स्थान पर मुझे

अपनी स्थिति स्पष्ट करने और इस संकट के समय सरकार के साथ वास्तविक सहयोग और प्रेम की मेरी भावना को आपको विश्वास दिलाने का अवसर दिया गया होता तो मैं उसे उचित समझता। अब भी मुझे आशा है कि फिर से निकट आने का अवसर बीत नहीं गया है।

समय बदलता ही है और प्रत्येक वस्तु अपना योग्य स्थान प्राप्त करती है। मुझे इसमें सन्देह नहीं कि परमात्मा, जो पिछली सभी शताब्दियों में हमारा सहायक था, हमें आवश्यक शक्ति, साहस तथा विशाल हृदय देगा। जिससे महानता के मार्ग पर हम चल सकें। अपने-अपने रास्ते चलते हुए भी हम सब भारतमाता की सेवा में एकरूप हो सकते हैं।

इस अवधि में हम सदा कि लिए हार्दिक मैत्रीपूर्ण सम्बन्धों की आशा करें और उसके बीच पिछले कुछ महीनों के वे राक्षसी दु:स्वप्न न आने दें जो हमारे पारस्परिक प्रेम में कटुता उत्पन्न कर सकें।

मातृभूमि की सेवा में आपका सहयोगी

भवदीय

एम.एस. गोलवलकर

गुरु जी द्वारा सहयोग का आश्वासन प्रतिबन्ध लगाना अनावश्यक

कैप-नागपुर

11 अगस्त, 1948

मान्यवर, सरदार वल्लभभाई पटेल,

सादर प्रणाम!

ता. 6/8/48 को बन्दिवास से मेरी मुक्तता हुई। तुरन्त ही मुझ पर कुछ निबन्ध डाले गये जिससे में नागपुर में ही हूँ। जिस समय मुझे बन्दिवास में डाला गया उस समय की परिस्थिति में अधिकारी वर्ग की मन:स्थिति विचलित होने से ही यह अकल्पित क़दम उठाया गया। ऐसा मैंने स्वयं को समझाने का प्रयत्न किया। अर्थात् महत्त्वपूर्ण स्थान अलंकृत करने वालों के मन विचलित हो और वे विपरित कृत्य करें, यह बात मान लेना अतीव कठिन रहा और अब भी कठिन ही है। और अब तो पर्याप्त समय बीत जाने के बाद और वायुमण्डल स्वच्छ होने के लिए आवश्यक पर्याप्त प्रमाण प्रकाश में आने के पश्चात् भी मन की अवस्था वैसे ही विचलित हो सकती है, यह मानना असम्भव है। परन्तु मेरे ऊपर लगाये गये अनावश्यक निबन्धों से मन के धैर्य का अब भी परिचय नहीं मिलता असम्भव को सम्भावनीय मानना पड़ता है।

तथापि आप सब लोगों के सम्बन्ध में जिस आत्मीय भाव को लेकर चलना मैंने अपना स्वभाव बनाया है, उस आत्मीयता में तथा स्नेह में कुछ भी कमी उत्पन्न नहीं हुई है। दिनांक 1/2/48 को कारावास में जाने के पूर्व मैंने आपको एक पत्र लिखा था, उसमें कहा था—परस्पर विश्वास के सहकार्य का तथा सौहार्द का भाव ही मेरा स्थायी मनोधर्म है। उसी की स्मृति से मेरी मुक्ति के पश्चात् यह पत्र लिख रहा हूँ।

सब विचार करके आपके और मेरे बीच में जो व्यक्तिगत तथा वृत्ति का स्नेह और साधर्म्य है वह सदा के लिए बना रहे, यही उचित है। अपनी ओर से मैं इस सम्बन्ध में निश्चित हूँ। मेरे पूर्व कार्य के सब मित्र भी इसी दृष्टि से आपकी ओर देखते होंगे, ऐसा अनुमान करता हूँ। प्रत्यक्ष में मेरे हृदय का स्नेहभाव सबमें प्रसृत करने के मेरे कर्तव्य से निबन्धवश मैं वंचित हूँ, इसी का केवल दु:ख है। साथ ही आपसे प्रत्यक्ष मिलकर मेरे और मेरे कार्य की भावना स्पष्ट कर आप सब का मनोमालिन्य दूर करने के तथा सद्य:कालीन राष्ट्र की कठिन अवस्था में आपसे याने अपनी सरकार से सहकार्य करने के कर्तव्य से, इन्हीं अकारण निबन्धों के कारण मैं वंचित हूँ। इसका अतीव दु:ख है। आशा करता हूँ कि अब वह समय दूर नहीं जब कि हम लोग आपस में मिलकर सहकारिता का शुद्ध वायुमण्डल का निर्माण करेंगे।

अस्तु, वर्तमान में शेष सब कुशल है। परमात्मा की कृपा से अपना सबका पारस्परिक स्नेह वृद्धिगत हो और सबके अपने प्रयत्नों से भविष्यकाल आनन्द और सुख से परिपूरित हो, यही भारत की अधिष्ठात्री देवता से प्रार्थना करता हूँ और पत्र पूर्ण करता हूँ। बाक़ी सब प्रसंग उपस्थित होने पर प्रत्यक्ष।

आपका शुभाकांक्षी
मा.स. गोलवलकर

संघ पर से आरोप हटाकर न्याय करें। गुरु जी का सरदार पटेल को दूसरा पत्र

24/9/1948
नागपुर

मान्यवर, सरदार वल्लभभाई पटेल जी,

सादर प्रणाम!

आपकी सेवा में पिछले पत्र प्रस्तुत किये हुए डेढ़ मास से अधिक समय बीत चुका है। आपकी ओर से उनकी प्राप्ति का समाचार अभी तक नहीं मिला। दूसरा पत्र लिखने का विचार पिछले कुछ दिनों से मन में था। परन्तु बीच में हैदराबाद की

समस्या गम्भीर होती गयी और फिर प्रत्यक्ष रूप से सरकार की ओर से हस्तक्षेप करने का आवश्यक प्रसंग भी निर्माण हो वह क़दम उठाया गया। भाग्यवश अत्यन्त अल्पावधि में इस कार्य के महत्त्व का अंश पूर्ण हो गया। हैदराबाद के प्रश्न में अनेक पक्षोपक्ष अपनी अपनी चाल चलाने का प्रयत्न करते हुए भी मैंने और मेरे साथियों ने यही मन्तव्य रखा था कि सरकार ही इस प्रश्न को अपनाकर ठीक करें। और सब जनता सरकार का साथ देगी। मेरी वह इच्छा पूर्ण हुई। अर्थात् मेरे कार्य की भग्नावस्था में मैं कुछ सहायता करने में असमर्थ रहा। परन्तु हृदय सरकार की विजय के लिए उत्सुक था। विजय हुई तथा मैंने आपको तथा श्री प्रधानमन्त्री जी को तार द्वारा हृदयपूर्वक बधाई दी। हैदराबाद के प्रश्न में आप व्यस्त होंगे, ऐसा समझकर ही मैने दूसरा पत्र लिखने में विलम्ब किया। अब इस प्रश्न के महत्त्व का अग पूर्ण होने पर यह पत्र प्रस्तुत कर रहा हूँ।

राष्ट्रीय स्वयंसेवक संघ को अवैध घोषित किये जाये को अब आठ मास हो रहे है। उस पर जो आरोप लगाये गये थे, उनमें कहाँ तक तथ्य है, इसका आपको पूर्ण ज्ञान है ही। मैं विश्वास करता हूँ कि आपके मन में संघ की निर्दोषिता विषय में कोई सन्देह नहीं है। देश भर में तलाशियाँ, छानबीन इत्यादी हो चुकी हैं। अब और प्रमाण की आवश्यकता नहीं कि संघ पर जो आरोप लगाये गये थे, वे उस समय सरकार को भले ही ठीक लगे हों, पर निराधार थे और उनका पूर्ण निराकरण करना सरकार की न्यायप्रियता का परिचय देना होगा।

यह तो न्याय की दृष्टि से हुआ। परिस्थिति की दृष्टि से मैं दो प्रकार से विचार करने के लिए आप से अनुरोध करता हूँ। जिस समस्या के कारण कुछ लोगों की दृष्टि से साम्प्रदायिकता बढ़ने का डर था, वह हैदराबाद की समस्या यशस्वी रीति से हल हो रही है। अपनी सरकार का हाथ ऊपर है और हम लोग आनन्दपूर्वक निश्चिंत है कि इस तरह की धैर्यशाली नीति सरकार के अपनाने पर वह अनिष्ठ साम्प्रदायिकता बढ़ नहीं पायेगी। इस यश से वायुमण्डल में पर्याप्त परिवर्तन हुआ है और अब संघ के ऊपर लगाये आरोपों को निराधार घोषित कर उसको अपना कार्य पहिले जैसा करने का अवसर देने में कोई प्रतिवाद दिखायी नहीं देता।

परिस्थिति की दूसरी दृष्टि यह है, संघ के अवैध होने पर युवक वर्ग विशेषत: विद्यार्थीगण कम्युनिज़्म की ओर अधिकाधिक झुकने लगा है, ऐसा समाचार दक्षिण से तथा युक्त प्रान्त आदि क्षेत्रों से प्राप्त हुआ है। उनका प्रचार बढ़ रहा है। इस ख़तरे की सूचना मुझे ही आपको देना चाहिए, ऐसी बात नहीं। परन्तु इस देश में बाह्य मत प्रणाली को बढ़ते देख अकर्मण्य होकर बैठे रहना ठीक नहीं जबकि मुझे विश्वास

है कि संघ का कार्य निस्सन्दिग्धता से दोषमुक्त होकर वैध होने से इस संकट से युवक वर्ग का रक्षण बहुत मात्रा में हो सकता है। मेरे लिए कितना कठिन होगा और हृदय को कितनी यन्त्रणा देना होगा, इसका आप विचार करें। मैं तो यही समझता हूँ कि आप अपनी सरकार की शक्ति और हम अपनी सांस्कृतिक संघशक्ति अगर साथ-साथ लगाये तो इस संकट से शीघ्र मुक्त हो सकते हैं। अपने पड़ोसी देशों में इस बाह्य प्रणाली की यशस्विता की जो लहर दौड़ रही है, इससे मैं अत्याधिक चिन्तित हूँ। इसी, चिन्ता के कारण आपसे संघ कार्य पूर्ववत् करने का वायुमण्डल निर्माण करने के निमित्त अनुरोध कर रहा हूँ।

हर एक महत्त्व के प्रश्न पर आप गम्भीरता से विचार करते हैं। यह भी आपके विशाल हृदय तथा व्यापक दृष्टिकोण के अनुरूप प्रश्न है।

इसी सम्बन्ध में मैं एक और निवदेन करता हूँ। मेरे ऊपर निबन्ध है, केन्द्रीय सरकार की सूचना से वह लगाया जाना असम्भवनीय नहीं है। परन्तु मैं समझता हूँ कि देश की, राष्ट्रजीवन की और अपनी सरकार की रक्षा के हेतु मुझे भारतवर्ष भ्रमण कर अपने नवयुवकों को राष्ट्र बाह्य होने से बचाना मेरा कर्तव्य है, और उसको करने में मुझे कुछ आपत्ति भी भोगनी पड़े तो भी मुझे भारत भ्रमणार्थ शीघ्र ही चलना होगा।

आप सब बातों का विचार करें। सरकार ने संघ के विषय में जो क़दम उठाया या उसके न्याय-अन्याय होने आदि के सम्बन्ध में वाद-विवाद करते रहने का समय नहीं है। अत: उन बातों की दृष्टि से ओझल कर परिस्थिति की पुकार को ही सुनते हुए आप निर्णय करें। मैं और मेरे सब साथी परिस्थिति को क़ाबू में लाकर अपने देश को अजेय बनाने के लिए आपसे सहकार्य करने के लिए पहिले से ही प्रयत्नशील हैं।

अति शीघ्र प्रत्युत्तर की प्रतीक्षा करता हूँ।

आपका शुभाकांक्षी
एम.एस. गोलवलकर

आर.एस.एस. ने हिन्दू समाज की सेवा की, परन्तु– सरदार पटेल का गुरु जी के पहले पत्र का उत्तर

1, औरंगजेब रोड, नयी दिल्ली
11/9/48

भाई श्री गोलवलकर,

आपका 11 अगस्त का पत्र मिला। जवाहरलाल ने भी आपका उसी तारीख़ का पत्र मुझको भेज दिया है।

संघ के बारे में मेरे मन में जो विचार है, उनसे आप भली-भाँति परिचित हैं। उन विचारों को मैंने दिसम्बर के महीने में जयपुर मे व जनवरी के महीने में लखनऊ में प्रकट किया है। जनता ने उन विचारों को सराहा था। मुझे आशा थी कि आप लोग भी उनको स्वीकृत कीजिएगा। किन्तु उनका कोई ख़ास प्रभाव आर.एस.एस. वालों पर या उसके कार्यक्रम में कोई अन्तर नहीं हुआ। संघ ने हिन्दू समाज की सेवा की थी, इसमें तो कोई सन्देह नहीं हो सकता। ऐसे इलाक़ों में जहाँ कि उनके संगठन व सहायता की आवश्यकता थी। आर.एस.एस. के नवजवानों ने औरतों और बच्चों की रक्षा की व उनके लिए काफ़ी काम किया। किसी भी समझदार व्यक्ति को इस पर कोई शिकायत का मौक़ा नहीं हो सकता। हाँ, मौक़ा तो तब आया जब कि बदले की आग से जलते हुए उन्होंने मुसलमानों पर अत्याचार शुरू किये। हिन्दुओं का संगठन करना और उनकी सहायता करना एक प्रश्न है। पर उनकी मुसीबतों का बदला निहत्थे व लाचार औरतों, बच्चों व आदमियों से लेना दूसरा प्रश्न है।

उनके अतिरिक्त यह भी था कि उन्होंने कांग्रेस का विरोध करके और वह भी इस कठोरता से कि न व्यक्तित्व का ख़्याल न सभ्यता व शिष्टता का ध्यान रखा, जनता में एक तरह की बैचेनी पैदा कर दी थी। उनकी सारी स्पीचेस साम्प्रदायिक विष से भरी थीं। हिन्दुओं में जोश पैदा करना व उनकी रक्षा के प्रबन्ध करने के लिए यह आवश्यक न था कि वह ज़हर फैले। उस जहर का फल अन्त में यही हुआ की गांधी जी की अमूल्य जान की कुरबानी देश को देनी पड़ी और सरकार व जनता की सहानुभूति ज़रा भी आर.एस.एस. से नहीं रही, बल्कि उसके ख़िलाफ़ हो गयी। उनकी मृत्यु पर आर.एस.एस. वालों ने जो हर्ष प्रकट किया अथवा मिठाई बॉटी, उससे वह विरोध और बढ़ गया। और सरकार को इस हालत में आर.एस.एस. के ख़िलाफ़ कारवाई करना ज़रूरी ही था।

तब से अब छह महीने से ज़्यादा हो गये। हम लोगों को आशा थी कि इतने वक़्त के बाद सोच-विचार करके आर.एस.एस. वाले सीधे रास्ते पर आयेंगे। परन्तु मेरे पास जो रिपोर्ट्स आ रही हैं, उनसे यही विदित होता है कि पुरानी कार्यवाही को नयी जान देने का प्रयत्न किया जा रहा है। मैं आपसे एक बार और कहूँगा कि मेरी जयपुर और लखनऊ के भाषणों पर ध्यान दीजिए और जो रास्ता मैंने उनमें आर.एस. एस. के लिए सुझाया था, उसको स्वीकार कर लें। मुझे पूर्ण विश्वास है कि उसी में आर.एस.एस. और देश का कल्याण है और उसी रास्ते पर चलकर हम एक होकर देश की भलाई कर सकते हैं। यह तो आपको स्वयं ज्ञात है कि एक नाजुक घड़ी से हम लोग गुज़र रहे हैं। देश के हर व्यक्ति, छोटे से छोटे व बड़े से बड़े का यह

कर्तव्य है कि देश की सेवा के लिए जिस किसी प्रकार भी हो सके, अपनी देन पूरी करे। इस नाज़ुक समय पर पार्टीबन्दी का अर्थात् पुराने मतभेदों का अवसर नहीं है। मेरा पूर्ण विश्वास है कि आर.एस.एस. वाले अपने देशप्रेम को कांग्रेस से मिलकर ही निभा सकते हैं, अलग होकर या विरोध करके नहीं। मुझे इस बात की ख़ुशी है कि आपको छोड़ दिया गया। आशा है, आप मेरे विचारों पर ध्यान देकर उचित निश्चय पर पहुँचेंगे। आप पर जो रुकावट लगा दी गयी है, उसके विषय में सी.पी. सरकार से पूछताछ कर रहा हूँ। उनका उत्तर आने पर फिर आपको सूचित करूँगा।

आपका
वल्लभभाई पटेल

गोलवलकर का नेहरू को पत्र

माननीय, प. नेहरू

कैम्प नागपूर
24 सितम्बर 48

लगभग डेढ़ मास पूर्व मैंने आपको एक पत्र लिखा था। उत्तर प्राप्त होने का सौभाग्य मुझे अभी तक प्राप्त न हो सका। पुनः लिखने का विचार मैं स्थगित करता गया क्योंकि हैदराबाद का प्रश्न गम्भीर रूप धारण कर रहा था। और सरकारी कार्यवाही अपरिहार्य दिखायी दे रही थी। उस समस्या का सबसे महत्त्वपूर्ण भाग सफलतापूर्वक हल हो जाने के कारण अब आपको लिखना मैं उचित समझता हूँ।

हैदराबाद में प्राप्त हुई सफलता से उत्पन्न हुई कुछ प्रशान्त वातावरण में मैं आपसे राष्ट्रीय स्वयंसेवक संघ पर लगाये गये प्रतिबन्ध के प्रश्न पर पुनः विचार करने की प्रार्थना करता हूँ। संघ पर प्रतिबन्ध लगाये लगभग आठ मास व्यतीत हो गये हैं तथा इस विषय की सब प्रकार की छानबीन की जा चुकी है। मुझे विश्वास है कि अब आपको भली-भाँति अनुभव हो गया होगा कि संघ पर लगाये गये आरोप मिथ्या तथा निराधार हैं। अतएव यह विषय तो अब केवल न्याय का ही प्रश्न है और अपनी ही सरकार से ऐसे न्याय की आशा करना हमारा अधिकार है।

संघ के विसर्जित किये जाने के कारण इस बीच के समय में बुद्धिमान नवयुवक कम्युनिज़्म के जाल में फंसते जा रहे है। ब्रह्मा, हिन्दचीन, जावा तथा पड़ोस के दूसरे राज्यों में भी कुछ आतंकपूर्ण घटनाएँ हुई हैं, उनसे इस आगामी विभीषिका की कल्पना की जा सकती है। इस संकट का सुदृढ़ प्रतिरोधक संघ आज विद्यमान नहीं है।

कम्युनिस्टों ने संघ को अपने पथ का सबसे बड़ा रोड़ा समझा और इसलिए वे सदा उसके विरुद्ध विष-वमन तथा कुत्सिक प्रचार करते रहे। महात्मा जी की हत्या और संघ पर प्रतिबन्ध से उन्हें अपने जीवन का सबसे बड़ा अवसर हाथ लगा और उन्होंने संघ को नीचे गिराने तथा अपने कार्य को बढ़ाने हेतु इस अवसर से अनुचित लाभ उठाया। उनकी प्रगति के समाचार भयावह हैं। आशा है, आप शान्त चित्त से इस समस्या पर विचार करेंगे। और ऐसा वायुमण्डल निर्माण करने में सहायक होंगे जिसमें संघ अपने सांस्कृतिक आधार पर सम्मानपूर्ण कार्य करता हुआ इस नयी विभीषिका का मुँह तोड़ने में सरकार का हाथ बँटा सकें। संघ पर लगाये गये प्रतिबन्ध को हटाने तथा उस पर लगाये गये आरोपों को असन्दिग्ध रूप से वापस लेने से ही वैसा वातावरण निर्माण हो सकता है।

मुझे पूर्ण विश्वास है कि लगाये गये वृथा आरोपों के कलंक से सर्वथा विमुक्त होकर हमारा यह सांस्कृतिक संगठन उस संकट पर विजय प्राप्त कर सकेगा। अब मैं निश्चेष्ट एवं असहाय बनकर बैठा नहीं रह सकता।

अतएव स्थिति पर पुनःविचार करने तथा संघ पर से प्रतिबन्ध हटाने की ही मेरी प्रार्थना है।

भवदीय

एम.एस. गोलवलकर

प्रान्तीय सरकारें नहीं मानती सरदार पटेल का जबाब

भाई श्री गोलवलकर

1, औरंगजेब रोड,नई दिल्ली

26/9/48

आपका पत्र 24 तारीख़ को मिला, मैंने आपके पहले का उत्तर 11 सितम्बर को भेजा था। पता नहीं क्यों, आपको नहीं मिला। उसकी एक नक़ल मैं भेजता हूँ। पहला पत्र न मिलने के कारण मैं यह उचित समझता हूँ कि यह पत्र भी शुक्ला जी द्वारा आपको भेजूँ।

आपके पत्र का जो उत्तर मैंने दिया था, उससे आपको सारी परिस्थिति मालूम हो जायेगी। संघ के विरुद्ध जो कार्यवाई की गयी है, सब प्रान्तों की सहमति से की गयी है। अभी हल ही में प्रान्तों की सलाह इस विषय में फिर ली गयी है, लेकिन प्रान्तों की राय अभी भी यही है कि संघ के ऊपर से ग़ैरकानूनी संस्था होने का नोटिफिराष्ट्र

हटाया नहीं जा सकता। आप स्वयं जानते है कि प्रान्तों के मन्त्रिमण्डल में सब अपने ही आदमी है। यदि उन सबका यही अभिप्राय है कि यह नोटीफिराष्ट्र जारी रखा जाये तो संस्था में ही कोई त्रुटि होगी। किसी को संस्था के प्रति कोई द्वेष नहीं है।

इन सब बातों को देखते हुए मेरी आपको यही सलाह होगी कि संघ को एक नयी रीति और एक नयी नीति पर लाना चाहिए। वह नयी रीति या नीति केवल कांग्रेस के नियमों के अनुसार ही हो सकती है। विद्यार्थियों में या युवकों में जोश है, तो उसका निकाल केवल अत्याचारों द्वारा या अपघातों द्वारा नहीं हो सकता। उसके लिए और भी सीधे मार्ग हैं जिन पर युवकों और विद्यार्थियों को चलाने के काम में मेरी निजी व सरकार की पूरी-पूरी सहानभूति हो सकती है।

आपको यहाँ आने के बारे में मैने शुक्ला जी को लिखा है। उनका उत्तर आने पर मैं आपको फिर लिखूँगा।

आपका

वल्लभभाई पटेल

साम्प्रदायिक दृष्टिकोण जवाहरलाल नेहरू की ओर से जवाब

प्रधानमन्त्री कार्यालय

नयी दिल्ली

27 सितम्बर, 1948

प्रिय श्री गोलवलकर

प्रधानमन्त्री को 24 सितम्बर का आपका पत्र मिला। उन्होंने मुझे आपको यह सूचित करने के लिए कहा है कि राष्ट्रीय स्वयं सेवक संघ पर प्रतिबन्ध रखने न रखने का प्रश्न गृह विभाग के अधीन है। अत: आपका पत्र उसके पास भेजा जा रहा है।

किन्तु उन्होंने आपको सूचित करने के लिए मुझसे यह कहा है कि आपका यह कथन है कि राष्ट्रीय स्वयंसेवक संघ निर्दोष है और उसके विरुद्ध लगाये गये अभियोग निराधार हैं, वे स्वीकार करने को तैयार नहीं है। सरकार के पास पर्याप्त प्रमाण है जो प्रकट करते हैं कि राष्ट्रीय स्वयंसेवक संघ ऐसी कार्यवाही में संलग्न था जो राष्ट्र विरोधी तथा जनहित की दृष्टि से आपत्तिजनक थी। राष्ट्रीय स्वयंसेवक संघ पर प्रतिबन्ध लगाये जाने के कुछ पूर्व प्रधानमन्त्री को ज्ञात हुआ था कि युक्त प्रान्तीय सरकार ने आपके पास एक नोट भेजा था जिसमें युक्त प्रान्त में संघ की उक्त कार्रवाई के सम्बन्ध में प्रान्तीय सरकार द्वारा संकलित कुछ प्रमाण थे। अन्य प्रान्तों

के पास भी इस प्रकार के प्रमाण हैं। प्रतिबन्ध लगाये जाने के पश्चात् भी हमें राष्ट्रीय स्वयंसेवक संघ के पुराने सदस्यों की अवांछनीय कार्रवाई के सम्बन्ध में जानकारी मिली है। इस प्रकार की जानकारी हमारे पास अभी भी आ रही है। आप यह स्वीकार करेंगे कि इस जानकारी के होते हुए सरकार राष्ट्रीय स्वयंसेवक संघ को जनहित की दृष्टि से हानिरहित संस्था नहीं समझ सकती। देश की साम्प्रदायिकता को उखाड़ फेंकना सरकार की नीति है। अतः ऐसे किसी संगठन को प्रोत्साहित नहीं किया जा सकता जो साम्प्रदायिक दृष्टिकोण को बढ़ावा देता है।

राष्ट्रीय स्वयंसेवक संघ का लक्ष्य और उसके कार्यकलाप निश्चित ही साम्प्रदायिक हैं। कभी-कभी उसके नेता जो कहते हैं वह, जो प्रत्यक्ष किया जाता है उसके साथ मेल नहीं खाता। संघ के बाहरी लक्ष्य और वास्तविक व्यवहार में महान् अन्तर है।

भवदीय

ए.वी. पाई

निराधार अभियोग प्रधानमन्त्री से प्रमाणों को प्रकट करने की माँग

सेवा में,

20, बाराखम्भा रोड, नयी दिल्ली,

3/11/48

माननीय जवाहरलाल नेहरू
भारत के प्रधानमन्त्री

मान्यवर

आपका 27 सितम्बर, 1948 का पत्र मिला, जिस पर आपकी ओर से श्री ए.वी. पाई के हस्ताक्षर थे, मुझे यथासमय प्राप्त हुआ। 24 सितम्बर, 1948 को मेरे पत्र के उत्तरस्वरूप आपका यह पत्र मुझे 4 अक्टूबर, 1948 को मिला। इतनी देर हो चुकी थी कि इग्लैंड जाने के पूर्व आपको उसका उत्तर देना सम्भव नहीं हो सकता था। अतः अब जब आप दिल्ली वापस आने को हैं, इस पत्र को इस आशा से भेज रहा हूँ कि आप इस पर ध्यानपूर्वक विचार करेंगे।

सबसे पहले मैं यह कह देना चाहता हूँ कि युक्त प्रान्त कि सरकार ने मुझे भेजे गये तथाकथित नोट के सम्बन्ध में सही जानकारी केन्द्रीय सरकार को नहीं दी है।

मुझे तथा युक्त प्रान्त में काम करने वाले मेरे भूतपूर्व किसी सहयोगी को कभी भी इस प्रकार का कोई नोट प्राप्त नहीं हुआ। यदि वह सचमुच भेजा गया है तो उसका क्या हुआ, यह मेरे लिए एक रहस्य है। राष्ट्रीय स्वयंसेवक संघ पर प्रतिबन्ध लगाये जाने के बहुत पहले मैंने भी एक अभियोग पत्र के सम्बन्ध में, जिसे युक्त प्रान्तीय सरकार हमारे विरुद्ध तैयार कर रही थी, बहुत कुछ सुना था। महीने बीत गये, किन्तु वह सामने नहीं आया।

प्रमाणों के सम्बन्ध में मैं यह भी कह दूँ कि युक्त प्रान्तीय सरकार के मुख्यमन्त्री के संसदीय सचिव श्री गोविन्द सहाय ने 'नाज़ी टेकनीक और आर.एस.एस.' शीर्षक एक पुस्तक हिन्दी में लिखी है और ये उच्च सरकारी अधिकारी के पद से उसका खूब प्रचार कर रहे हैं। उस पर एक दृष्टि डालने पर ही स्पष्ट हो जाता है कि वह आदि से अन्त तक मन गढ़न्त और कुत्सित झूठ से भरी पड़ी है। यह है प्रमाणों का स्वरूप जो युक्त प्रान्तीय सरकार के पास है।

यदि वास्तव में केन्द्रीय और प्रान्तीय सरकारों के पास राष्ट्रीय स्वयंसेवक संघ या उसके कतिपय सदस्यों के विरुद्ध दोषी प्रमाणित करने योग्य प्रमाण हों तो क्या यह उचित नहीं है कि सरकारें इन तथाकथित अपराधियों के विरुद्ध वैधानिक कार्यवाई करें? जहाँ तक मैं जानता हूँ, पिछले इन कई महीनों में विभिन्न सरकारों ने असाधारण विशेष क़ानून का उपयोग करने का मार्ग ही स्वीकार किया और दण्ड विधान की धाराओं के अन्तर्गत किसी व्यक्ति या व्यक्ति समूह पर क़ानूनी कार्यवाई नहीं की। एक मुक़दमे का, जिसका बहुत ढोल पीटा गया था और जो मुज़फ़्फ़रनगर के काँधला काण्ड के नाम से विख्यात है, निर्णय पिछले सप्ताह में ही हो गया है। प्रतीत होता है कि युक्त प्रान्तीय सरकार के तथाकथित अभियोग पत्र का सम्पूर्ण आधार यही था। न्यायाधीश के सुपठित तथा सन्तुलित निर्णय पर दृष्टिपात मात्र से ही राष्ट्रीय स्वयंसेवक संघ के कुछ सदस्यों के विरुद्ध महान् प्रमाण की असत्यता स्पष्ट हो जाती है।

स्वतन्त्र राज्य की वैधानिक सरकार के शासन में, जो सरकार नागरिकों के मुलभूत अधिकारों को प्रतिपादित करती है और अपने विचारों के अनुसार कार्य करने तथा उन्हें शक्तिपूर्ण तरीक़ों से प्रचारित करने का उनका अधिकार मानती है, हम इसे अपना अधिकार समझते हैं कि सरकार उन प्रमाणों को हमारे सामने उपस्थित करे। जिससे हम उन अभियोगों का निराकरण कर सकें। किसी भी सुसभ्य सरकार के लिए, जैसा कि अपनी है, यह सर्वथा अनुचित है कि वह किसी भी वर्ग अथवा

व्यक्ति पर बिना पर्याप्त पुष्ट प्रमाण उपस्थित किये गम्भीरतम अभियोग लगाये और अभियुक्त को अपनी निर्दोषिता प्रमाणित करने का अवसर भी न दे। राष्ट्रीय स्वयंसेवक संघ के सम्बन्ध में मुझे बाध्य होकर यह कहना पड़ रहा है कि हम पर लगातार अभियोग लगाते जाना, सरकारी प्रतिबन्ध की आड़ में व्यक्तियों तथा गुटों को हमारे विरुद्ध गन्दा प्रचार करने का अवसर देना और साथ ही जन सुरक्षा क़ानून जैसे असाधारण क़ानूनों द्वारा सब प्रकार से हमारा मुँह बन्द करना हमारे साथ महान् अन्याय है। मैं समझ नहीं पाता कि जिस सरकार को हम प्रेम और आदर से देखना चाहते हैं, उसे इस प्रकार के कार्य कैसे शोभा देंगे?

इस संक्षिप्त पत्र में मैंने यही निर्देशित करने की चेष्टा की है कि वे प्रमाण जैसा कि उनका स्वरूप है, अविश्वसनीय हैं। इन प्रमाणों की एक बार जाँच-पड़ताल कर वास्तविक तथ्य को निर्धारित करना होगा। मेरा निवेदन है, इस प्रश्न पर आप हमारे प्रधानमन्त्री के नाते पक्षपातरहित न्यायपूर्ण एवं विधायक दृष्टिकोण से विचार करे तथा मुझे और मेरे साथियों पर लगाये गये आरोपों का निराकरण करने तथा अपनी निर्दोषिता सिद्ध करने का अवसर अवश्य दें। साथ ही मेरा यह भी निवेदन है कि लगाये गये आरोपों की प्रमाणहीनता को देखते हुए राष्ट्रीय स्वयंसेवक संघ पर लगाया गया प्रतिबन्ध उठा लिया जाये। मैं यह भी निवेदन करूँगा कि इस सम्बन्ध में अब नयी-नयी बातें जोड़कर प्रस्तुत न की जाएँ क्योंकि ऐसा करना न्याय एवं विधान की स्थापित परम्परा के प्रतिकूल होगा।

आपसे प्रत्यक्ष मिलकर यदि अपनी स्थिति भली-भाँति समझाने का अवसर मुझे मिल सका तो मैं आपका बड़ा कृतज्ञ रहूँगा। भेंट करने के समय एवं तिथि की आप कृपया सूचना देंगे।

शीघ्र प्रत्युत्तर की आशा में।

भवदीय

एम.एस. गोलवलकर

गोलवलकर का सरदार पटेल को जवाब

20, बाराखम्भा रोड

5/11/48

मान्यवर सरदार पटेल जी

सादर प्रणाम!

आपके वहाँ से बम्बई के लिए प्रस्थित होने के पश्चात् आप ही की ओर से कुछ सूचनाएँ मेरे पास आयीं। उनका सारांश यह है कि मेरा देहली आने का कार्य

हो चुका। प्रान्तों से जो राय मँगायी थी, वह संघ से प्रतिबन्ध उठाने के प्रतिकूल आ चुकी है। अब मैं यहाँ न रहकर नागपुर ही लौट जाऊ कारण मेरे ऊपर के निर्णय केवल इसलिए उठाये गये थे कि मैं देहली आकर आपसे भेंट कर सकूँ और संघ से प्रतिबन्ध हटाने के लिए प्रार्थना समक्ष कर सकूँ। वह काम हो चुका है। सब प्रान्तों की राय प्रतिकूल होने से अब मात्र वार्तालाप की आवश्यकता नहीं है। अत: अब आप मुझसे मिलेंगे भी नहीं। आपने मुझसे फिर न मिलने का निश्चय किया, वह बात जानकार ही यह छोटा-सा पत्र सेवा में भेज रहा हूँ।

एक बात प्रथम स्पष्ट कर देना चाहता हूँ कि मेरे ऊपर के प्रति निबन्ध केवल किसी कार्य विशेष के लिए हटाये जाने का मुझे पता नहीं। मैंने माननीय पण्डित द्वारकानाथ मिश्रा से यह बात बहुत पहले अगस्त में कह रखी थी कि केवल दिल्ली जाने की अनुमति या उस शर्त पर प्रति निबन्धों का उठाया जाना मैं चाहता नहीं था। सरकार अच्छा-बुरा सोचकर बिना शर्त के प्रतिबन्ध उठाये तो ठीक। अर्थात् प्रतिबन्ध हटते ही संघ को वैध कराने के प्रयत्नों में मैं प्रथम दिल्ली जाऊँगा यह मैंने कहा था। परन्तु इस मत पर प्रति निबन्ध लगे, यह मैं मान्य करने के लिए सिद्ध नहीं था। अत: बिना शर्त प्रति निबन्ध लगा का समाचार पढ़ने के बाद ही मैं यहाँ आने के लिए चल पड़ा। दूसरी बात अनेक बार अनेक लोग अनेक प्रकार के प्रश्न पूछते हैं। उनका संकलित उत्तर 2/11/48 को दो व्यक्तव्यों में प्रकाशित करवाकर देने का मैंने प्रयत्न किया है। दोनों की प्रतियाँ पत्र के साथ भेज रहा हूँ। उन्हें आप ध्यानपूर्वक पढ़ें यह प्रार्थना है।

तीसरी बात-भिन्न-भिन्न प्रान्तों से आपने संघ से प्रतिबन्ध उठाने के विषय में राय मँगवायी थी और मुझे यह बताया भी था। उसी समय मैंने यह कहा था कि यह प्रश्न तो केन्द्रीय सरकार का और विशेष रूप से केवल आपका ही है। प्रतिबन्ध लगाते समय जहाँ तक सब जानते हैं, केन्द्रीय सरकार ने ही अपनी इच्छा से अपनी आज्ञा प्रकट की और तत्पश्चात् दूसरे दिन अन्य प्रान्तों में तथा कुछ एक के अन्तर रियासतों में भी वह आज्ञा केवल जारी की गयी।

अनेक प्रान्त के मन्त्रियों से मिलने गये मेरे मित्रों से यही कहा गया कि हम उदासीन हैं। कुछ प्रान्तों में यह अवश्य कहा गया कि हम विरुद्ध हैं। परन्तु सब लोगों ने यही अन्तिम बात कही कि यह तो केन्द्रीय सरकार का प्रश्न है, हम उनके आदेश के अनुसार चलेंगे। और यही बात मैंने भी आपसे की थी कि वास्तव में केन्द्रीय सरकार के अधिकार का ही यह प्रश्न है और बाक़ी के प्रान्त केन्द्रीय सरकार के निर्देशानुसार चलेंगे। अब प्रान्तीय सरकारें केन्द्रीय सरकार की और केन्द्रीय सरकार

प्रान्तीय सरकारों की ओर अंगुली निर्देश करते हुए इस प्रश्न को केवल उड़ा देने में ही सफल हो सकती हैं। परन्तु किसी का समाधान हो सके, ऐसे निर्णय पर तो नहीं पहुँच सकेंगे। ऐसा होना कहाँ तक वांछनीय है, आप स्वयं सोचें।

संघ की निर्दोषिता उपयुक्तता तथा नितान्त आवश्यकता मात्र ही प्रमाणित हो जाएगी, हो रही है। अप्रचार से सत्य दीर्घ काल तक ढांका नहीं जा सकता।

एक बार फिर से यह निवेदन करना चाहता हूँ कि संघ के ऊपर लगाये गये सब आरोप निराधार, प्रमाण शून्य एवं मिथ्या हैं। उनके अत्यधिक प्रचार से ही आप जैसे गम्भीर पुरुष का भी मन विचलित हो उठा, ऐसे प्रतीत होता है। मैं अपने कार्य को जानता हूँ। उसमें फिर किस उच्च श्रेणी का भाव, सांस्कृतिक दृढ़ता, त्याग, नि:स्वार्थ जनसेवा और नितान्त राष्ट्रप्रेम से भरे हुए व्यक्तियों विशेष कर युवकों का निर्माण होता है, उनमें कितना विशुद्ध प्रेम प्रकट होता है, उदात्त चरित्र विकास आता है, इसका मैं नित्य अनुभव करता आया हूँ। इस पवित्र कार्य के ऊपर घृणित आरोप लगा देखकर मैं आश्चर्य और दु:ख से दुखित हो उठा हूँ। इतना अपप्रचार होने के बाद और अनेकों अविवेकी व्यक्तियों द्वारा प्रत्यक्ष आघात होने के बाद और अब भी जो संयम संघ के स्वयंसेवकों ने प्रकट किया और आपसी झगड़ों तथा कटूता का निवारण अपने सभ्यतापूर्ण विवेक से किया, यह एक ही उदाहरण संघ के विशुद्ध भावों को सिद्ध करने के लिए पर्याप्त है।

अस्तु, देश की नाजुक अवस्था को देखकर और उज्ज्वल भविष्य के निर्माण के लिए विघटना नष्ट करने की आवश्यकता को दृष्टि में रखकर मैंने शान्तता से चलने की सब स्वयंसेवक बन्धुओं को सीख दी थी। और शान्ततामय मार्ग से समझौता हो, इस निमित्त प्रयत्न किया। राजनैतिक क्षेत्र में कार्यक्षम और वर्तमान काल में शासनारूढ़ कांग्रेस और सांस्कृतिक क्षेत्र में बन्धु-भाव, दृढ़ राष्ट्रप्रेम तथा राष्ट्र-निर्माण करने में दृढ़ सकंल्पित राष्ट्रीय स्वयंसेवक संघ इनके बीच में वैमनस्य न हो, ये परम्परा पूरक हो और इनका कहीं पवित्र मिलन हो, इसलिए मैंने पूरी शक्ति से प्रयत्न किया। सहकार्य का हाथ आगे बढ़ाया। मुझे अत्यन्त दु:ख से कहना पडता है कि मेरी सद्भावनाओं की आपकी ओर से उपेक्षा की गयी। मेरे मन की इच्छा दोनों प्रवाहों का संयोग अतृप्त होकर रही है। हो सकता है कि परम करुणामय परमात्मा मेरे लिए किसी अन्य मार्ग की ओर संकेत कर रहा हो और सम्भवत: उसी में इस देवभूमि भारतवर्ष के भाग्य उदय के बीज हों।

मार्ग विभिन्न होते समय मेरी यह इच्छा है कि एक बार आपके दर्शन करूँ। यद्यपि आपने मुझसे न मिलने का विचार किया हो तथापि मैं आपसे प्रार्थना करता हूँ

कि आप एक अवसर मुझे दें। संघ को वैध कराने के विषय में आपके और मेरे बीच में अद्यपित कुछ मतभिन्नता उत्पन्न हो गयी हो, मैं व्यक्तिश: आपको बहुत मानता हूँ और केवल इसी दृष्टि से विभक्त मार्ग अनिच्छा से ही क्यों न हो, अपनाने के समय आपसे मिलकर जाने की इच्छा है।

एक छोटी सी बात ता. 2/11/48 को सायंकाल दिल्ली ज़िलाधीश ने मुझे निबन्ध आज्ञा भेजी थी। प्रथम परिच्छेद में लिखी घटनाओं से तर्क है कि आपसे परामर्श कर आपकी सूचना के अनुसार ही यह किया होगा। इस नीति की मैंने आशा नहीं की थी। अत्यन्त खेद का अनुभव करते हुए मैंने वह आज्ञापत्र वापस कर दिया है क्योंकि मैं उसे अकारण व अन्याय समझता हूँ।

और सब कुशल है। त्वरित पत्रोत्तर की प्रतीक्षा है।

आपका शुभाकांक्षी

एम.एस. गोलवलकर

गोलवलकर द्वारा प्रधानमन्त्री से भेंट की माँग

माननीय प. जवाहरलाल नेहरू जी,

20, बाराखम्भा रोड, नयी दिल्ली,

8/11/48

प्रणाम!

मध्य प्रान्तीय सरकार द्वारा मुझ पर लगाये गये बन्धनों के हटने के पश्चात् मैं तुरन्त ही आवश्यक व्यक्तियों से मिलने के लिए दिल्ली आया। इन दिनों में आपके विदेश से लौट आने की प्रतीक्षा करता रहा जिससे मैं आपसे प्रत्यक्ष भेंट का अवसर प्राप्त करूँ? इस भेंट का जो भी परिणाम हो, मैं यह आवश्यक समझता हूँ कि अपने तथा जिस कार्य का मैं प्रतिनिधित्व करता हूँ, उसके विषय में अनर्गल कही जा रही बातों के निराकरण का प्रयत्न करूँ।

1947 के अक्टूबर में जब मैं आपसे मिला था, मैने कहा था कि मैं आपसे फिर मिलूँगा। किन्तु मेरे अनवरत भ्रमण के कारण यह असम्भव हो गया। मुझे आशा है कि वह अवसर अब मुझे मिला है। आप मुझे भेंट की तिथि और समय सूचित कर अनुगृहित करें। आपसे मिलकर मुझे गत अक्टूबर 1947 में दिये हुए अपने इस

आश्वासन को फिर से दुहराने का अवसर मिलेगा जिसमें मैंने इस नाज़ुक समय में सरकार के साथ बिना किसी टकराव के सहयोग करने की बात कही थी।

शीघ्र उत्तर की प्रतीक्षा में :

भवदीय
एम.एस. गोलवलकर

गोलवलकर को नेहरू का जवाब.1

क्र. 1396 प्र.भ.
10 नवम्बर, 1948

प्रिय श्री गोलवलकर

मुझे आपके 3 और 8 नवम्बर के पत्र मिले।

आन्तरिक मामलों से भारत सरकार के गृह विभाग का ही सम्बन्ध है। अतः राष्ट्रीय स्वयंसेवक संघ की समस्या को उसी को हल करना है। मैं समझता हूँ कि उन्होंने इस प्रश्न पर पर्याप्त ध्यान दिया है और प्रान्तीय सरकारों से परामर्श भी किया है। मेरा सुझाव है कि आपको उसी विभाग से सीधे पत्र-व्यवहार करना चाहिए।

आपने मेरे पास काग़ज़-पत्र भेजे हैं, वे मैं उनके पास भेज रहा हूँ।

गत वर्ष केन्द्रीय तथा प्रान्तीय सरकारों को राष्ट्रीय स्वयंसेवक संघ के उद्देश्य और कार्यकर्ताओं के सम्बन्ध में बहुत-सी जानकारियाँ प्राप्त हुई। आपने संघ की ओर से जो कुछ कहा है, उसका प्राप्त जानकारी से सामंजस्य नहीं है। सच तो यह दिखायी देता है कि संघ के घोषित उद्देश्यों का वास्तविक उद्देश्यों और राष्ट्रीय स्वयंसेवक संघ के लोगों द्वारा किये जाने वाले कार्यकलापों से ज़रा भी सम्बन्ध नहीं है। यह भी प्रतीत हुआ कि ये वास्तविक उद्देश्य भारतीय संसद के निश्चयों और भारत के प्रस्तावित संविधान की धाराओं के सर्वथा विपरीत हैं। हमारी जानकारी के अनुसार वे कार्यकलाप राष्ट्रविरोधी और बहुधा विध्वंसात्मक तथा हिंसापूर्ण है। अतः आप यह स्वीकार करेंगे कि केवल आग्रहपूर्ण कथन बहुत उपयोगी नहीं हो सकता। मैं आपसे प्रसन्नता के साथ मिलता, किन्तु यूरोप से लौटने पर अत्यधिक व्यस्त होने के अतिरिक्त मुझे यह प्रतीत नहीं होता कि इस प्रकार की भेंट से कोई लाभ हो सकेगा। चूँकि प्रश्न गृह विभाग के हाथ में है, यह उचित है कि आप उससे सीधा पत्र-व्यवहार करें।

भवदीय
जवाहरलाल नेहरू

गोलवालकर का पुनः नेहरू को पत्र

20, बाराखम्भा रोड, नयी दिल्ली,
12/11/1948

माननीय पं. जवाहरलाल नेहरू

प्रणाम!

दिनांक 10 के त्वरित कृपा पत्रोत्तर के लिए मैं आपका कृतज्ञ हूँ। मैं समझता हूँ कि यह पत्र पूर्ण विचार के पश्चात् लिखा गया होगा। यह पत्र प्राप्त होने पर मुझे पत्र-व्यवहार जारी रखने की आवश्यकता नहीं थी क्योंकि इस पत्र से प्रकट होता है कि आप अब इस प्रश्न पर विचार करने को ही तैयार नहीं हैं।

किन्तु आपके दिनांक 10 के कृपापत्र के कारण उपस्थित कुछ बातों को आपके सामने रखना मेरे लिए आवश्यक हो गया है। मुझे प्रतीत होता है कि सरकार का यह कथन अतिशयोक्तिपूर्ण है कि उसे राष्ट्रीय स्वयंसेवक संघ के सम्बन्ध में हम सब लोगों उसके सभी सदस्यों की अपेक्षा अधिक जानकारी है और गत वर्ष उसे बहुत अधिक जानकारी प्राप्त हुई है। इस अवधि में नौ महीने या इससे कुछ अधिक समय से राष्ट्रीय स्वयंसेवक संघ कार्य ही नहीं कर रहा है और जहाँ तक सदस्यों का व्यक्तिगत सम्बन्ध है, सभी प्रमुख लोग इस अवधि में से अधिकांश समय जेल में थे और किसी भी प्रकार की कार्यवाही नहीं कर सकते थे। आपके कथानानुसार आपके पास जिस कार्यवाही के सम्बन्ध में विपरीत जानकारी पहुँची है, उसमें सच्चाई का अग नहीं हो सकता। मुझे आशा है कि आप अपने पत्र की इस स्पष्ट असंगति पर अवश्य ध्यान देंगे।

और प्रतीत होता है कि उक्त जानकारी से आपने यह समझा है कि वह कार्रवाही राष्ट्रविरोधी है। यह एक गम्भीर अभियोग है जिसे किसी पर सहज में लगाना उचित नहीं। इसके लिए ठोस तथा तथ्यपूर्ण प्रमाणों की आवश्यकता है। केवल भावनाएँ और सम्मतियाँ इस विषय में कोई क़ीमत नहीं रखतीं। जिन पर अभियोग लगाये गये हैं उन्हे उसकी जाँच-पड़ताल करने की अनुमति दिये बिना सरकार के पास जानकारी है यही केवल बार-बार कहना व्यर्थ है। हम दोनों इस बात को स्वीकार करें कि केवल आग्रहपूर्वक कथन अधिक उपयोगी नहीं होता। जब तक सरकार केवल कहती और अभियोग लगाती रहेगी किन्तु अखण्डनीय प्रमाणों से उसे हम पर साबित न करेगी, हम केवल इतना ही कह सकते हैं और वह व्याक्य भी होगा कि ये सब अभियोग झूठे हैं और हमारे साथ अन्याय किया जा रहा है।

यदि कोई न्यायाधीश किसी व्यक्ति के किसी अपराध के लिए चाहे वह कितना ही छोटा क्यों न हो, बिना प्रमाण बताये केवल यह कहकर कि उसके विरुद्ध बहुत कुछ जानकारी है, दण्ड देता है तो न्यायाधीश का वह कार्य स्वत: निन्दनीय हो जाता है, और एक भी प्रमाण न बताकर जब ऐसे गम्भीर अभियोग लगाये जाते हैं तो तब हम क्या कहेंगे। क्या हम उस अन्धयुग की ओर वापस लौट गये है जहाँ कुछ व्यक्तियों और दलों की भावनाएँ, सम्मतियाँ और इच्छाएँ ही न्याय और राष्ट्रीय हुआ करती थी। और किसी भी व्यक्ति या वर्ग को केवल अपने मनोरंजन के लिए फाँसी तक की सज़ा दे दी जाती थी? यह एक ऐसा अवैधानिक कार्य है जिससे अधिक की हम कल्पना भी नहीं कर सकते। क्या भारतीय संसद के निश्चयों से यह कोसों दूर नहीं है?

जहाँ तक मैं जानता हूँ, राष्ट्रीय स्वयंसेवक संघ के उद्देश्यों में कोई ऐसी बात नहीं है जिस पर भारतीय संसद आपत्ति कर सके। संसद के जो निश्चय तब तक प्रकाशित हो चुके है, उनके विरुद्ध भी उसमें कुछ नहीं है। जहाँ तक प्रस्तावित संविधान की धाराओं के विरुद्ध होने की बात है, अधिक अच्छा होता यदि वह बात आपके हमारे प्रधानमन्त्री हाथ न लिखी गई होती, यह वैसा ही विचित्र है जैसा कि एक वर्ष या इससे अधिक अवधि के बाद जन्म लेने वाले व्यक्ति की हत्या का प्रयत्न करने के अपराध में किसी व्यक्ति को दण्ड देना है।

एक बात और, हमारे लिए तो हमारे घोषित उद्देश्य ही वास्तविक हैं और हमारे उन वास्तविक उद्देश्यों को हमारे सदा ही स्पष्ट कहा है। वास्तविकता को भीतर छिपाकर दूसरा चोला पहनना, जो अभिप्रेत नहीं है उसे ही प्रकट करना, विचार, शब्द तथा कार्य में कभी सामजस्य न रखना, ये सब छद्मवेश के स्वरूप है, और हो सकता है कि ये चतुर कुटनीति तथा राजनीतिज्ञ के लिए आवश्यक गुण हों। हम लोग राजनीति में अलग सांस्कृतिक क्षेत्र में चरित्र तथा एकता के निर्माण के लिए अपने समाज के साधारण सेवक मात्र हैं। हमारे कार्य में उस कला के लिए स्थान नहीं है। जिसमे घोषित उद्देश्यों में वास्तविक उद्देश्य छिपाया जाता है।

कुछ स्पष्टवादिता के लिए आप हमें क्षमा करें। किन्तु निरन्तर अन्याय जाँच के लिए सामने न आ सकनेवाली बहुत कुछ जानकारी का बराबर ढोल पिटते रहने तथा आपके प्रत्येक पत्र में कुछ अनोखे और पहले न सोचे हुए अभियोगों को लगाये जाने से मैं अपनी कुछ उलट भावनाएँ बाध्य होकर प्रकट कर रहा हूँ। सरकार के विशिष्ट रूख़ के कारण हमारे कार्य के साथ इतना अधिक अन्याय किया गया है कि वह आगे चलकर अनिवार्यत: बुरी परिपाटी उपस्थित करेगा। मुझे डर है कि यह

अभागा देश निरन्तर होने वाले कलह तथा पारस्परिक अविश्वास में डूब ही जायेगा। पिछले एक हज़ार वर्ष का इतिहास इन कलहों से भरा हूआ है। जिसका परिणाम पराजय और हमारे अध:पतन में हुआ है। मुझे आशा है कि अब जब देश पिछली दस शताब्दियों की विच्छिन्नावस्था से पहली बार ऊपर उठ रहा है, हम लोग अधिक सुज्ञ और अधिक विवेकपूर्ण बनकर हमारे देश के इतिहास के उसी दुर्भाग्यपूर्ण अंश को दूसरे नाम से दुहराने नहीं देंगे।

काश! यदि मुझे आपसे मिलने का अवसर दिया गया होता तो मैं बहुत प्रसन्न और कृतज्ञ होता। किन्तु जैसी आपकी इच्छा। प्रतीत होता है कि हम लोगों के मार्ग विलग हो रहे हैं। माता की पूजा विभिन्न मार्गों से की जा सकती है। सभी मार्गें आज नहीं तो कल, माता के पवित्र चरणों पर ही जा मिलेंगे। मैंने अपने मार्गें मिल जायें और एक हो जायें, इसके लिए प्रयत्न और आशा की थी। किन्तु माता की यह इच्छा नहीं दिखायी देती। मैं उसकी आज्ञा मानूँगा और आपके प्रति पूर्ण प्रेम और आदर के साथ उस मार्ग पर जिसका भगवती मुझे संकेत देगी, चलने की तैयारी करूँगा।

आपके विचारपूर्ण उत्तर से मैं उपकृत होऊँगा।

भवदीय

एम.एस. गोलवलकर

गोलवलकर का पुन: नेहरू को पत्र

माननीय पं. नेहरू

प्रणाम!

20, बाराखम्भा रोड, नयी दिल्ली,
13/11/48

कल शाम को जब साथ का पत्र लगभग तैयार ही था कि गृह विभाग का एक पत्र मुझे मिला जिसमें मुझे यह सूचित किया गया कि आपने मुझे 10 तारीख़ को जो पत्र भेजा है, उसके अनुसार प्रतिबन्ध नहीं हटाया जायेगा। आप कहते हैं कि इस प्रश्न पर निर्णय देने के लिए गृह विभाग पूर्णत: उत्तरदायी है, किन्तु गृह विभाग का निर्णय स्वतन्त्र रूप से न होकर आपके पत्र के बल पर होता है, यह एक आश्चर्य है। मैं यह भी कह दूँ कि गृह विभाग मुझे दिल्ली छोड़कर नागपुर जाने के लिए बाध्य कर अन्याय करना चाहता है। आप जानते हैं कि मैं केन्द्रीय सरकार से न्याय की माँग करने के लिए यहाँ आया था, क्योंकि इसका मुझे अधिकार है। अवैधानिक निश्चयों की कोई क़ीमत नहीं। या तो सभी अभियोग पूर्णत सिद्ध किये जायें अथवा बिना शर्त

वापस लेकर तुरन्त प्रतिबन्ध हटाया जाये। हम सुसभ्य राज्य होने का दावा करते हैं। ऐसे अवैधानिक निर्णय असभ्य युग के तानाशाही शासन अथवा किसी सीमा तक विदेशी एकतन्त्री शासन में शोभा दे सकते हैं। किन्तु मेरी सम्मति में आधुनिक सुसभ्य लोकतन्त्री सरकार को जो बिना पक्षपात तथा न्याय के साथ नागरिक अधिकारों को क़ायम रखने का दावा करती है, यह शोभा नहीं देता।

अतः हमारे साथ किये गये अन्याय का परिमार्जन होने तक मैंने राजधानी में रहने का निश्चय किया है।

समादर के साथ।

भवदीय

एम.एस. गोलवलकर

दिल्ली छोड़ने का अनुरोध गृह सचिव का पत्र

प्रिय श्री गोलवलकर,

नयी दिल्ली

12/11/1948

सरदार पटेल ने मुझसे कहा है कि मैं आपके 5 नवम्बर 1949 के पत्र तथा उसके साथ की सामग्री की प्रति सूचना भेजूँ और आपको यह सूचित करूँ कि उन्हें इस बात का बडा दु:ख है कि पूर्व निश्चित कार्यक्रम के कारण वे स्वयं उत्तर देने में असमर्थ हैं।

आपको अवश्य ही प्रधानमन्त्री का 10 नवम्बर, 1948 का पत्र मिला होगा। उसमें उन मुख्य विषयों पर, जिनका उल्लेख आपने सरदार पटेल को लिखे अपने पत्र में किया है, पूर्ण प्रकाश डाला गया है। सरदार पटेल को खेद है कि वे आपके साथ हुई पिछली भेंट के लिए अपने रूख़ को छोड़ने तथा गृह विभाग के श्री बेडेकर द्वारा मौखिक रूप से आपको सूचित भूमिका त्यागने में असमर्थ है। आपके संगठन पर लगाया गया प्रतिबन्ध हमने में प्रान्तीय सरकारों ने अपनी असमर्थता प्रकट की है तथा 10 नवम्बर के प्रधानमन्त्री के पत्र द्वारा आपको सूचित कारणों से भारत सरकार प्रान्तीय सरकारों को इसके विपरीत सलाह नहीं दे सकती। चूँकि वह कार्य जिसके निमित्त मध्य प्रान्तीय सरकार द्वारा आप पर लगाये गये प्रतिबन्ध हटाने थे, पूर्ण हो चुका है, आपका दिल्ली में अधिक रहना आवश्यक नहीं है।

अतः मैं आपसे अनुरोध करता हूँ कि आप नागपुर वापस लौटने की तुरन्त व्यवस्था करें। मैं यथाशीघ्र किन्तु कल सायंकाल तक अवश्य यह जानना चाहूँगा

कि आप इस सम्बन्ध में क्या प्रबन्ध कर रहे हैं, जिससे हम तद्नुसार मध्य प्रान्तीय सरकार को सूचित कर सके।

भवदीय
एच.बी.आर. अयंगर
सचिव, गृह विभाग

सरदार पटेल को गोलवलकर का पत्र

माननीय सरदार जी,

प्रणाम!

20, बाराखम्भा रोड, नयी दिल्ली
13/11/48

आपकी ओर से श्री अयंगर का पत्र कल सायंकाल मुझे प्राप्त हुआ। धन्यवाद! 10 नवम्बर को माननीय प्रधानमन्त्री द्वारा मुझे भेजे गये पत्र पर आधारित राष्ट्रीय स्वयंसेवक संघ पर से प्रतिबन्ध न हटाने का आपका निर्णय मुझे ज्ञात हो गया है। मुझे यह देखकर आश्चर्य हुआ कि जहाँ प्रधानमन्त्री ने अपने पत्र में मुझे यह सूचित किया है कि गृह विभाग को ही उस पर निर्णय करना है, वहाँ आपका निर्णय प्रधानमन्त्री द्वारा मुझे भेजे गये पत्र पर अवलम्बित है।

मै अपने कार्य के प्रति न्याय कराने के लिए दिल्ली आया था। किन्तु मुझे उसके स्थान पर विपरीत निर्णय प्राप्त हुआ। यह अवैधानिक निर्णय जनता के मूलभूत अधिकारों की दुहाई देनेवाली सभ्य सरकार को शोभा नहीं देता। प्रश्न पूर्णत: गृह विभाग ऊपर सौंपा गया है, अत: अब उसके लिए केवल दो मार्ग बचे हैं।

राष्ट्रीय स्वयंसेवक संघ को अवैध घोषित करते हुए 4 फरवरी 1948 को प्रकाशित विज्ञप्ति में कथित अभियोगों तक अपना ध्यान सीमित कर सर्वमान्य प्रमाणों द्वारा उन अभियोगों को साबित करें और हमें भी यह अधिकार दे कि हम उन प्रमाणों की जाँच-पड़ताल कर सकें। ऐसी जानकारी जो प्रमाणित नहीं हुई है, केवल आग्रहपूर्वक कथन और ऐसी जानकारी पर, जो बहुत ही गुप्त रखी गयी है, आधारित अवैधानिक निर्णय इस मामले में उपयोगी सिद्ध न होंगे।

सभी अभियोग निराधार तथा 'अप्रमाणनीय' होने के कारण वापस लेकर प्रतिबन्ध हटा लिखा जाये। मेरा विचार राजधानी में तब तक रहने का है जब तक इनमें से कोई एक मार्ग स्वीकार कर हमारे कार्य के साथ न्याय नहीं किया जाता।

जहाँ तक मेरे दिल्ली छोड़ने और नागपुर जाने का प्रश्न है, 5 नवम्बर के मेरे पत्र में मैने यह स्पष्ट कर दिया है कि मध्य प्रान्तीय सरकार द्वारा मेरी गतिविधि तथा

कार्यवाही पर से प्रतिबन्ध बिना शर्त हटाये जाने पर ही मैंने दिल्ली आने का निश्चय किया था। मैं आपसे मिलने निमित्त यहाँ आने के सीमित कार्य के लिएं प्रतिबन्धों के अस्थायी रूप से हटाये जाने के लिए कभी तैयार नहीं था। आपके कल के पत्र में दिया गया यह सुझाव कि प्रतिबन्ध अस्थायी रूप से हटाये गये थे, पूर्णत: भ्रामक है। ऐसी परिस्थिति में मुझे दिल्ली छोड़कर केवल नागपुर जाने के लिए बाध्य करने का प्रयत्न करना अनुचित है। जैसा कि मैंने कहा था कि अपने साथ न्याय किये जाने की प्रतीक्षा करूँगा और तब तक दिल्ली में रहूँगा जब तक कि किसी सभ्य राज्य की तरह सरकार न्याय की माँग पूरी नहीं करती।

मुझे विश्वास है कि जो कुछ ऊपर लिखा गया है, उस पर आप उचित ध्यान देंगे और वह कार्य करेंगे जो न्याय और उचित होगा। आप वह न करेंगे जो तानाशाहीपूर्ण तथा अवैधानिक होगा।

समादरपूर्ण! भवदीय

एम.एस. गोलवलकर

गुरू गोलवलकर का स्वयंसेवकों को सन्देश

20, बाराखम्भा रोड, नई दिल्ली,

13 नवबर, 1948

प्रिय स्वयंसेवक बन्धुगण,

आज दस मास होने को आये अपना पवित्र कार्य बन्द है। अपने पवित्र धर्म, संस्कृति तथा समाज की सेवा कर विशुद्ध भारतीय राष्ट्रजीवन निर्माण करने के लिए सम्पूर्ण समाज को अटूट स्नेहसूत्र में गूँथना तथा परमपावन भारतमाता के चरणो में जीवनसर्वस्व समर्पण करना, इन उज्जवल भावना को लेकर अपना राष्ट्रीय स्वयंसेवक संघ कार्यशील रहा है। अकस्मात् उसकी पावन धारा खण्डित-सी हो गयी है। अनेक घृणित आरोप हम पर लगाये गये। हम पर अत्याचार हुए परन्तु अपनी स्वाभाविक धीरोदात्तता से हम लोगों ने सब सहा। आशा थी कि कुछ समय व्यतीत होने पर सब आरोपों का मिथ्यात्व स्पष्ट होकर अपने कार्य के उपर से प्रतिबन्ध हटेंगे, न्याय की विजय होगी। इसी दृष्टि से शान्तियुक्त मार्ग से न्याय प्राप्त करने के निमित्त मैं प्रयत्नशील रहा। परन्तु मैंने अनुभव किया कि सरकार में उच्चपदस्थ सज्जनों को न्याय की चाह नहीं है। दलबंदी, स्वार्थन्धता, सत्तालोलुपता का बोलबाला है, अभारतीय वृत्तियाँ बढ़ी हैं। अत: भारतीयत्व के सांस्कृतिक कार्य से घृणा है। असहिष्णुता से मन कलुषित हो गया है। फिर न्याय और सत्प्रवृत्ति कहाँ?

दलगत स्वार्थान्धता और असहिष्णु सत्तालोलुपता का प्रादुर्भाव भेदों को, वैमनस्य को, स्नेह-शन्यूता को जन्म दे राष्ट्रजीवन को अधिकाधिक छिन्न-विच्छिन्त एवं दुर्बलन्त बनाकर अल्पावधि में ही नष्ट कर देगा। इस दुष्ट भावना का उच्छेद करना भारतमाता का पुत्र कहलानेवाले प्रत्येक व्यक्ति का प्रथम परम पवित्र कर्तव्य है। हम राष्ट्रीय स्वयंसेवक संघ के स्वयंसेवक भारतमाता की अनन्य पूजा का व्रत लेने वाले हैं, हमे इस राष्ट्रघाती मनोवृत्ति का सामना करना है। इस महान् उद्देश्य के निमित्त अपने संघ कार्य का पुनुरुत्थान कर उसके श्रेष्ठ ध्येय की पूर्ण सफलता तक प्रयत्नशील होना है। आगे और आगे, सदा आगे ही बढ़ते जाना है। किसी भी कारण से मार्ग में रुकना नहीं है। संकट, बाधाएँ, दुर्भाग्य से कहीं स्वजनों द्वारा ही द्रोह, सब सहना है। अपने कार्य की शुद्धता,न्यायपूर्णता, महानता तथा निरपवाद आवश्यकता को प्रमाणित करना है।

भारतमाता के इस भयंकर संकटकाल में मैं और मेरे विचार के लिए अवकाश नहीं है। व्यक्ति के नाते अपना कुछ भी हो, परन्तु भारतमाता को अभारतीयता के प्रभाव से मुक्त कराना है। माँ की सब सन्तानों को, उनके स्वाभाविक अधिकारों को स्वार्थी सत्तान्ध दलों के द्वारा होने वाले अपहरण से बचाना है। सबको स्वतन्त्र, सुखपूर्ण, सम्मान जीवन का लाभ करना है। यह अपने को ही करना है। कार्य श्रेष्ठ है, महान् है, ईश्वरीय है, इसकी पूर्ति में मानवता का उच्चतम आविष्कार है। भगवान का साक्षात्कार है।

अत: उठो और दस मास की अकर्मण्यता की क्षतिपूर्ति करो। सत्य अपने साथ है। अन्यायों में सोते रहना, उसका भागी बनकर रहना पाप करना है। हम अन्याय का परिमार्जन करें। अन्तकरण में न्यायपूर्ण सत्य के अधिष्ठाता श्री परमात्मा को दृढ़ विश्वास से धारणकर समस्त प्राणशक्ति से भारतमाता का ध्यान कर, उसकी सतानों के प्रेम से प्रेरित होकर उठो, कार्य को बढ़ाओ और यशप्राप्ति तक कहीं न रुकते हुए आगे बढ़ते चलो।

यह धर्म का अधर्म से, न्याय का अन्याय से, विशालता का क्षुद्रता से, स्नेह का धृष्टता से सामना है। विजय निश्चित है, क्योंकि धर्म के साथ श्री भगवान और उनके साथ विजय रहती है। तो फिर हृदयाकाश से जगदाकाश तक भारतमाता की जयध्वनि ललकारकर उठो और कार्य पूर्ण करके ही रहो।

भारत माता की जय!

आपका मा.स. गोलवलकर

संघ पर प्रतिबन्ध और संघ के संविधान का जन्म

महात्मा गांधी की हत्या के बाद 4 फरवरी को राष्ट्रीय स्वयंसेवक संघ पर प्रतिबन्ध लगा दिया गया। इस प्रतिबन्ध के परिणामस्वरूप तत्काल संगठन के बीस हजार से ज़्यादा सदस्य गिरफ़्तार कर लिए गये। अगस्त के प्रथम सप्ताह में गुरु गोलवलकर भी बाहर आ गये लेकिन गुरु गोलवलकर पर नागपुर छोड़ने पर प्रतिबन्ध लगा दिया गया। गुरु गोलवलकर ने नेहरू और पटेल को पत्र लिखे कि संघ पर से प्रतिबन्ध हटा लिया जाये। गोलवलकर ने दिल्ली आकर बात करने का प्रस्ताव रखा जिससे सरकार ने मान लिया लेकिन सरकार ने शर्त लगा दी कि दिल्ली में किसी तरह का प्रदर्शन नहीं होगा। गुरु गोलवलकर 17 अक्टूबर को दिल्ली पहुँचे और संघ का पक्ष दिल्ली के नेताओं के सामने रखने में व्यस्त हो गये। गोलवलकर के साथ पहली मुलाक़ात के बाद 19 अक्टूबर को पटेल ने नेहरू को लिखा कि, "मैंने परसों गोलवलकर से मुलाक़ात की थी। संघ का अनुशासनबोध बहुत मज़बूत है। बातचीत सकारात्मक रही है। मैंने इस बात को स्पष्ट कर दिया था कि अगर वह दिल्ली आते है तो यहाँ कोई प्रदर्शन नहीं होना चाहिए। गोलवलकर को स्टेशन पर लेने चार हज़ार से ज़्यादा लोग पहुँचे, उन्होंने ख़ामोशी से उनका स्वागत किया। किसी ने एक शब्द नहीं कहा और कोई प्रदर्शन नहीं हुआ। स्वयंसेवकों ने अपने संघ प्रमुख के निर्देशों का निष्ठा से पालन किया। मुझे ऐसा लगता है कि एक लोकतान्त्रिक प्रक्रिया के तहत हम कब तक इस संगठन पर रोक लगाने को न्यायपूर्वक कह सकते है।"

पटेल ने गोलवलकर से कहा कि यदि वह संघ का संविधान प्रकाशित करे, और अपने उददेश्यों और कार्यक्रमों और संविधान को एक निश्चित स्वरूप दें और संगठन की गोपनीयता का त्याग करें और संवैधानिक तरीकों के प्रति अपनी प्रतिबद्धता को सुनिश्चित करें तो पूरी स्थिति की पुनर्समीक्षा की जा सकती है। गोलवलकर ने पटेल की माँगों पर विचार करने का भरोसा दिया और कहा कि संघ से प्रतिबन्ध हटने पर ही वह इस दिशा में सोच सकेंगे। गुरु गोलवलकर के अडिग

रहने और प्रतिबन्ध हटने तक दिल्ली में ही रहने की ज़िद के चलते गोलवलकर को फिर से गिरफ़्तार कर 15 नवम्बर को नागपुर भेज दिया गया। नागपुर में उन्हे सेन्ट्रल जेल में रखा गया। कुछ दिनों बाद उन्हें सिवनी कारागृह में भेज दिया गया।

लिमये और केतकर दोनों गोलवलकर से 12 जनवरी, 1949 को सिवनी जेल में मिले। केतकर ने गोलवलकर से दो घण्टे मुलाक़ात की। इसके बाद शास्त्री ने संघ के कुछ प्रभावशाली नेताओं से मिलकर एक संविधान तैयार किया और 10 मार्च 1949 को दूसरी बार गुरु गोलवलकर से संविधान के अनुमोदन के लिए उनसे मिलने आये। इसके बाद गुरु गोलवलकर ने काग़ज़ पर लिखा कि उन्होंने श्री शास्त्री द्वारा तैयार संविधान पढ़ा और उसे वह अनुमोदित करते है। गोलवलकर ने इस नोट को शास्त्री को दिया और शास्त्री को अनुमति दी की वह इसे पटेल के पास भेजे। शास्त्री ने दो प्रतियाँ पटेल के पास भेजीं जिनके साथ गोलवलकर का अनुमोदन नोट भी लगाा था। इस पूरी प्रक्रिया पर पटेल को आपत्ति थी। पटेल ने शास्त्री को लिखा कि मुझे लगता है कि जो प्रक्रिया आपने अपनायी है, वह किसी भी तरह उचित नहीं है। मैंने आपको यह बिल्कुल साफ़ कर दिया था कि यदि संघ को सरकार से कोई बात करनी हो तो वह सीधे गोलवलकर की तरफ़ से आनी चाहिए। आपको जो सुविधा दी गयी थी, वह गोलवलकर को उन परिस्थितियों से अवगत कराने के लिए थी जो दिसम्बर 1948 में शुरू किये गये आन्दोलन पर जनता की प्रतिक्रियाओं से पैदा हुई थी। किसी भी समय इस बात का प्रश्न ही नहीं था कि आप सरकार और गोलवलकर के बीच मध्यस्त की भूमिका निभाये। मैं इसलिए आपसे कहता हूँ कि आप उसी प्रक्रिया व निर्देशों का पालन करें जो आपको मेरे निजी सचिव द्वारा बताये गये हैं। यदि गोलवलकर सरकार से कुछ कहना चाहते हैं तो उन्हें इसे केन्द्रीय प्रान्त (सीपी व बरार) की सरकार के माध्यम से भारत सरकार को भेजना चाहिए।

इसके बाद शास्त्री ने गुरु गोलवलकर को सलाह दी कि वे स्वयं संविधान की प्रति पटेल को भेजें।

इसके बाद 11 अक्टूबर, 1949 को गुरु गोलवलकर ने संघ के संविधान की दो प्रतियाँ अंग्रेज़ी और हिन्दी में पटेल को भेजीं और पटेल को लिखे पत्र में कहा कि मुझे उम्मीद है कि अब संघ का संविधान बन गया है और यह अनापत्तिजनक पाया जायेगा। उम्मीद करता हूँ कि भारत सरकार अब सह्रदयता से संघ पर लगे प्रतिबन्ध हटाने का आदेश शीघ्र जारी कर देगी और इसे पहले की तरह कार्य करने में समर्थ बनायेगी यह तय होने के बाद कि अब संविधान बन गया है, प्रस्तुत कर दिया गया है और प्रकाशित हो जायेगा जैसे ही मैं ऐसा करने में समर्थ हो जाऊँगा।

मैं तकलीफ़ के साथ इस बात से परिचित हूँ कि भारत सरकार ने मेरे शब्दों और मेरी प्रवृत्ति को सन्देह से देखा है लेकिन समय दिखायेगा कि ढीली-ढाली बुनावट वाली और वृहद् रूप से बँटी हिन्दू जनसंख्या को साझा अनुसरण और साझा अनुशासन से बाँधकर उन्हे साथ जोड़ने का मेरा काम पूरे देश को लाभ पहुँचायेगा और मेरा नज़रिया सहयोग का है, न कि किसी समूह से संघर्ष का।

परन्तु संघ के संविधान के प्रारूप को भारत सरकार ने मंज़ूरी नहीं दी। गृहमन्त्री के सचिव एच.वी.आर अयंगर ने 3 मई 1949 को गोलवलकर को लिखे पत्र में इसकी जानकारी दी। इस पत्र के जवाब में गुरु गोलवलकर ने 17 मई को गृहमन्त्री को तीखा पत्र लिखा। गोलवलकर ने अपने इस पत्र में अन्य कई बातों के साथ अयंगर के पत्र में लगाये गये आरोपों का खण्डन किया। गोलवलकर का यह पत्र बहुत लम्बा था। इस पत्र के अन्त में गोलवलकर ने संघ के संविधान के मुख्य मुददे पर लिखा।

मैं यह कहना चाहता हूँ कि ऐसा कोई संविधान नहीं है जिसमें किसी न किसी रूप में कमी नहीं पायी जा सकती। समय के साथ सभी संविधानों में सुधार सम्भव है। मैं इसलिए सोचता हूँ कि यह उचित नहीं है कि तत्काल एक संविधान की आलोचना शुरू कर दी जाये और यह अपेक्षा की जाये कि वह ईश्वर के शब्द की तरह दोष रहित हो। मुझे बताया गया कि सरकार चाहती है कि संविधान लिखित रूप में हो और वह कर दिया गया। अगर हम यह उम्मीद करते हैं कि इसके अनुसार काम शुरू होने से पहले ही यह पूरी तरह निर्दोष हो और इस पर बदलाव और संशोधन के सुझाव आते रहे तो मैं सोचता हूँ कि यह अधूरा रहेगा और अन्त तक यह काम नहीं करेगा। मेरे विचार से इसका उचित तरीक़ा यही है कि इसे लागू करने की अनुमति दी जाये और जैसी परिस्थितियों की माँग हो, इसमे बदलाव और सुधार किये जायें। यही वास्तव में एक सकारात्मक और सहायता करने वाला दृष्टिकोण है।

एक वर्ष तक पटेल और गोलवलकर के बीच संविधान को लेकर पत्राचार और विवाद चलता रहा। आख़िरकार पटेल जून 1949 में संघ के संविधान को स्वीकार करने पर सहमत हो गये। 12 जुलाई, 1949 को संघ से प्रतिबन्ध हटा लिया गया। जेल से छूटकर 13 जुलाई को गोलवलकर नागपुर पहुँच गये।

संघ का संविधान बनाने के लिए सरकार का दबाव

संघ पर प्रतिबन्ध लगने के बाद केन्द्र सरकार ने संघ को स्पष्ट कर दिया था कि जब तक संघ का लिखित संविधान प्रस्तुत नहीं होगा तब तक संघ के ऊपर से प्रतिबन्ध उठाया नहीं जा सकता। गुरु गोलवलकर और सरकार के बीच मध्यस्थता की भूमिका निभाने के लिए टी.आर. वेकटराम शास्त्री और केतकर को गुरु गोलवलकर ने अधिकृत किया। गुरु गोलवलकर संघ का लिखित संविधान बनाने के लिए तैयार नहीं थे। गुरु गोलवलकर का कहना था कि 1885 में स्थापित कांग्रेस का लिखित संविधान तो 1899 में बना। 14 साल कांग्रेस का संविधान नहीं था। जब बिना संविधान के कांग्रेस ने14साल काम किया तो संघ के संविधान के लिए ज़िद क्यों? लेकिन शास्त्री जी ने गुरु गोलवलकर को सरकार की बात मानने का आग्रह किया, जिसे गुरु गोलवलकर ने मान लिया। शास्त्री जी को गुरु गोलवलकर अपने पितातुल्य मानते थे। इस समय गुरु गोलवलकर सिवनी जेल में बन्द थे। सिवनी जेल में गुरु जी से मिलकर बाहर आने पर शास्त्री जी ने एकनाथ रानडे से कहा कि मुझे संघ का विधान तैयार करना है। अत आप मुझे आवश्यक सामग्री उपलब्ध कराये। इसके बाद एकनाथ रानडे और पण्डित दीनदयाल उपाध्याय एक साथ बैठे और उन्होंने संघ कार्य की पद्धति को योग्य ढंग से रेखाबद्ध किया। उसके बाद दिल्ली में उपलब्ध प्रधान कार्यकर्ताओं की बैठक में उसकी चर्चा की और प्राथमिक प्रारूप को शास्त्री जी के पास भिजवाया। सिद्धहस्त शास्त्री जी ने उसको सही संविधान के आकार-प्रकार में संस्कारित किया और अन्तिम निखार के लिए पुणे में बैरिस्टर जयकर को भेजा। जयकर ने उसको अन्तिम रूप देकर वापस भेज दिया। संघ के तैयार हुए इस संविधान को लेकर 10 मार्च को शास्त्री जी पुन: सिवनी पहुँचे। सरसंघचालक गुरु गोलवलकर ने निर्दिष्ट स्थान पर हस्ताक्षर किया।

अब इस संविधान को केन्द्र के पास भेजना शेष था। गुरु गोलवलकर ने शास्त्री जी को अपना अधिकार पत्र सौंपा। इस पत्र में लिखा था कि श्री टी.आर. वेकटराम

शास्त्री का तैयार संविधान मैंने पढ़ा। मैं उसको स्वीकार करता हूँ। सुविधा और समय लाभ की दृष्टि से मैं उसको केन्द्र सरकार को सौंप देने के लिए श्री शास्त्री जी को अधिकृत रहा हूँ। शास्त्री जी इस संविधान के साथ नागपुर पहुँचे और प्रदेश के गृहमन्त्री द्वारिका प्रसाद मिश्र से मिले और केन्द्रीय गृहमन्त्री को भेजने के लिए उनको संघ के संविधान की प्रति सौंप दी। कुछ दिनों बाद शास्त्री जी को एक पत्र के साथ संविधान की प्रति वापस भेज दी गयी। उस पत्र में लिखा था कि यद्यपि संविधान आपका बनाया है, वह है संघ का। अत: विधिवत् उसको स्वयं गोलवलकर मध्य प्रदेश गृह मन्त्रालय द्वारा केन्द्रीय गृह विभाग को भेजें। गोलवलकर से आपको मिलने की जो अनुमति दी गयी थी, वह आपको मध्यस्थ मानकर नहीं दी गयी थी। शास्त्री जी ने गृह मन्त्रालय के पत्र और संविधान की प्रति शिवराम आपटे को देते हुए इसे गुरु गोलवलकर को देने के लिए कहा। शास्त्री जी ने साथ में एक पत्र भी गुरु गोलवलकर को लिखा, उसके अंश इस प्रकार थे।

"संघ का संविधान भेजने की जो पद्धति मेने अपनायी थी, वह गृह मन्त्रालय को उचित नहीं लगी, गृह मन्त्रालय यह अनुभव करता है कि इससे जनता के मन में यह भ्रम पैदा हो सकता है कि मैं (शास्त्री) आपके और सरकार के बीच मध्यस्थ की भूमिका निभा रहा हूँ। इस आपत्ति का परिणाम यह है कि आप स्वयं ही संविधान की प्रतियों के साथ-साथ अपनी ओर से एक प्रस्तुति-पत्र भेजकर सरकार से संघ पर से प्रतिबन्ध हटाने का निवेदन करें। आप अपने प्रस्तुति-पत्र में क्या लिखें, इस हेतु मेरा सुझाव है कि उसमें पुराने विवादों को न उठाते हुए लिख दें कि संघ का लिखित सविधान सलग्न है। आगे से संघ इन्हीं प्रावधानों के आधार पर कार्य करेगा। वैसे पूर्व में भी संघ मोटे तौर पर इन्हीं व्यवस्थाओं के अन्तर्गत संचालित होता रहा है। मुझे विश्वास है कि इस संविधान में कोई बात आपत्तिजनक नहीं लगेगी। यदि संविधान के अवलोकन के बाद भारत सरकार को लगता है कि इसमें कुछ भी आपत्तिजनक नहीं है तो मुझे आशा है कि भारत सरकार शीघ्र आदेश जारी कर संघ पर से प्रतिबन्ध हटा लेगी।"

शास्त्री जी की सलाह को मानते हुए गुरु गोलवलकर ने 11 अप्रैल 1949 को सिवनी जेल से केन्द्रीय सरकार को मध्य प्रदेशीय सरकार द्वारा संघ संविधान समर्पित किया। "संलग्न पत्र की प्रतियाँ हैं। संघ का लिखित संविधान भेज रहा हूँ। इसके आगे यह संस्था उसके नियमों के अनुसार कार्य करेगी। जिन नियमों के अनुसार संघ कार्य वर्षों से चल रहा था, वे ही प्रमुखता से इसमें है।

मैं आशा करता हूँ कि अब तैयार हुआ यह संविधान स्वीकार्य होगा और तीव्रता प्रतीत होने वाली त्रुटि की पूर्ति करेगा। भारतीय शासन को यह संविधान पसन्द होगा, ऐसी आशा रखकर और संघ पर से प्रतिबन्ध उठाने के आदेश जल्दी भिजवाने का सौजन्य दिखायेंगे तथा संघ को संविधान के अनुसार (जो तैयार कर आपके पास भेजा जा चुका है) कार्य करने दिया जायेगा, ऐसी मैं अपेक्षा करता हूँ। वैसी सम्भावना निमार्ण हुई तो मैं वह संविधान छपवाकर प्रकाशित करूँगा, जो आदेश दिये जाने वाले है, वे जल्दी दिये जायें, जिससे संघ कार्य सुगमता से हो सके।

मुझे यह जानकर बहुत वेदना होती है कि भारतीय शासन मेरे वचनों और सर्वसाधारण व्यवहार को और सन्देह की दृष्टि से देखता है। परन्तु समय साबित कर देगा कि अपने विश्रृंखलित तथा अत्यन्त विभाजित जनता को एकत्र गूँथकर, उसमें समान ध्येय और समान अनुशासन निर्माण कर सांस्कृतिक बन्धन से एकता प्रस्थापित करने का मेरा कार्य ही देश के व्यापक हित के लिए उपयोगी सिद्ध होगा। भविष्य ही बतायेगा कि मेरी वृत्ति सहयोग करने की है, सबके प्रति सद्भाव रखने वाली है, किसी एक गुट से लड़ाई-झगड़ा करने की नहीं है।

मै शीघ्र अनुकूल प्रत्युत्तर की अपेक्षा करता हूँ।

गुरु गोलवलकर के भेजे गये संविधान पर विचार करने के लिए और संघ पर से प्रतिबन्ध उठाने पर विचार-विमर्श करने के लिए 8 और 9 अप्रैल को दिल्ली में मुख्यमन्त्रियों की बैठक हुई थी, जिसमें संघ पर प्रतिबन्ध जारी रखने का निर्णय लिया गया था। गृह सचिव ने संविधान के अनुच्छेदों को लेकर आपत्ति उठायी थी। प्रदेश सरकार के गृह मन्त्रालय द्वारा सिवनी जेल में बन्द गुरु गोलवलकर को अपनी आपत्तियों से अवगत करा दिया था। इस पत्र के जवाब में गुरु गोलवलकर ने गृहमन्त्री को विस्तृत पत्र लिखा। इस बार गुरु गोलवलकर की भाषा कडी थी। उन्होंने लिखा कि इन आरोपों के प्रमाण पेश किए जाने की मेरे द्वारा की गयी माँग को भी छह महीने बीत चुके हैं, परन्तु इस कालावधि में ऐसे कोई प्रमाण सामने नहीं आये हैं।

ऐसी परिस्थिति में सुसंस्कृत कहलानेवाली सरकार को तथाकथित आरोपों का समय बीत जाने के बाद बार-बार उच्चार करते रहना और सत्य, न्याय तथा न्याय पद्धति का अनादर करना उसे शोभा नहीं देता। और अन्त में गृहमन्त्री का ध्यान आकृष्ट करते हुए कहा कि यह पत्र पूर्ण करने के पूर्व में एक बात की ओर आपका ध्यान आकर्षित करना चाहता हूँ कि ऐसा कोई भी संविधान नहीं है, जिसके

किसी न किसी और पर दोषारोपण नहीं किया जा सकता हो। यथासमय सभी संविधानों में सुधार हो सकता है। इसलिए मैं सोचता हूँ कि कोई संविधान तैयार होने पर तुरन्त उसकी आलोचना करना और वह परमेश्वर के वचनों के समान बिल्कुल परिपूर्ण होगा, उसके सबन्ध में ऐसी धारणा रखना उचित नहीं है। मुझे बताया गया है कि सरकार को संघ का संविधान लिपिबद्ध चाहिए। मैंने वह दिया है। मुझे लगता है कि संविधान को प्रत्यक्ष कार्यान्विन्त करना और परिस्थिति के मार्ग के अनुसार उसमें परिवर्तन और सुधार करना ही योग्य मार्ग है। यही सचमुच रचनात्मक और कार्योपयोगी मार्ग है।

इसके एक सप्ताह बाद गृह सचिव अयंगार का जवाब आया जिसमें सरकार की मनोदशा छिपी नहीं थी। उस पत्र में निष्कर्ष के नाते लिखा था कि सरकार की नीति राष्ट्रीय स्वयंसेवक संघ के सम्बन्ध में पूर्ण स्पष्ट और असदिग्ध है। वह जनहितों की संरक्षक है और होनी भी चाहिए। उसका यह कर्तव्य है कि उन दूषित एवं अवांछनीय तत्त्वों से उनके हितों की रक्षा करे। जब तक वह पूर्ण रूप से आध्वस्त नहीं हो जाती कि राष्ट्रीय स्वयंसेवक संघ उन घटनाओं को दुहराने की स्थिति में नहीं रहेगा और उन अनर्थकारी प्रतिफलों को रोक दिया जायेगा, जो उसकी कार्यवाहियों से भूतकाल में प्राप्त हुए हैं, वह अपना वर्तमान रूख़ संगठन के सबन्ध में ढीला नहीं कर सकती।

गृहसचिव के पत्र की अन्तिम पक्ति, 'सरकार अपना वर्तमान रूख़ संगठन के सबन्ध में ढीला नहीं कर सकती' गुरु गोलवकर के ध्यान में आते ही उन्होंने चुनौती का सामना करने का मानस बनाया। उन्होंने मई 29 को अपने नामांकित काग़ज़ पर अपनी संघर्ष योजना लिखकर एक सप्ताह बाद रिहा होने वाले बाबासाहेब देवरस के हाथों पहुँचाने के लिए जेल वार्डन को सौपा। जेल वार्डन ने खत द्वारका प्रसाद मिश्र को और मिश्र ने वह ख़त सीधे गृहमन्त्री पटेल को भेजा। इस पत्र में गुरु गोलवलकर ने अपने मित्र को लिखा था कि मैंने पहले से ही श्री वेंकटराम शास्त्री से कहा था कि सरकार की ओर से यही होगा।

उन्होंने मुझे आश्वस्त किया था कि वह सारा मेरे ऊपर छोड़ दे। उनके आत्मविश्वास से मुझे लगा कि सरकार के कोई एक-दो प्रमुख व्यक्तियों से उनकी गम्भीरता से बातचीत हुई होगी। उसके कारण और अन्यथा भी हमसे सहानुभूति रखनेवाले उन सज्जन के प्रयासों में रोड़ा न बन जाऊ, इस मन से सहमत हुआ। किन्तु मेरी राय है कि सर्वत्र सूचना देकर पुन: एक ज़ोरदार आन्दोलन किए बिना इस प्रकरण का हल निकलना सम्भव नहीं। अर्थात् एकदम जल्दबाज़ी न करते हुए

अचूक तैयारी करके अनेक दिन तक आन्दोलन चलेगा, ऐसा मानकर जून के अन्त में या अन्य यथायोग्य समय पर उसको पुनः शुरू किये बिना अन्य विकल्प नहीं। मेरा मत यह है। इसके साथ अन्य प्रकार के संगठनों को भी जोडा जाये तो अच्छा रहेगा। एक अच्छा निवेदन तैयार करना चाहिए कि हमने श्री शास्त्री जी आदि की मध्यस्थता को माना था, उनकी सलाह के अनुसार संविधान तैयार कर सरकार को भेजा था, परन्तु सरकार हठ ठानकर बैठी है। इस निवेदन की प्रतियाँ देशभर में वितरित करने की व्यवस्था होनी चाहिए। निवेदन में घोषणा भी चाहिए कि जनता का एकत्रीकरण का न्याययुक्त हक़ प्रस्थापित करने हेतु सरकारी रोड़ों के परिणामस्वरूप अन्य कोई रास्ता न रहने के कारण हम यह शान्तिपूर्ण आन्दोलन छेड़ रहे है। किसी अज्ञात स्थान से डाक से इसको केन्द्रीय व प्रान्तीय सरकारों को भेजना चाहिए और आन्दोलन शान्तिपूर्ण ढंग से प्रारम्भ करना चाहिए।

यह तो मेरा मत है परन्तु आप लोग जो बाहर हैं, आपस में बैठकर योग्य निर्णय ले। मेरा ज़ोर इतना ही है कि आज की इस त्रिशंकू हालात का अन्त हो। मध्यस्थों के प्रयासों को पानी में बहा देने की इधर नहीं उधर नहीं की स्थिति का अन्त हो।

5 जून को सरकार्यवाह भैयाजी दाणी और बालासाहेब देवरस जेल से मुक्त होकर नागपुर पहुँचे। दोनों को जेलर को गुरु गोलवलकर का दिया पत्र नहीं मिला। लेकिन अन्य सूत्रों से दोनों को गुरु गोलवलकर की भावनाएँ पता चल गई थीं। इसके बाद इन दोनों से एकनाथ रानडे भी मिले। तीनों ने आपस में विचार-विमर्श किया और तीनों इस बात से सहमत थे कि सरकार मामला लम्बा खींचने के मूड में है। उन्होंने परिस्थिति का आकलन किया और उनके ध्यान में आया कि प्रतिबन्ध लगाते समय का वातावरण काफ़ी हद तक बदल गया है। इस समय वाणी देवरस ने आक्रमक भूमिका अपनाने का निर्णय लिया।

सरकार के कुछ मन्त्री चाहते थे कि संघ पर से अब पाबन्दी हठा लेनी चाहिए। द्वारका प्रसाद मिश्र ने भी अपनी आत्मकथा में लिखा था कि यह प्रतिबन्ध जितना कम हो उतना अच्छा। संघ के रवैये की भनक लगते ही केन्द्र सरकार भी बातचीत के मूड में आ गयी थी और टूटा हुआ संवाद शुरू करने की कोशिश में लग गयी। गुरु गोलवलकर ने सरकार से अपना पत्राचार बन्द कर दिया था और सरकार ने गुरु गोलवलकर से। ऐसी स्थिति में आगे कैसे बढ़ा जाये? सरदार पटेल ने एक रास्ता निकाला। उसके अनुसार द्वारका प्रसाद दिल्ली पहुँचे और खाद्य मन्त्री राजेन्द्र

प्रसाद के यहाँ ठहरे। वहाँ उन्होंने सुबह छह बजे दोनों पक्षों के परिचित और सम्मत मौलीचन्द्र शर्मा को बुलाया और समस्या से अवगत कराया और कहा कि यह देहरादून में विश्राम लेने वाले सरदार का निर्देश है। तत्काल मौलीचन्द्र तैयार हुए। जुलाई 7 को नागपुर पहुँचे। उनके लिए गाड़ी की व्यवस्था गृहमन्त्री द्वारका प्रसाद ने की थी। मौलीचन्द्र दाणी और देवरस से मिले। दोनों पक्षों में चर्चा हुई विभिन्न दौरों की चर्चा के उपरान्त दोनों पक्ष नरम पड़े। विभिन्न विषयों पर विस्तृत चर्चा के बाद अन्त में 11 जुलाई की रात संघ पर से प्रतिबन्ध हटाया गया और यह समाचार आकाशवाणी में 12 जुलाई को प्रसारित हुआ।

राष्ट्रीय स्वयंसेवक संघ का संविधान

प्रस्तावना

देश की विघटित अवस्था में—

(क) हिन्दुओं में से सम्प्रदाय, मत, जाति, तथा पंथ की विभिन्नताओं तथा राजनीति, अर्थनीति, भाषा तथा प्रान्त सम्बन्धी भेदों से उत्पन्न विघटनकारी प्रवृत्तियों को दूर करने।

(ब) उनको अपने अतीत की महानता का ज्ञान कराने,

(घ) उनमें सेवा, त्याग एवं समाज के प्रति नि:स्वार्थ भक्ति का भाव भरने

(ध) इस प्रकार एक संगठित एवं अनुशासित समष्टि जीवन का निर्माण करने तथा

(ड) हिन्दू समाज का सर्वांगीण पुनरूज्जीवन उसके धर्म और संस्कृति के आधार पर करने के लिए एक संगठन का निर्माण आवश्यक समझा गया।

और अन्त स्व. श्री डॉ. केशव बलिराम हेडगेवार ने संवत् 1982 विक्रम (सन् 1925 ई.) की विजयादशमी के शुभ दिन राष्ट्रीय स्वयंसेवक संघ के नाम से विख्यात संगठन का प्रारम्भ किया था,

और मत स्व. श्री डॉ. हेडगेवार ने सवत् 1997 विक्रम (सन् 1940 ई.) में श्री माधव सदाशिव गोलवलकर को अपना उत्तराधिकारी मनोनीत किया। और अत: संघ का अभी तक कोई लिखित विधान नहीं था, और अत: आज की परिवर्तित परिस्थिति में यह उपयुक्त प्रतीत होता है कि संघ का विधान एवं संघ के उद्देश्यों और मन्तव्यों तथा इसकी कार्य-पद्धति को लेख-बद्ध किया जाये।

अत: राष्ट्रीय स्वयंसेवक संघ निम्न विधान को अंगीकृत करता है।

अधिकरण -1

नाम

इस संघठन का नाम राष्ट्रीय स्वयंसेवक संघ है।

अधिकरण -2

प्रधान कार्यालय

अखिल भारतीय कार्यकारी मण्डल का प्रधान कार्यालय नागपुर में है।

अधिकरण -3

उद्‌देश्य और मन्तव्य

राष्ट्रीय स्वयंसेवक संघ का उद्‌देश्य मन्तव्य हिन्दू समाज के अनेक एवं विभिन्न वर्गों को संघटित कर एकात्म बनाना और हिन्दू समाज को उसके धर्म और संस्कृति के आधार पर शक्तिशाली तथा चैतन्यपूर्ण करना है, जिससे वह भारतवर्ष की सर्वांगाण उन्नति कर सके।

अधिकरण -4

नीति

(क) संघ समाज के सुव्यवस्थित विकास में विश्वास रखता है तथा अपने आदर्शों की सिद्धि हेतु शान्तिमय एवं न्यायसंगत साधनों का उपयोग करता है।

(ख) हिन्दू समाज की सांस्कृतिक थाती के अनुरूप धर्मों के प्रतीत समादरता के मूलभूत सिद्धान्त में संघ की शाश्वत् श्रद्धा है।

(ग) राष्ट्रीय स्वयंसेवक संघ राजनीति से अलिप्त है और सामाजिक तथा सांस्कृतिक क्षेत्र में ही कार्यरत है। तथापि स्वयंसेवकों को व्यक्तिशः इस बात की स्वतन्त्रता है कि वे ऐसे किसी भी, राजनैतिक अथवा अन्य क्षेत्र में कार्य करनेवाले दलों, संस्थाओं तथा समूहों जिनकी राष्ट्र-बाह्य निष्ठा है और जो अपनी ध्येयपूर्ति के लिए हिंसाचार, विघटनकारी तथा या गुप्त कार्य-पद्धति को अपनाते है या जो अन्य धर्मों, पंथों तथा जातियों के प्रति द्वेष भाव या घृणा फैलाने का प्रयास करते हैं या जिनका लक्ष्य ऐसा द्वेष-भाव या घृणा फैलाने का है, के अतिरिक्त अन्य किसी भी राजनैतिक दल, संस्था अथवा समूह के सदस्य हो सकते हैं। ऊपर लिखित अवांछनीय दलों तथा कार्य-पद्धतियों के प्रति निष्ठा रखने वाले व्यक्तियों का संघ में स्थान नहीं होगा।

अधिकरण -5

ध्वज

राज्य ध्वज के प्रति निष्ठा तथा आदर व्यक्त करना प्रत्येक नागरिक का कर्तव्य मानते हुए, संघ का ध्वज हिन्दू संस्कृति का परम्परागत प्रतीक भगवा ध्वज है, जिसे संघ अपना गुरु मानता है।

अधिकरण -6

स्वयंसेवक

(क) 18 वर्ष या उससे अधिक आयु का कोई भी हिन्दू पुरुष, जो संघ के उद्देश्यों और मन्तव्यों को मान्य करता है, और उसके अनुशासन का सामान्यत: पालन करता है तथा शाखा की गतिविधियों में भाग लेता है, स्वयंसेवक समझा जायेगा।

(ख) जो स्वयंसेवक संघ के उद्देश्यों तथा मन्तव्यों को क्रियान्वित करने की प्रतिज्ञा करता है तथा नियमित रूप से किसी शाखा में जाता है अथवा किसी भी निर्दिष्ट कार्य को करता है, वह कार्यशील स्वयंसेवक समझा जायेगा।

(ग) कोई भी स्वयंसेवक त्याग-पत्र दिये जाने अथवा संघ या शाखाहित विरोधी कार्य करने के लिए हटा दिये जाने पर स्वयंसेवक नहीं रहेगा।

बाल स्वयंसेवक—18 वर्ष से कम आयु का हिन्दू पुरुष शाखा का बाल स्वयंसेवक के नाते उसके कार्यक्रमों में भाग ले सकेंगा।

अधिकरण -7

शाखा

(क) संघ के उद्देश्यों तथा मन्तव्यों का प्रचार करने की इच्छा से नियमपूर्वक एकत्र आने वाले स्वयंसेवकों के एकत्रीकरण का एक केन्द्र बनेगा। प्रत्येक केन्द्र अपनी निधि प्राप्त तथा उसका विनियोग करने वाला स्वयंपूर्ण इकाई होगा। ऐसे केन्द्र को शाखा कहा जायेगा।

(ख) ऐसी प्रत्येक शाखा संघ की प्राथमिक इकाई होगी तथा वह अपने कार्य संचालन तथा आर्थिक व्यवहारों में स्वायत्तपूर्ण होगी।

(ग) शाखा अपने कार्यकारी मण्डल के निर्देश पर कार्य करेगी।

अधिकरण -8

कार्यक्रम

इसमें पूर्व यहाँ कहे गये उद्देश्यों पूर्ति के लिए शाखाएँ निम्नलिखित कार्यक्रमों या उनमें से किसी भी कार्यक्रम का संचालन कर सकती हैं। स्वयंसेवक तथा अन्य लोगों की बौद्धिक तथा नैतिक शिक्षा के लिए तथा उनमें राष्ट्र तथा हिन्दू धर्म तथा हिन्दू संस्कृति के आदर्शों के प्रति अनुराग निर्माण करने के लिए समय-समय पर चर्चाओं तथा व्याख्यानों का आयोजन करना।

जनसाधारण के लाभ के लिए ग्रन्थालय तथा पठनकक्ष स्थापित करना। जन-साधारण के कल्याण तथा लाभ के लिए चिकित्सा सुविधा, साक्षरता प्रसार तथा समाज के निर्धन अंगों की जीवन-स्थिति में सुधार, बाढ़ तथा अकाल पीड़ितों की सहायता, अध्ययन केन्द्रों की स्थापना, शैक्षणिक चलचित्रों का नि:शुल्क प्रदर्शन तथा सर्वसाधारण की भलाई के अन्य कार्यों का विस्तार आदि का संचालन करना। अर्थ प्राप्ति के लिए यह कार्य नहीं किए जायेंगे।

अनुशासनबद्ध तथा सूत्रबद्ध समाज जीवन के विकास के उद्देश्य से स्वयंसेवकों तथा अन्य लोगों की शारीरिक तथा मानसिक क्षमता खेलों तथा व्यायामों द्वारा वृद्धिगत करना। स्वयंसेवकों में से प्रशिक्षक तथा कार्यकर्ता प्राप्त करने के लिए समय-समय पर शिक्षावर्गों का आयोजन करना। समाज की सेवा में अपना जीवन समर्पित करने के लिए स्वयंसेवकों तथा अन्य लोगों में उदात्त सांस्कृतिक मूल्यों , चरित्र, सेवा-भाव तथा त्याग का संस्कार करने हेतु महत्त्वपूर्ण सांस्कृतिक महोत्सवों का आयोजन करना। संघ के उद्दिष्टों एवं मन्तव्यों तथा संघ के कार्य का प्रसार तथा समाज को शिक्षित करने के उद्देश्य से योग्य साधनों का अवलम्बन तथा संस्थाओं की स्थापना करना।

सामान्यत: संघ के उद्दिष्टों का प्रसार तथा पूर्ति करने के लिए प्रत्यक्ष व अप्रत्यक्ष रूप से आवश्यक तथा पोषक सभी कार्य शाखाएँ अपना सकती हैं।

अधिकरण -9

निधि

भगवाध्वज के सम्मुख स्वेच्छा से निष्ठापूर्वक जो कुछ समर्पित किया जायेगा, वही केवल शाखा की निधि मानी जायेगी। वह निधि उसी शाखा की होगी तथा उसकी व्यवस्था तथा विनियोग उस शाखा के द्वारा ही संघ के उद्दिष्टों एवं मन्तव्यों के

प्रसार तथा उसके द्वारा बनाये गये नियमानुसार संघ कार्य की वृद्धि के लिए होगा।

अधिकरण -10

निर्वाचन

(क) निर्वाचन प्रति तीन वर्ष पश्चात् होंगे।

(ख) निर्वाचन की तिथि, स्थान और पद्धति सम्बन्धित कार्यकारी मण्डल द्वारा अखिल भारतीय कार्यकारी मण्डल के परामर्शानुसार निश्चित होगी।

अधिकरण -11

मतदाताओं, प्रत्याशियों और नियोज्यों की योग्यताएँ

(क) मतदाता

निर्वाचन में उन स्वयंसेवकों को मताधिकार प्राप्त होगा जो निर्वाचित सूची बनने की तिथि से कम से कम एक वर्ष पूर्व से कार्यशील स्वयंसेवक हैं।

(ख) प्रत्याशी एवं नियोज्य

(1) वे स्वयंसेवक जो किसी भी राजनैतिक दल के पदाधिकारी हैं, जब तक वे उस पद पर अधिष्ठित है, संघ में किसी पद के लिए निर्वाचन के प्रत्याशी अथवा नियोज्य नहीं हो सकेंगे।

(2) किसी भी अखिल भारतीय पद के लिए प्रत्याशी अथवा नियोज्य निरन्तर छः वर्ष का कार्यशील स्वयंसेवक होगा।

(3) संघ चालक पद के लिए प्रत्याशी अथवा नियोज्य कम से कम एक वर्ष की अवधि के स्वयंसेवक होंगे।

अधिकरण-12

सरसंघचालक

संघ के संस्थापक स्वर्गीय डॉ. केशव बलीराम हेडगेवार इसके आद्य सरसंघचालक थे। तत्कालीन केन्द्रीय कार्यकारी मण्डल के परामर्श से उन्होंने श्री माधव सदाशिव गोलवलकर को सरसंघचालक मनोनीत किया। तब से वे सरसंघचालक हैं। जब और जैसी आवश्यकता हो तत्कालीन अ.भा.का.म. की स्वीकृति से सरसंघचालक अपना उत्तराधिकारी मनोनीत करेंगे।

सरसंघचालक राष्ट्रीय स्वयंसेवक संघ के द्रष्टा एवं पथ-प्रदर्शक हैं। किसी भी समय स्वयंसेवकों, कार्यकारी मण्डलों तथा अखिल भारतीय प्रतिनिधि सभा के

संयुक्त अथवा विलग अधिवेशनों में उपस्थित रहना, अभिभाषण करना अथवा ऐसे अधिवेशन बुलाना उनके इच्छाधीन है।

अधिकरण-13

सरकार्यवाह

(क) अखिल भारतीय प्रतिनिधि सभा (अधिकरण 15 (क) के अनुसार निर्वाचित सदस्य) सरकार्यवाह का निर्वाचन करेंगे।

(ख) सरकार्यवाह सरसंघचालक के परामर्श के कार्य करेंगे।

(ग) सरकार्यवाह की मृत्यु, असमर्थता या त्याग-पत्र की स्थिति में अ.भा.का.म. अन्य किसी व्यक्ति को उनका दायित्व नये सरकार्यवाह का निर्वाचन होने तक सौप सकता है।

अधिकरण-14

(क) अखिल भारतीय कार्यकारी मण्डल सरकार्यवाह अखिल भारतीय कार्यकारी मण्डल का उनके द्वारा नियुक्त किये गये निम्नलिखित पदाधिकारियों का निर्माण करेंगे तथा वे उसके अध्यक्ष होंगे–

(1) सह सरकार्यवाह, एक या अधिक

(2) अखिल भारतीय शारीरिक शिक्षण प्रमुख

(*शारीरिक शिक्षा सम्बन्धी मार्गदर्शन*)

(3) अखिल भारतीय बौद्धिक शिक्षण प्रमुख

(*बौद्धिक तथा नैतिक शिक्षा सम्बन्धी मार्गदर्शन*)

(4) अखिल भारतीय प्रचार प्रमुख

(*संघ कार्य का प्रसार तथा प्रचारकों का मार्गदर्शन*)

(5) अखिल भारतीय व्यवस्था प्रमुख

(*सर्वसाधारण व्यवस्था का मार्गदर्शक*)

तथा कम से कम पाँच सदस्य और होंगे जो प्रान्तीय कार्यकारी मण्डल से लिए जायेंगे।

(ख) अखिल भारतीय कार्यकारी मण्डल के निम्न प्रकार्य होगे–

(1) अ.भा.का.म. देश की सभी शाखाओं के एकसूत्रीकरण की कड़ी है और इस नाते वह अ.भा.प्र.स. द्वारा निर्धारित नीति और कार्यक्रमों को कार्यान्वित करेंगा।

(2) अ.भा.का.म. अपने कार्य के नियमन तथा संघ कार्य के सर्वसाधारण संचालन के लिए विधान के अनुसार नियम तथा अधिनियम बनायेगा।

अधिकरण-15

अखिल भारतीय प्रतिनिधि सभा

(क) प्रान्त के अधिकरण 16 क (1) तथा (2) के अनुसार निर्वाचित सदस्य अपने में से अपनी संख्या का दसवाँ भाग अखिल भारतीय प्रतिनिधि सभा के लिए शाखाओं की और से प्रतिनिधि निर्वाचित करेंगे।

(ख) अ.भा.प्र.स. की रचना निम्नविधि होगि–

(1) शाखाओं के उपरोक्तक) धारा के अनुसार निर्वाचित सदस्यों के प्रतिनिधि।

(2) विभागों तथा प्रान्तों के संघचालक एवं प्रचारक

(3) अ.भा.का.म. के सदस्य

(ग) अ.भा.प्र.स. का सभापति सरकार्यवाह होगा।

(घ) अ.भा.प्र.स. का अधिवेशन वर्ष में कम से कम एक बार अवश्यक होगा।

(ड) अ.भा.प्र.स. संघ कार्य का समालोचन तथा उसकी नीति एवं कार्यक्रम निर्धारित करेगी।

अधिकरण-16

प्रतिनिधि एवं संघचालक

(क) (1) शाखा के 50 या 50 से अधिक स्वयंसेवक जिन्हें मताधिकार प्राप्त है, अपने में से प्रति 50 स्वयंसेवकों के लिए एक शाखा का प्रतिनिधि के नाते चुनाव करेंगे।

(2) जिन शाखाओं में मताधिकार प्राप्त स्वयंसेवकोa की संख्या 50 से कम होगी, वे एकत्र आकर प्रतिनिधियों का चुनाव करेंगी।

(ख) ज़िला, विभाग तथा प्रान्त में ऊपर कहे अनुसार निर्वाचित प्रतिनिधि क्रमशः जिला संघचालक, विभाग संघचालक तथा प्रान्त संघचालक का चुनाव करेंगे।

(ग) प्रान्त संघचालक तथा प्रान्त प्रचारक के परामर्शनुसार, ज़िला संघचालक ज़िले की विभिन्न शाखाओं तथा शाखा समूहों के संघचालकों की नियुक्ति करेंगे।

(घ) ज़िला संघचालक, संघचालक पद के लिए योग्य व्यक्ति उपलब्ध न होने पर, कार्यवाह की नियुक्ति करेंगे।

(ड) प्रान्त, विभाग या जिला संघचालक की मृत्यु, असमर्थता या त्याग-पत्र

की स्थिति में वरिष्ठ क्षेत्र का कार्यकारी मण्डल, सम्बन्धित क्षेत्र के नये संघचालक का निर्वाचन होने तक, किसी व्यक्ति को संघचालक का दायित्व सम्भालने के लिए नियुक्त करेंगे।

अधिकरण-17

प्रचारक

(क) (1) अपना सम्पूर्ण समय लगाकर कार्य करनेवाले कार्यकर्ता प्रचारक होंगे। वे उन निष्ठावान एवं चरित्रवान कार्यकर्ताओं में से चुने जायेंगे जिनका ध्येय संघ के मार्ग से समाज की सेवा करना है और जो स्वेच्छा से अपने आप को संघ-कार्य के लिए अर्पित करते हैं।

(2) वे अवैतनिक रहेंगे। उनके निर्वाह की व्यवस्था शाखाओं द्वारा होगी।

(ख) प्रचारक की नियुक्ति

(1) सम्बन्धित प्रान्त संघचालक के साथ विचार विनिमय तथा अखिल भारतीय प्रचार प्रमुख के परामर्श से सरकार्यवाह प्रान्त प्रचारक की नियुक्ति करेंगे।

(2) प्रान्त संघचालक प्रान्त प्रचारक के परामर्श से अपने क्षेत्र की शाखाओं के एकसूत्रीकरण तथा सहायता के लिए प्रान्त में विभिन्न क्षेत्रों के लिए प्रचारकों की नियुक्ति करेंगे।

अधिकरण-18

कार्यकारी मण्डल

(क) अधिकरण 16(ख) के अनुसार निर्वाचित प्रान्त, विभाग या ज़िला संघचालक या 16(ग) अनुसार ज़िला अन्तर्गत शाखा समूहों के नियुक्त संघचालक अपने सम्बन्धित क्षेत्र के अपने द्वारा नियुक्त कियें पदाधिकारियों के कार्यकारी मण्डल गठन करेंगे तथा वे स्वयं उसके सभापति होंगे। कार्यकारी मण्डल के पदाधिकारी निम्नानुसार होंगे–

(1) कार्यवाह

(2) प्रचारक (अधि. 17(ख) 2 के अनुसार नियुक्त)

(3) शारीरिक शिक्षण प्रमुख

(4) बौद्धिक शिक्षण प्रमुख

(5) व्यवस्था प्रमुख

(ख) अधिकरण 16(ग) के अनुसार शाखाओं के नियुक्त संघचालक कार्यकारी मण्डल का गठन करेंगे, जिसके वे सभापति होंगे तथा वे निम्नानुसार पदाधिकारी मनोनीत करेगे–

(1) कार्यवाह

(2) शारीरिक शिक्षण प्रमुख

(3) बौद्धिक शिक्षण प्रमुख

(4) प्रचार प्रमुख

(6) निधि प्रमुख

सूचना—यदि उपर्युक्त पदों में से किसी एक या अनेक पदों के लिए योग्य व्यक्ति उपलब्ध नहीं होते है, तो योग्य व्यक्ति उपलब्ध होने तक वे रिक्त रखे जायेंगे।

(ग) प्रत्येक का.म. यदि उस क्षेत्र में अन्य का.म. हो तो उनमें से प्रत्येक कम से कम तीन अतिरिक्त सदस्यों का समावेश करेंगा।

(घ) अपने-अपने क्षेत्र में प्रत्येक का.म. कार्य निर्वाहक होगा। वे अखिल भारतीय प्रतिनिधि सभा द्वारा निर्धारित नीति और कार्यक्रमों को कार्यान्वित करने के लिए निकटतम वरिष्ठ क्षेत्र के कार्यकारी मण्डल के मार्गदर्शन में कार्य करेंगे।

(5) शाखा के कार्यकारी मण्डल को अपने क्षेत्र के किसी भी स्वयंसेवक के विरुद्ध अनुशासन भंग अथवा शाखा या संघ के हितों को धक्का पहुँचानेवाले कार्य करने पर अनुशासन की कार्यवाही करने का अधिकार है। इस प्रकार की कार्यवाही की निकटतम वरिष्ठ क्षेत्र के कार्यकारी मण्डल द्वारा पुष्टि आवश्यक है।

अधिकरण-19

गणपूरक

विभीन्न कार्यकारी मण्डलों की बैठकों के लिए उनकी संख्या का आधा तथा अखिल भारतीय प्रतिनिधि सभा की बैठकों के लिए उनकी संख्या का पाँचवा भाग गणपूरक होगा।

अधिकरण-20

अविकसित प्रान्त

जिन प्रान्तों में यथेष्ट कार्यवृद्धि नहीं हुई है, अ.भा.का.म. ऐसे प्रान्तों को अ.भा. प्र.स. में प्रतिनिधित्व, जिस प्रकार वह योग्य समझे प्रदान कर सकता है।

अधिकरण-21

संविधान की व्याख्या और संशोधन

(क) संविधान और उसके अधिकरणों की अखिल भारतीय कार्यकारी मण्डल द्वारा की गई व्याख्या प्रमाण मानी जायेगी।

(ख) संविधान में संशोधन का प्रस्ताव जो संघ के उद्दिष्टों तथा मन्तव्यों के विपरीत नहीं है, अ.भा.का.म. द्वारा स्वतः विशेष रूप से आमन्त्रित अधिवेशन के सामने या अ.भा.का.म. के सामने किसी भी प्रा.का.म. द्वारा या किसी भी अन्य कार्यकारी मण्डल द्वारा अपने प्रा.का.मं. के अभिप्रस्तावों के साथ या अ.भा.प्र.स.. के किन्हीं 25 सदस्यों द्वारा प्रस्तुत किया जा सकता है। अ.भा.का.म. उचित विचार के पश्चात् प्रस्तावित संशोधन को प्रान्तीय कार्यकारी मण्डलोक के समक्ष रखेगा। दो तिहाई प्रान्तों का साधारण बहुमत संशोधन के पक्ष में होने पर वह स्वीकृत समझा जायेगा।

(ग) यदि अ.भा.प्र.स. के कोई भी पच्चीस सदस्य माँग करें तो प्रान्तीय कार्यकारी मण्डलों के संशोधन सम्बन्धी निर्णय सभा के समक्ष पुनर्विचार के लिए रखा जायेगा। इस सम्बन्ध में अ.भा.प्र.स. द्वारा दो तिहाई बहुमत से किया हुआ निर्णय ही अन्तिम होगा।

संघ – राष्ट्रीय स्वयंसेवक संघ
अ.भा.प्र.स. – अखिल भारतीय प्रतिनिधि सभा
अ.भा.का.म. – अखिल भारतीय कार्यकारी मण्डल
प्रा.का.म. – प्रातीय कार्यकारी मण्डल
का.म. – कार्यकारी मण्डल

कैंसर की गिरफ़्त में गुरु जी

संघ के प्रथम संघचालक डॉ. हेडगेवार के समान ही संघ के द्वितीय संघचालक गुरु गोलवलकर भी अनुशासन और समय के बड़े पाबन्द थे। पूर्व नियोजित कार्यक्रम अस्वस्थता के कारण स्थगित किये जाने और देर से शुरू होने की कोई घटना 1925 से लेकर 1973 तक के प्रदीर्घ कालंखड में नहीं घटी। कभी गुरु गोलवलकर का स्वास्थ ख़राब हो और स्वयंसेवक उन्हें विश्राम करने के लिए बाध्य करते तो उनका स्वास्थ्य और बिगड़ने लगता। शारीरिक कष्ट को सहना, किसी को कष्ट का पता भी नहीं चलने देना, शरीर बुख़ार से कितना भी तप रहा हो, फिर भी पूर्वनिर्धारित कार्यक्रम, पर समय से उपस्थित होना गुरु गोलवलकर के व्यक्तित्व का हिस्सा था। उनकी अदम्य इच्छाशक्ति उनके शरीर पर हमेशा भारी पड़ती थी। गुरु गोलवलकर का शरीर छरहरा था, आहार सीमित था और दिन भर कार्यक्रमों काा ताँता लगा रहता था।

गुरु गोलवलकर के दैनिक आचरण से सभी स्वयंसेवक अवगत थे। किन्तु 7 अप्रैल, 1970 की वर्ष प्रतिपदा के अवसर पर नागपुर में उपस्थित रहते हुए भी गुरु गोलवलकर स्वास्थ्य कारणों से भाषण नहीं दे सके। विगत 30 वर्षों में जो नहीं हुआ उसे होते देख लोगों के मन में भय की अशुभ भावना घर कर गयी। एक दिन पहले ही गुरु गोलवलकर असम और केरल का दौरा पूर्ण कर लोटे थे। स्वास्थ्य ठीक न होने के कारण डॉक्टरों द्वारा की गयी परीक्षा से भी कोई निश्चित अनुमान नहीं निकल पाया। दैनिक कार्यक्रम अपने नियत समय पर चल रहे थे। इसी समय 28 अप्रैल, 1970 से देश के 19 संघशिक्षा वर्गों के लिए गुरु गोलवलकर का प्रदीर्घ दौरा प्रारम्भ होने वाला था। प्रत्येक वर्ग में तीन बौद्धिक तथा स्वयंसेवकों की बैठकों की नित्य की परिपाटी थी। ख़राब स्वास्थ्य के बावजूद गुरु गोलवलकर ने प्रवास पर जाने का निर्णय लिया। तीस वर्षों की अनुशासित परम्परा निभानी थी।

गुरु गोलवलकर पूर्व निर्धारित कार्यक्रम के अनुसार दौरे पर चल पड़े। एक प्रान्त से दूसरे प्रान्त का दौरा होता रहा। सभी कार्यक्रम अपने तय समय पर होते रहे। इसी दौरों के समय गुरु गोलवलकर की पुराने संन्यासी मित्र से भेंट हुई। इस मित्र ने वर्षों बाद मिलने के कारण गुरु जी को ज़ोरदार आलिंगन किया। तब अधिक ज़ोर से छाती से दबाते समय जेब में रखी हुई फ़ाउंटेन पेन श्री गुरु जी की छाती पर बनी गाँठ पर ऐसी चुभी कि इंस आकस्मिक वेदना को सहना गुरु जी के लिए कठिन हो गया। अपार सहनशक्ति होते हुए भी गुरु गोलवलकर सिहर उठे।

इस गाँठ पर प्राथमिक उपचार के हेतु एक लेप लगाया गया। इसके पूर्व भी एक गाँठ आई थी, किन्तु होमियोपैथी के उपचार से वह दब चुकी थी। इस कारण दुबारा प्रकट यह गाँठ भी ठीक हो जायेगी, ऐसा विश्वास था किन्तु ऐसा नहीं हुआ। दर्द बढ़ने और अन्य गाँठ उभरने के बाद गुरु गोलवलकर का पुणे के सुविख्यात धवंतरी डॉ. नामजोशी से उसकी डॉक्टरी जाँच करवायी। जाँच पर पता चला कि गुरु जी को कैंसर अर्थात् कर्क रोग है। कार्यकर्ता डॉ. नामजोशी की ओर देखकर मन ही मन अपेक्षा कर रहे थे कि चिन्ता की कोई बात नहीं है, सब ठीक हो जायेगा। किन्तु डॉक्टर का चिन्तित चेहरा देखकर निराशा के काले बादल स्वयंसेवकों के मन में उभरने लगे। डॉ. नामजोशी ने गुरु गोलवलकर से आग्रह किया कि मुम्बई जाकर एक बार फिर गहरायी से जाँच कर ली जाये। किन्तु संघ शिक्षा वर्ग चलने के कारण गुरु गोलवलकर ने डॉक्टर का आग्रह ठुकरा दिया। गुरु जी ने स्पष्ट कहा कि वे पूर्व निर्धारित कार्यक्रम छोड़कर इलाज के लिए मुम्बई फिलहाल नहीं जायेंगे। अपने कार्यक्रम के दौरान जब मुम्बई की यात्रा होगी तब वे इलाज करेंगे। अपने पूर्व कार्यक्रम के अनुसार 18 मई को मुम्बई पहुँचने पर गुरु गोलवलकर का पूरा चिकित्सकीय परीक्षण टाटा मेमोरियल के प्रसिद्ध कैंसर चिकित्सक प्रफुल्ल देसाई ने किया। प्रफुल्ल देसाई ने भी अन्त में गुरु गोलवलकर को कर्क रोग होने की पुष्टी कर दी।

गुरु गोलवलकर ने डॉ. से पूछा यह कैंसर रोग किस हद तक फैला है और यह ठीक होगा भी की नही? डॉ. देसाई ने कहा कि यह शल्यक्रिया के बाद ही पता चलेगा परन्तु आपको तुरन्त शल्यक्रिया करने की तैयारी दर्शानी चाहिए। डॉ. की बात ध्यान से सुनने के बाद गुरु गोलवलकर ने संघ शिक्षा वर्ग की समाप्ति पर शल्यक्रिया करवाने के लिए हामी भरी। इस तरह एक जुलाई का दिन शल्यक्रिया के लिए निश्चित किया गया। उस समय गुरु गोलवलकर अपने स्वास्थ्य से ज़्यादा उस समय देश की परिस्थिति से चिन्तित थे। कांग्रेस का विभाजन होकर कांग्रेस के सारे

सूत्र इन्दिरा गांधी के हाथों में आ गये थे। संघ पर फिर से प्रतिबन्ध लगाने की चर्चा हवा में तैर रही थी। जगह-जगह संघ को बदनाम करने की कोशिश होने लगी। गुरु गोलवलकर स्थिति पर नज़र रखे हुए थे। स्वयंसेवकों के समक्ष दिये भाषणों में गुरु गोलवलकर ने कहा कि अपना संगठन अधिक विशाल, मज़बूत और इसका विस्तार ही सघ के ख़िलाफ़ हो रहे ग़लत प्रचार का सही जवाब होगा। किन्तु बाहरी समाज में प्रकट रूप से उन्होंने कोई प्रतिक्रिया व्यक्त नहीं की।

अपने प्रवास के क्रम में गुरु गोलवलकर 11 जून, 1970 को दिल्ली पहुँचे। इसके बाद कलकत्ता के लिए प्रस्थान किया। 27 जून, 1970 को कलकता का वर्ग समाप्त हुआ। कलकत्ता से सीधे मुम्बई पहुँचे। 28 जून को गुरु गोलवलकर का फिर से चिकित्सकीय परीक्षण हुआ और 30 जून को उन्हें टाटा मेमोरियल में शल्यक्रिया के लिए भर्ती कर लिया गया।

गुरुजी की शल्यक्रिया

1 जुलाई को गुरु गोलवलकर को शल्यक्रिया के लिए ऑपरेशन रूम में ले जाया गया। डॉ. देसाई ने गाँठ का एक टुकडा काटा और परीक्षण के लिए भेजा। बाहर खड़े स्वयंसेवक चिन्तित थे। कुछ समय पश्चात् रिपोर्ट आ गयी जिसमे कैंसर होने की पृष्ठी थी। तुरन्त गुरु गोलवलकर का ऑपरेशन किया गया। डॉ. देसाई ने कैंसर वाला हिस्सा शल्यक्रिया करके समूल नष्ट करने की क्रिया प्रारम्भ की। काट-छाँट की गति बहुत तेज़ थी। अपेक्षा से अधिक कैंसर की व्याप्ति थी। सभी गाँठे समूल निकाल दी गईं। लगभग तीन घण्टे ऑपरेशन चला। दोपहर एक बजे गुरु गोलवलकर को कमरे में लाया गया। उस समय वे लगभग बेहोशी की अवस्था में थे। दोपहर के बाद उन्होंने चाय पी। दो दिन बाद गुरु गोलवलकर ने भोजन लेना शुरू किया।

प्रतिवर्ष जुलाई में नागपुर में होनेवाली कार्यकारिणी की बैठक इस वर्ष 10 से 12 जुलाई तक मुम्बई में सम्पन्न हुई। सभी स्वयंसेवकों के मना करने के बाद भी गुरु गोलवलकर 12 जुलाई की बैठक में उपस्थित रहे। इस तरह तीन सप्ताह बीत गये। शल्यक्रिया के कारण हुआ घाव तेज़ी से ठीक हो रहा था। अस्पताल से छुट्टी पाकर गुरु गोलवलकर वापस संघ प्रवास पर जाने के लिए छटपटा रहे थे। आख़िरकार 26 जुलाई को गोलवलकर को अस्पताल से जाने की अनुमति मिल गयी। डॉ. प्रफुल्ल देसाई जिन्होंने गुरु गोलवलकर का ऑपरेशन किया था वे संघ से परिचित नहीं थे। किन्तु गुरु गोलवलकर ने जिस सहजता के साथ शल्यक्रिया के समय सानन्द सहकार्य दिया, उसे देखकर वे आश्चर्यचकित हो गये। डॉ. देसाई

ने गुरु गोलवलकर के साथ अपने अनुभव को एक लेख में शब्दबद्ध कर रखा है। डॉ. देसाई ने लिखा है कि, "गोलवलकर जी की 65 वर्ष की आयु पर विचार करने पर वे इतनी गहरी और प्रदीर्ध शल्यक्रिया का सामना कैसे कर पायेंगे, यह प्रश्न मेरे मन में था। किन्तु जिस शान्ति, साहस, और सहकार्य से उन्होंने सारी बातें हँसमुख रहकर सही, वह एक अद्‌भुत घटना थी। दूसरे ही दिन वे चलने-फिरने लगे। वे तीन सप्ताह अस्पताल में रहे। इस दौरान मुझे उनके व्यक्तित्व और मानसिकता का अध्ययन करने का मौक़ा मिला। गुरु गोलवलकर मुझसे जानना चाहते थे कि कैंसर ने उनके शरीर में कितनी जगह व्याप्त कर रखी है और शल्यक्रिया के बाद वे कितने वर्ष जी पायेंगे। इस सम्बन्ध में गुरु गोलवलकर वास्तविकता जानना चाहते थे। मैंने उन्हें वास्तविकता से अवगत कराया और वे कितने कल तक जीवित रह पायेंगे, यह भी बताया। मेरी स्पष्टोक्ति सुनकर गुरु गोलवलकर ने कहा– वाह! बहुत अच्छा! इसका अर्थ है कि मेरे पास काफ़ी समय है जिसमें मुझे बहुत सारे काम निपटाने हैं। डॉक्टर को सर्वोपरि सहकार्य देने वाले वे एक असामान्य रोगी थे। दूर्बल शरीर रचना के होते हुए भी एक प्रचण्ड कार्यशक्ति के जो धनी थे, जिनके जूझने का साहस, हिम्मत और अनुशासन आदि बेजोड थे, जिन्होंने अनिष्ट की पूर्व कल्पना कर शुभ शक्ति जागृत की, ऐसे श्री गुरु जी एक असामान्य पुरुष थे। ऐसे महापुरुष के सत्संग का, अल्पकालीन ही क्यों न हो, मुझे लाभ हुआ इसे मैं अपना अहोभाग्य मानता हूँ। अस्पताल से बाहर आने के बाद गुरुजी एक सप्ताह मुम्बई में ही रहे। 3 अगस्त को वे रेल से नागपुर के लिए रवाना हुए। मुम्बई से नागपुर की ओर प्रयाण करने के पहले मुम्बई में सत्यनारायण की पूजा का भव्य आयोजन किया गया। इस आयोजन में लगभग 20 हज़ार लोगों ने प्रसाद ग्रहण किया।

मुम्बई से नागपुर के हर स्टेशन पर स्वयंसेवक गुरु गोलवलकर के दर्शन और मिलने के लिए उपस्थित थे। नागपुर पहुँचने के बाद गुरु गोलवलकर बाबासाहेब घटाटे के बँगले पर ही कुछ समय के लिए रुके थे। 13 अगस्त को रक्षाबन्धन का उत्सव था। इस उत्सव में गुरु जी ने खड़े होकर 45 मिनट तक ओजस्वी भाषण दिया। बाद में 22 अगस्त को पुन मुम्बई में गुरु गोलवलकर का परीक्षण डॉ. देसाई ने किया। 21 एवं 22 अगस्त को गुरु गोलवलकर को हल्का बुख़ार था। बुख़ार भरे शरीर से काम करने का उन्हें पुराना अभ्यास था। श्री गुरु जी ने बुख़ार को हल्के में लिया। 22 अगस्त की शाम को गोरेगाँव में स्वयंसेवकों का एकत्रीकरण पूर्व नियोजित था। गुरु गोलवलकर प्रार्थना के लिए पहुँचे। उस समय खार के रामकृष्ण मिशन में गुरु

गोलवलकर का निवास था, किन्तु निकट की किसी शाखा में उन्होंने जाने से इनकार किया। गोरेगाँव की शाखा में प्रार्थना प्रारम्भ हुई। कुछ ही क्षणों बाद ऐसा दिखायी दिया कि गुरु गोलवलकर शरीर सन्तुलन खो रहे हैं। पास ही खड़े आबाजी थत्ते ने उन्हें सम्भाल लिया। थोड़ी देर के बाद गुरु गोलवलकर बेहोश हो गये।

इस समय पता चला कि गुरु गोलवलकर की बग़ल में छेद बन गया है और उसमें से पानी और मवाद बह रहा है। इस अल्सर का उपचार किया गया। 25 अगस्त को गुरु गोलवलकर को इन्दौर जाना था। स्वयंसेवकों के लाख समझाने पर भी गुरु गोलवलकर नहीं माने और इन्दौर पहुँच गये। इन्दौर के प्रान्त संघचालक तथा आयुर्वेदज्ञ पं. रामनारायण शास्त्री की देखभाल में गुरु गोलवलकर एक मास तक इन्दौर रुके। इसी दौरान गुरु गोलवलकर का दाहिना हाथ काफ़ी सूज गया था। गुरु गोलवलकर इस समय चिन्तित थे, चिन्ता की वजह सूजा हुआ हाथ नहीं था बल्कि जिस विवेकानन्द शिला स्मारक के निर्माण के प्रेरणा स्रोत वे स्वयं थे और जिसका उद्घाटन भारत के राष्ट्रपति महामहिम श्री गिरि के हाथों होना था, वहाँ वे चाहकर भी नहीं पहुँच पा रहे थे।

24 सितम्बर को गुरु गोलवलकर मुम्बई पहुँचे और डॉ. देसाई ने उनके स्वास्थ्य का पूर्ण परीक्षण किया और स्वास्थ्य को लेकर समाधान व्यक्त किया, साथ ही डॉ. देसाई ने उन्हे नियमित चेकअप और सूजे हुए हाथ की रोज़ ड्रेसिंग करने के लिए कहा। गुरु गोलवलकर द्वारा प्रवास के सम्बन्ध में पूछने पर डॉ. देसाई ने उन्हें प्रवास करने की अनुमति दे दी। गुरु गोलवलकर इसी अनुमति के इन्तज़ार में थे। अपने संघ कार्य के लिए अपने पास कितना समयष्षेष है वे जानते थे। उन्हे जल्दी थी एक-एक काम जल्दी समाप्त करने की। मृत्यु के साथ अब उनकी स्पर्धा आरम्भ हो चुकी थी। गुरु गोलवलकर न अपने स्वास्थ्य से चिन्तित थे और न उन्हें मृत्यु का डर था उन्हें चिन्ता केवल संघ कार्य की थी।

मुम्बई से गुरु गोलवलकर 29 सितम्बर को नागपुर आये। नित्यानुसार पत्र लेखन, शाखा, लोगों से मिलना-जुलना आदि कार्यक्रमों में उनका समय बीतने लगा। इसी साल का विजयादशमी महोत्सव 9 और 10 अक्टूबर को सरदार वल्लभभाई पटेल के सेवा-निवृत्त सचिव श्री वी. शंकर की अध्यक्षता में सम्पन्न हुआ। विजयादशमी कार्यक्रम निपटाकर गुरु गोलवलकर प्रवास पर निकल पड़े।

इसके बाद ही गुरु गोलवलकर के जीवन का अन्तिम पर्व शुरू हुआ। शल्यक्रिया के बाद गोलवलकर ने जो प्रवास की गति बनाये रखी, उससे महसूस होता है कि उन्हें कार्य की गति बढ़ाने की कितनी और किसलिए चिन्ता थी। 23 अक्टूबर से

7 दिसम्बर तक के 45 दिनों के प्रवास की ओर देखने पर समझ में आता है। तीन दिन मुम्बई तीन दिन बैंगलोर प्रान्त प्रचारकों की बैठक, तीन दिन नासिक, तीन दिन पुणे पुन: चार दिन मुम्बई, फिर नागपुर में बैठकें, फिर दिल्ली प्रवास पर तुरन्त निकलना, फिर मुम्बई होते हुए कर्नाटक प्रान्तीय अधिवेशन की बैठकों के लिए जाना बाद में पण्ढरपुर फिर सोलापुर से मुम्बई और नागपुर वापसी। इस पूरे प्रवास के दौरान सर्वत्र बैठकें सभा सम्बोधन कार्यकर्ताओं से भेंट कार्य के बारे में पूछताछ, मार्गदर्शन, भविष्य में होने जा रहे कार्यक्रमों का प्रारूप तैयार करना आदि बातें सम्मिलित थीं।

1972 से गुरु गोलवलकर का स्वास्थ्य धीरे-धीरे ढलान पर आना शुरू हो गया था। 1972 के उत्तरार्ध में महाकौशल, महाराष्ट्र और विदर्भ इन तीन प्रान्तों का प्रवास गुरु गोलवलकर स्वास्थ्य कारणों से कर नहीं पाये। इस समय गोलवलकर के गले में दर्द, खाने-पीने में मुश्किल, बोलने में भयंकर पीड़ा का अनुभव होने लगाा था। इस सम्बन्ध में महाराष्ट्र के प्रान्त सघंचालक श्री बाबा राव भिड़े को लिखे एक पत्र में श्री गुरु गोलवलकर ने लिखा कि मैं तीन प्रान्तों का प्रवास नहीं कर पाया। यह क्षतिपूर्ति किस तरह और कब हो पायेगी, इसके बारे में सोचने के लिए मैंने डॉ.आबा थत्ते को कहा है। पूर्व निर्धारित प्रवास न करना गुरु गोलवलकर को बिल्कुल पसन्द नहीं था ।

इसी दौरान गुरु गोलवलकर के कुछ बेहद क़रीबी सहयोगियों के निधन ने गुरु गोलवलकर को अन्दर से हिला दिया। गुरु गोलवलकर सर्वाधिक व्यथित हुए बाबासाहेब आपटे की आकस्मिक मृत्यु के कारण। बाबासाहेब आपटे संघ के पहले प्रचारक थे। प्रकाण्ड पण्डित, महान् कर्मयोगी बाबासाहेब आपटे डॉ. हेडगेवार के साथ काम शुरू करने वाले संघ के स्वयंसेवक थे। 27 जुलाई, 1972 की रात को वे नींद में ही परलोक सिधार गये। इस दुखद घटना के समय गुरु गोलवलकर इन्दौर में थे, वे चाहकर भी बाबासाहेब आपटे के अन्तिम दर्शन नहीं कर पाये। इसके बाद भैयाजी शहादाणी और बच्दाराज व्यास जैसे हीरे खो देने के बाद नियति ने एक और गहरा आघात गुरु गोलवलकर पर किया। गुरु गोलवलकर का जिन पर अत्यन्त प्रेम था, ऐसे धार्मिक क्षेत्र में कार्यरत् हनुमान प्रसाद पोद्दार की मृत्यु भी हो गयी। गुरु गोलवलकर उन्हे भाई जी कहा करते थे। भाई जी 'कल्याण' मासिक और गोरखपुर के गीता प्रेस के वरिष्ठ चालक थे। गुरु गोलवलकर पर भाई जी की मृत्यु का गहरा प्रभाव पड़ा।

28 जून, 1971 को अपना प्रवास कर गुरु गोलवलकर नागपुर लौटे। इसके बाद 8, 9 और 10 जुलाई, 1971 को नागपुर में हुई केन्द्रीय कार्यकारिणी की बैठक में गुरु

गोलवलकर उपस्थित रहे। इसके पश्चात् गुरु गोलवलकर पुनः संघ विस्तार के लिए संघ प्रवास पर निकल गये। परन्तु इन दिनों गुरु गोलवलकर का स्वास्थ्य अधिक ख़राब रहने लगा। वे दिन-ब-दिन दुर्बल होते जा रहे थे। डॉ. देसाई की दवाइयों और पं. रामनारायण शास्त्री की आयुर्वेदिक दवाइयों के द्वारा गुरु गोलवलकर शरीर को कार्यक्षम बनाये रखने का भरसक प्रयत्न कर रहे थे। किन्तु गुरु गोलवलकर वास्तविकता से अवगत थे। 1972 में उत्तर प्रदेश में संघ प्रवास के दौरान गुरु गोलवलकर ने सहयोगियों से पहली बार थकान महसूस होने और कुछ समय आराम कर लेने की इच्छा व्यक्त की। इसके बाद गोवा प्रवास के दौरान भी उन्हें अत्यधिक थकान की अनुभूति हुई। इसके बाद गुरु गोलवलकर कुछ समय के लिए इन्दौर में पं. रामनारायण शास्त्री के यहाँ स्वास्थ्य लाभ के लिए रुके। यह समय 25 जुलाई से 18 अगस्त तक था। इसके बाद वे राजस्थान गये। वहाँ उन्हे गम्भीर बुख़ार ने जकड़ लिया। किन्तु बुख़ार में ही गुरु गोलवलकर ने अजमेर का कार्यक्रम सम्पन्न किया और उसके बाद वे जयपुर पहुँचे।

जयपुर में गुरु गोलवलकर का स्वास्थ्य इतना बिगड़ा कि कार्यकर्ताओं के साथ गुरु गोलवलकर ख़ुद भी चिन्तित हुए। लगातार तेज़ बुख़ार और कमज़ोरी के चलते गुरु गोलवलकर को बोलना भी दुर्भर हो गया था। गुरु गोलवलकर समझ गये कि लगातार प्रवास करना अब उनके लिए सम्भव नहीं है। अपनी स्थिति का अहसास होते ही गुरु गोलवलकर ने निश्चय किया कि हिन्दू परम्परा के अनुसार अपने प्रमुख कार्यकर्ताओं के साथ आख़िर बार बातचीत कर ली जाये। इसके बाद गुरु गोलवलकर ने महाराष्ट्र के ठाणे नगर में अखिल भारतीय कार्यकर्ताओं का एक अभ्यास वर्ग आयोजित करने का निश्चय किया। प्रत्यक्ष संघ कार्य में रत प्रचारक, अधिकारी तथा राष्ट्र जीवन के सभी क्षेत्रों में कार्य कर रहे स्वयंसेवकों को इस अभ्यास वर्ग में आमत्रित किया। 28 अक्टूबर से 3 नवम्बर तक चली इस बैठक में गुरु गोलवलकर लगातार बीमार रहे ।

व्यापक चिन्तन-मनन

ठाणे का यह अभ्यास वर्ग गुरु गोलवलकर ने अनन्त में विलीन होने के पूर्व अपने स्वयंसेवकों को तत्त्वबोध, दिशाबोध तथा शंकाओं का अन्तिम निराकरण करने के लिए ही लिया था। इस वर्ग में गुरु गोलवलकर ने हिन्दू जीवनदर्शन पर श्वाश्वत् विचार स्पष्ट रूप से रखा।

इसी बैठक में एक स्वयंसेवक ने प्रश्न उपस्थित किया कि हम हिन्दू हिन्दू शब्द का घोष निरन्तर किसलिए करते हैं? देश की परिस्थिति तथा माहौल को देखते हुए हिन्दू शब्द का त्याग क्यों न करें? भारतीय शब्द को क्यों न अपनाएँ? ऐसा करने पर संघ पर साम्प्रदायिकता का आरोप नहीं लग पायेगा। इस प्रश्न के जवाब में गुरु गोलवलकर ने कहा कि यह सत्य है कि हिन्दू के सम्बन्ध में अनेक प्रकार के भ्रम निर्माण करने के प्रयास किये गये। कुछ क्षेत्रों में विभिन्न स्वार्थ से प्रेरित होकर हिन्दू को मुस्लिम विरोधी, क्रिश्चयन विरोधी तथा जैन और हरिजन विरोधी मानकर प्रचार किया जाता है। यह प्रचार किसी ठोस जानकारी पर आधारित नहीं होता है। धर्म, संस्कृति और इतिहास का अध्ययन कर सोचा होता तो ऐसे असत्य आरोप नहीं मढ़े जाते। इस्लाम और ईसाई धर्म के जन्म के पहले से हिन्दू धर्म वजूद में है। फिर हिन्दू का अर्थ मुस्लिम विरोधी कैसे हो सकता है? सिख, जैन आदि मत तो हिन्दू के अन्तर्गत ही हैं। हिन्दू किसी का भी विरोध नहीं है। हिन्दू विचार प्रणाली पूर्णत भावात्मक प्रणाली है, न कि निषेधात्मक।

इस देश के राष्ट्र जीवन के लिए हिन्दू के स्थान पर कोई अन्य पर्यायवाची शब्द प्रयुक्त किया जाये ऐसा कुछ लोगों का मानना है। गुरु गोलवलकर ने कहा कि मान लीजिए कोई पर्यायवाची शब्द ढूँढ़ भी लिया तो क्या इस शब्द के कारण मूल अर्थ में परिवर्तन हो जायेगा? आर्यशब्द का अर्थ भी वही है जो हिन्दू शब्द में ध्वनित होता है। कुछ लोगों का कहना है कि भारतीय शब्द का प्रयोग हो परन्तु इस शब्द को चाहे जैसा झुकाओ, मरोडों निचोडों वही निकलेगा जो हिन्दू शब्द में है। फिर गर्वित होकर हम हिन्दू शब्द का ही प्रयोग क्यों न करें? हिन्दू शब्द अब प्रचलित हो गया है। हम जब अपने राष्ट्र की सर्वांगीण उन्नति की बात करते है तब हमें हिन्दू धर्म, हिन्दू संस्कृति तथा हिन्दू समाज के संरक्षण का ही अर्थबोध कराता है। यदि हमने हिन्दू शब्द को त्याग दिया तो राष्ट्र नाम की कोई अस्मिता शेष नहीं रहेगी। अपना समाज दो पाँवों पर चलने वाले मनुष्य प्राणियों का समूह ही रह जायेगा। यदि हिन्दू शब्द के बारे में किसी के मन में शंका हो तो उसकी वाणी में बल नहीं रहेगा। यह हमारा हिन्दू धर्म, संस्कृति और समाज है। इसकी नींव पर हमारा राष्ट्र सदियों से खडा है। इसी राष्ट्र का जीवन भव्य, दिव्य, स्वतन्त्र और समर्थ बनाने के लिए ही हमारा जन्म हुआ है। इस पर हम कोई समझौता नहीं कर सकते।

संघ कार्य के स्वरूप का वर्णन करते हुए गुरु गोलवलकर ने कहा कि संघ कार्य सर्वव्यापी है। किन्तु सर्वव्यापकता किसे कहते है? प्रकाश सर्वव्यापक होता है।

किन्तु प्रकृति के सभी कार्य वह सम्पन्न नहीं करता। प्रत्येक कार्य में यदि हम सघ के नाते हस्तक्षेप करने लगें तो हमें जीवन के प्रत्येक क्षेत्र के लिए एक-एक प्रबन्ध लिखना पड़ेगा। यदि ऐसा हुआ तो समाज को संगठित करने का जो मूलभूत कार्य है वह बन्द पड़ जायेगा। हम केवल प्रबन्धों के धनी बने रहेंगे। इस कारण हमने राष्ट्रजीवन का एक व्यापक सिद्धान्त सामने रखा है। और इस सिद्धान्त के आधार पर ही हर क्षेत्र के कार्यकर्ता प्रत्येक कार्य की रचना करे।

भारतीय संस्कृति के मूलभूत सिद्धान्तों की चर्चा करते हुए गुरु गोलवलकर ने कहा— अपनी संस्कृति से सम्पूर्ण समाज को एक जीवमान (जैविक) शरीर के रूप में माना गया है। यानी हज़ारों मस्तक, हज़ारों आँखें, और हज़ारों पाँववाला पुरुष ऐसा वर्णन किया है। मूलत: यह ईश्वर का ही वर्णन है। किन्तु हमारे लिए तो समाज ही परमेश्वर है। यह एक विराट समाजपुरुष है। इस समाज में अनेक मुख, अनेक हाथ, आँखें, पाँव है। इसी विराट समाजपुरुष की आराधना करने के लिए हमें बताया गया है। दूसरी बात यह है कि इस विराट मानव शरीर के प्रत्येक अंश में एक ही चैतन्य प्रवाहित होता है। इस चेतनाशक्ति को चाहे जो नाम दो, कोई फ़र्क़ नहीं पड़ता। सर्वाधिक महत्त्वपूर्ण बात उसके अनुभूति की है। इस चैतन्य की अनुभूति का साक्षात्कार होने से ही हमारे व्यवहार, कामकाज, कार्यकलाप, अपेक्षानुसार सुचारु रूप से चल सकेंगे। आर्थिक दृष्टि से उत्पादित उपभोग की सामग्री इस विराट पुरुष के लिए ही है, ऐसा हम सोचे। समाज की विराट पुरुष के रूप में कल्पना कर उसमें ओतप्रोत चिरन्तन अस्तित्व की अनुभूति करना हमारे भारतीय चिन्तन की विशेषता है।

चिन्तन की इस दिशा से यदि हम भटक गये तो सम्पूर्ण मानव जाति के सुख की कल्पना सफल नहीं होगी। अन्य देशों में से प्रचारित विचार प्रणालियों में निहित अपूर्णता स्पष्ट करते हुए गुरु गोलवलकर ने कहा कि आधुनिक विश्व की विचार प्रणालियाँ भी यह मानती हैं कि सम्पूर्ण समाज के कल्याण का विचार हमें करना चाहिए। उन्हें यह पूछने की आवश्यकता है कि उनके चिन्तन में एकत्व की जो कल्पना है, उसका क्या आधार है? व्यक्ति व्यक्ति में वे किस प्रकार का नाता मानते हैं? उनका परस्पर सम्बन्ध क्या, कैसा और क्यों है? दूसरों के सुख-दु:ख की समान अनुभूति का कौन सा आधार है? महत्त्व का आधार देने वाला वह सूत्र कौन सा है? विदेशों की या पश्चिमी देशों की विचारधारा में सैद्धान्तिक रूप से इस विषय में कोई ठोस विचार नहीं है। भारतबाह्य देशों में एक ही तत्त्व मान्य किया गया है कि सब लोग अलग-अलग उत्पन्न हुए हैं और एक दूजे का कोई आन्तरिक सम्बन्ध नहीं है। इस कारण एक के द्वारा दूसरे की चिन्ता करने का कोई कारण नहीं है।

जब हर कोई भिन्न हो तो भले एक दूजे की चिन्ता क्यों करे? इस विचारधारा में समाज शब्द का प्रयोग अवश्य किया गया है किन्तु समाज का अर्थ, अनेक लोगों के स्वार्थ का एकत्रीकरण ही माना गया है। इसी मर्यादित दृष्टिकोण से स्वार्थपूर्ति के लिए परस्पर समझौता हुआ और समाज बना। विदेश की विचारधारा से समझौता है, किन्तु आन्तरिक दृष्टि से सबको एक सूत्र में गूँथने वाला, समान सुख-दु:ख की चेतना का अनुभव करा देने वाला सूत्र उनके पास नहीं है।

यह सूत्र ही अपना अस्तित्व है। अपने अस्तित्व में ही यह सूत्र निहित है। हमारे शरीर, इच्छा, आकाक्षाएँ, चाहे भिन्न-भिन्न क्यों न हों, सबके अन्दर एक ही चिरन्तन अस्तित्व है। मूलगामी एकता का वह एक प्रमुख कारण है। इसी मौलिक तत्त्व के कारण ही सम्बन्ध के भाव जागते हैं। प्रेम और द्वेष की भावना भी इसी एकत्व भाव का आविष्कार है। सबका मिलकर एक अस्तित्व समाज का ही रूप होता है, इस बात को हम ध्यान में रखें।

ठस एकात्मता या एकत्व की भावना के हृदय में विराजमान होते ही समाज का अस्तित्व बनता है और यह समाज सुखी कैसे हो सकेगा, यह विचार जागता है। इसी भाव के फलस्वरूप हम ऐसी व्यवस्था निर्माण करने का प्रयास करते हैं जिसमे सबका समान स्वार्थ हो। इस प्रक्रिया में हमें स्वत: का स्वार्थ छोड़ना पड़ेगा। अपने सम्पूर्ण अस्तित्व के विरुद्ध तथा स्वत्व के विपरीत होने के कारण स्वार्थ संग्रह करना आत्महत्या के समकक्ष पाप होगा। इसलिए हमें स्वार्थ-त्याग करना होगा। स्वार्थ-त्याग में ही हमारा हित है। यह विचार जिस जीवन सिद्धान्त में अन्तभूर्त है, उस जीवन प्रणाली का नाम हिन्दू जीवन प्रणाली है। सम्पूर्ण जगत् में इतनी गहराई से व्यक्ति विशेष के अस्तित्व के आधार की खोज अन्यत्र कहीं दिखायी नहीं देती। हिन्दुत्व की यह विश्वमानव को दी हुई देन है। इसी आधार पर सम्पूर्ण समाज की धारणा होती है। व्यक्ति व्यक्ति के अन्त:करण में इस एकात्मता को जागृत् करना हमारा पहला कर्तव्य है।

सैकडों वर्षों के इतिहास ने यह सिद्ध कर दिखाया है कि इसी प्रकार की विचार प्रणाली में स्थिरता है। संसार में मानव कल्याण के लिए जो भिन्न-भिन्न विचार चल रहे हैं, वे लम्बे समय तक टिकने वाले नहीं हैं। जागतिक परिस्थिति में बदलाव आते ही काल प्रवाह की प्रबल लहरों के थपेड़ों के प्रहार जब आघात करते हैं तब वे या तो बदल जाते है या नष्ट हो जाते हैं। हिन्दू जीवन-पद्धति यह मानती है कि सभी में एक सतत्त्व विराजमान है और सबको जोड़ने वाली वह कड़ी है। एक ही अस्तित्व

भिन्न-भिन्न रुपों में अभिव्यक्त होता है, इस कारण प्रत्येक व्यक्ति मात्र को उसकी पसन्द और चाह के अनुरूप उत्तम जीवन जीने की सुविधाएँ, साधन आदि प्राप्त करा देना हमारा कर्तव्य है। यह हमारा स्थायी विचार है। इसी कर्तव्य भावना के परिणामस्वरूप मनुष्य विचार करेगा कि हम आवश्यकता से अधिक जीवनावश्यक वस्तुओं का संग्रह न करे, क्योंकि आवश्यकता पूर्ति से अधिक साधनों पर हमारा अधिकार नहीं है, समाज का अधिकार है। जो अधिक संग्रह होगा, समाज के हितार्थ ही होगा। इस धारणा को दृढ़ करना ही हिन्दू विचार जागृति का दूसरा नाम है।

अन्य राजनीतिक तथा आर्थिक व्यवस्था पद्धतियों का विचार इसी निष्कर्ष पर हमें करना होगा। समाज जीवन की मूल रचना का अधिकार भी यही है। व्यवस्था चाहे जो हो, समाज जीवन की धारणा ही उनका उद्देश्य है। किन्तु दुर्भाग्य से हमने इस मूलभूत सिद्धान्त को त्याग दिया और उसके दुष्परिणाम हमारे सामने हैं। दरिद्रता चारों और फैली दिखायी देती है। लोग भ्रम के शिकार होकर इसका दोष हिन्दू जीवन पद्धति के मत्थे मढ़ते है। किन्तु यह सत्य नहीं है। हिन्दू जीवन-पद्धति का विस्मरण होने के कारण ही यह परिस्थिति उत्पन्न हुई। अछूत वृत्ति को हिन्दू जीवन-पद्धति का परिणाम मानना ग़लत बात है। हिन्दू जीवन-पद्धति का त्याग तथा विस्मरण इन दोषो की जड़ है, मूल कारण है।

समाज व्यवस्था का विचार बुद्धिमान चिन्तकों के लिए चर्चा और वाद-विवाद का विषय है। संघ का अर्थात् हिन्दुओं का इस सम्बन्ध में क्या विचार है, इसका विवेचन करते हुए गुरु गोलवलकर ने कहा कि ऐसी सामान्य धारणा दिखायी देती है कि जिसे आधुनिक जीवन कहा जाते है, वह सुखपूर्ण है। साथ ही इस सुख को अधिकाधिक मात्रा में पाने की स्पर्धा भी क्रियाशील है। सुख देने वाले साधनों को प्राप्त काने की होड़ लगी हुई हम देखते हैं। इन सुखोपभोगियों को अनिबन्धित, निरंकुश समाज जिसे स्वैर समाज कहते है, चाहिए। इसे उन्नत समाज का लक्षण माना जाता है। किन्तु हमें यह समझ लेना चाहिए कि परसिसिव विचार की छाया में समाज नाम की वस्तु ही समाप्त हो जाती है। शेष बचता है केवल प्रतिस्पर्धा सिद्धान्त। इसे हम निरकुश उपभोग के लिए एकत्रीकरण हेतु किया हुआ समझौता कह सकते है। अर्थात् समाज समझोते का फल ही माना गया है।

इस सामाजिक समझौते के साथ स्पर्धा जुड़ी हुई है। लोगों का मानना है कि स्वस्थ्य स्पर्धा के कारण प्रगति होती है। किन्तु मेरी दृष्टि से कोई स्पर्धा स्वस्थ नहीं होती है। नि:स्वार्थ स्पर्धा का होना असम्भव है। प्रारम्भ में विशुद्ध प्रतीत होने वाली स्पर्धा में शीघ्र ही विकृतियाँ दिखायी देने लगती हैं। स्वस्थ्य स्पर्धा अपने को अच्छा

बनने की प्रेरणा देती है किन्तु स्वयं को अच्छा बनाने के अपेक्षा दूसरों को बुरा बनाने का प्रयत्न होता है। स्वयं को ऊँचा बनाने की बजाय दूसरों को नीचे खींचने की स्पर्धा शुरू हो जाती है। इस स्पर्धा का अन्त परस्पर संघर्ष में होता है।

आज विश्व में जो संघर्ष हो रहे हैं,उनकी जड़ में यह स्पर्धा की भावना ही है। दूसरों का सुख छीनकर, नष्टकर, स्वयं को समृद्ध करने की इच्छा ही इन संघर्षों का मूल कारण है। पाश्चात् देशों में उत्पन्न प्रतिस्पर्धा की तत्त्वहीन भावनाओं से मनुष्य को सुख प्राप्त होना असम्भव है। इसलिए हमें मूलगामी विचार करना पड़ेगा कि आख़िर मनुष्य जीवन का लक्ष्य क्या है? क्या ऐशो-आराम भौतिक सुख उपभोग ही मनुष्य जीवन के एक मात्र लक्ष्य है? सामान्यत: सबका एक ही मत है कि सुख की प्राप्ति ही मनुष्य का प्रधान लक्ष्य है। किन्तु सुख क्षीण हुआ कि वह दु:ख का कारण बन जाता है। इसलिए मनुष्य चाहता है कि सुख चिरन्तन हो। सुखपूर्ण जीवन का कभी अन्त न हो। चिरन्तन सुख की यही इच्छा मनुष्य को आकर्षित करती रहती है।

मनुष्य को शरीरधारी होने के कारण शारीरिक आवश्यकताओं की पूर्ति उसे करनी पड़ती है। इन आवश्यकताओं में ऐसे अनेक उपभोग है जिन्हें अमान्य या तिरस्कृत नहीं माना जा सकता है। विचारकों का मत है कि शरीर तथा मन द्वारा उपभोग की प्रवृत्ति को नकारने की आवश्यकता नहीं है। आवश्यक यह है कि इस प्रवृत्ति का समाधान करने में ही मनुष्य स्वत: को डुबो न दे। यह सुख सर्वोपरि नहीं है और त्याज्य भी नहीं है। सुखी होना ही मनुष्य का लक्ष्य है। प्रत्येक जीव मात्र स्थिर सुख की कामना करता है। सुख के अमरत्व का स्वप्न वह सजोता है। किन्तु चिरन्तन सुख की कल्पना सामान्य मनुष्य नहीं कर पाता है। अपनी इन्द्रियों की वासना को तृप्त करने में ही सुख निहित है, ऐसा मानकर मनुष्य इस सुख के पीछे भागता रहता है।

मनुष्य विचारशील प्राणी होने के कारण इन्दिय सुख के समाधान के लिए वह नये-नये उपायों, साधनों की खोज करता रहता है। मनुष्य का पहला प्रयत्न अन्य प्राणियों के समान ही होता है। इन्द्रियों का सुख। ईश्वर ने इन्द्रियों की रचना ही ऐसी की है कि वे सुख के लिए बाहर की ओर दौड़ती रहती है। इस कारण अन्दर मुड़कर, अन्तर्मुख होकर सच्चे सुख की खोज करने के लिए मनुष्य तैयार नहीं होता। विचार करने पर ऐसा दिखायी देता है कि इन्द्रियजन्य सुख-दुखान्त होते हैं। इसीलिए मनुष्य विचार करता है कि चूँकि मुझमे चिरन्तन शाश्वत सुख की इच्छा विद्यमान है तो फिर वह कहीं न कहीं होना ही चाहिए। यदि वह बाहर न हो तो भीतर होगा ही। जिसे सच्चा सुख माना गया है, क्या वह मनुष्य के शरीरान्तर्गत है? मन या हृदय में है?

ऐसा प्रश्न उसके मन में उत्पन्न होता है। मनुष्य अनुभव करता है कि अनेक चीज़े हैं जो तात्कालिक रूप से उपभोग की इच्छा तो अवश्य पूर्ण करती है किन्तु कुछ समय बाद ही उन्हें पाने की भावना पुन: उत्पन्न होती है। तात्कालिक तृप्ति और अनन्त इच्छा का जनमना, यही इन्द्रिय सुखों का लक्षण है। यह सुख तात्कालिक होता है। बढ़ते हुए उपभोग के साथ सुख की आकांक्षा अभिलाषा भी वृद्धिगत होती जाती है और जहाँ अभिलाषा है, वहाँ सुख कैसे मिलेगा? मनुष्य पुन: विचार करता है कि यदि अभिलाषा की तृप्ति में सुख नहीं तो वह है कहाँ?

इस सम्बन्ध में भारतीय विचारकों का मत है कि सुख अपने अन्दर ही है। अपने भीतरी व्यक्तित्व में निहित है। बाह्य वस्तुओं में सुख नहीं है। वास्तविक सुख प्राप्त करने हेतु अपने पूर्वजों ने गम्भीर चिन्तन तथा आत्मानुभव के आधार पर कुछ मार्गदर्शक बातें बतायी है। सर्वप्रथम एक तत्त्व निश्चित रूप से सामने रखते हुए उन्होंने कहा कि जो मन अस्वस्थ और अस्थिर है, उसे सुख का अनुभव कभी नहीं होगा। सुख प्राप्ति के लिए मन का शान्त, स्थिर होना आवश्यक है। मन की सतह पर उठने वाली तरंगों को उठने से रोकना होगा। पानी पर जब तरंग उठती है, लहरें पैदा होती है तब उनमें हमारा चेहरा दिखायी नहीं देता है। पानी की सतह पर जब कोई तरंग नहीं उठती तब हमें सब कुछ दिखायी देता है। मन की भी यही स्थिति है। मन के स्थिर होने पर ही अपना मूल रूप उसमें दिखायी देता है। मन यदि अस्थिर हो तो सुख की अनुभुति असम्भव है। इसलिए प्रथम मन को शान्त करना आवश्यक है।

इस आधार पर हम विचार करें कि उन प्रगतिशील देशों में जहाँ स्पर्धा, ईर्ष्या, द्वेष, कटुता और दूसरों के सुख को देखकर उत्पन्न होती शत्रुता विद्यमान है, क्या वहाँ मनुष्य का मन शान्त और स्थिर रह सकता है? ऐसी स्थिति में वासनाओं का ज्वारभाटा रोका नहीं जा सकता? फिर सुख कैसे मिलेगा? इसलिए हमें भारत में शिक्षा दी जाती है कि दूसरे का सुख ऐश्वर्य देखकर उसके बारे में ईर्ष्या भाव उत्पन्न न हो। उसका अभिनन्दन करते हुए हम अपनी प्रगति का मार्ग प्रशस्त करें। दूसरों को दुखी कर स्वयं सुखी बनने का विचार हमारे मन को अशान्त बना देगा। शरीर के सुख के लिए भौतिक सामग्री जुटाते समय अन्य देशों का अन्धानुकरण करना उचित न होगा। साथ ही दूसरों के दुख में स्वत: का सुख ढूँढ़ना भी ग़लत है। दूसरे का दु:ख देखकर हमारे मन में करुणा उत्पन्न होनी चाहिए, दुखी को सुखी बनाने का प्रयत्न होना चाहिए। ऐसा करने से एक विशेष सन्तुष्टि का अनूठा अनुभव और सुख तो प्राप्त होता ही है, किन्तु साथ ही सुख की नि:स्तब्ध अवस्था भी प्राप्त होगी। स्पर्धात्मक जीवन में यह विशुद्ध सुख नहीं मिल सकता।

इसलिए हमारे शास्त्रों और पूर्वजों ने बताया है कि असीम उपभोग की लालसा और उसके तुष्टीकरण के लिए स्पर्धा या होड़ से सुख प्राप्त नहीं होता। इसके लिए जीवन में संयम की आवश्यकता है। व्यक्ति और समाज कि नाते भी संयम आवश्यक है। समाज को संयमित रखना आसान काम नहीं है। इसके लिए अपने यहाँ चार पुरुषार्थों की कल्पना की गयी है। व्यक्ति और समाज की दृष्टि से संयमशील जीवन तथा कर्तव्यों पर विचार किया गया है। धर्म व्यक्ति और समाज का नियन्त्रण करता है। धर्म द्वारा नियन्त्रित होने से ही अर्थ और काम की अराधना होती है और इसलिए उपभोग, सत्ता, धन, सम्पत्ति तथा ऐशो-आराम की साधना धर्म द्वारा ही नियन्त्रित रहनी चाहिए और यह नियन्त्रण प्रस्थापित करते समय मोक्ष की कामना निरन्तर मन में रहने से अपने को सुखमय स्वरूप की मूल अनुभूति होगी। इस कामना का अर्थ है, चौथा पुरुषार्थ मोक्ष। पहले और चौथे पुरुषार्थ के नियन्त्रण में ही हमारा जीवन व्यतीत हो। उपभोग के साधन इन दो पुरुषार्थों के नियन्त्रण में रहने चाहिए। नदी का पानी दो किनारों के बीच से बहता है, इसी कारण हम उसका उपयोग कर पाते हैं, और नदी जब किनारे की मर्यादों को लाँघकर बहने लगती है तब वह विध्वंस का कारण बन जाती है। उसी प्रकार उपभोग की नदी का भी धर्म और मोक्ष दो किनारों के बीच से बहना ही सुखकारक होगा। इसलिए प्रथम और चतुर्थ पुरुषार्थ के बीच से बहने वाली जीवनधारा निश्चित कर व्यक्तिगत तथा सामाजिक जीवन से सम्बन्धित भौतिक उपभोगों पर विचार करना चाहिए। साथ ही उसके अनुसार सामाजिक व्यवस्था होनी चाहिए।

यह कल्पना सम्पूर्ण मानव जाति को सुख देने वाली है। स्पर्धा से उत्पन्न अनिष्टता पर रोक लगाकर तथा भौतिक सुखों पर संयम का अंकुश रखते हुए अन्तिम लक्ष्य की ध्यान केन्द्रित कर हमने अपना जीवन व्यतीत किया तो ही हम वास्तविक सुख के धनी हो सकते है। व्यक्तिगत और सामाजिक जीवन में सन्तोष और सुख पाने का यही एक योग्य मार्ग है। यह विचार यदि हमें मान्य है तो ही हम आज की परिस्थिति में राष्ट्रीय स्वयंसेवक संघ का कार्य समूचे संसार के सम्मुख रखने में समर्थ हो सकेंगे।

महाप्रमाण

ठाणे का अभ्यास वर्ग सुचारु रूप से चल रहा था। गुरु गोलवलकर का स्वास्थ्य ठीक न होते हुए भी कार्यकर्ताओं का मार्गदर्शन कर रहे थे। इसी अभ्यास वर्ग के दौरान गुरु गोलवलकर प्रतिदिन मुम्बई जाकर टाटा अस्पताल में डीप एक्स-रे का उपचार भी ले रहे थे। बैठक में बोलते समय गुरु गोलवलकर के गले में भयंकर पीड़ा होती थी। असहनीय दर्द होता था। लेकिन गुरु गोलवलकर को इस बात का आभास था कि अब उनके पास समय कम बचा है। इस कारण वे काम जल्दी-जल्दी निपटाना चाहते थे। ठाणे वर्ग समाप्त होने के बाद वे कुछ दिन मुम्बई में ही रहे।

मुम्बई के टाटा मेमोरियल अस्पताल में डीप एक्स-रे उपचार के परिणामस्वरूप गुरु गोलवलकर का गला सूज गया था। बोलना और भोजन करना दुभर हो गया था। डॉक्टर चाहते थे कि गुरु गोलवलकर मौन धारण करे। लेकिन गुरु गोलवलकर के लिए यह सम्भव नहीं था। गुरु गोलवलकर भेंट करने आने वाले स्वयंसेवकों से पूछताछ करते। यह उनकी पद्धति थी। ऐसे समय में वे अपनी वेदनाओं को दुर्लक्ष किया करते थे। इसी तकलीफ़ के चलते गुरु गोलवलकर के तीन प्रान्त के प्रवास स्थगित कर दिये गये थे। बोल नहीं पाते, लिख सकते थे। इस कारण गुरु गोलवलकर ने देश के कोने-कोने तक, दूरदराज स्थानों तक पहुँचने वाले अनगिनत पत्र लिखे। गुरु गोलवलकर डॉ. मुंजे जन्मशतब्दि समिति के अध्यक्ष थे। इसी समय गुरु गोलवलकर ने डॉ. मुंजे की मूर्ति का अनावरण काने की प्रार्थना का पत्र जनरल करिअप्पा को भेजा था।

कुछ दिन बाद गुरु गोलवलकर ने पुन प्रवास शुरू किया। 2 दिसम्बर से 13 दिसम्बर तक गुरु गोलवलकर इन्दौर के पं. रामनारायण शास्त्री के निवास-स्थान पर विश्राम किया। विश्राम करते समय भी वे कौन-सा काम जल्दी निपटाना है, इस पर चिन्तन करते थे। इन्दौर से लौटकर गुरु गोलवलकर ने डॉ. मुंजे की मूर्ति के अनावरण समारोह में भाग लिया। जनरल करिअप्पा के रवाना होते ही गुरु गोलवलकर

कर्णावती में आयोजित शिविर के लिए चल दिये। इसके बाद क्षेत्र प्रचारकों की बैठक के लिए वे वापस नागपुर आये। इसके बाद महाकोशल, विदर्भ, हरियाणा, पंजाब, कर्नाटक, तमिलनाडु और आन्ध्र प्रदेश का प्रवास कर 20 फरवरी को नागपुर लौटे।

योजना के दूसरे खण्ड में बंगाल, असम तथा बिहार राज्य का प्रवास निश्चित हुआ था। बंगाल का प्रवास समाप्त होते ही गुरु गोलवलकर एक कार्यक्रम के लिए काशी गये। इस कार्यक्रम के सम्पन्न होते ही वे नागपुर के लिए प्रस्थान कर गये।

नागपुर आते ही गोलवलकर का स्वास्थ्य लगातार गिरने लगा। वायुमण्डल चिन्ता से भर गया। गुरु गोलवलकर समझ गये कि अब डॉक्टरी इलाज का कोई हल नहीं है। परन्तु कार्यकर्ताओं के मान का सम्मान करते हुए उन्होंने अपना उपचार जारी रखा। डॉ. प्रफुल्ल देसाई की सलाह के अनुसार इंजेक्शन लगाये गये। 14 मार्च को गुरु गोलवलकर का अन्तिम प्रवास समाप्त हुआ। गुरु गोलवलकर का अन्तिम भाषण 25 मार्च को हुआ। यह अन्तिम भाषण उन्होंने अखिल भारतीय प्रतिनिधि सभा की बैठक में दिया। पहली बार गुरु गोलवलकर ने बैठकर भाषण दिया। वे सारी शक्ति लगाकर बोलने का प्रयास कर रहे थे। उनकी यह अवस्था देखकर सभी स्वयंसेवक दुखी थे। गुरु गोलवलकर 40 मिनट तक बोले। अपने इस अन्तिम भाषण में गुरु गोलवलकर ने स्वयंसेवकों को सम्बोधित करते हुए कहा कि संगठन की स्थिति का हमें अब और भी विचार करना पड़ेगा। विभिन्न कार्यक्षेत्रों जैसे विद्यार्थी, राजनीति, मज़दूर आदि में अपने कार्यकर्ता काम कर रहे है। इन कार्यों को रचना, संविधान, नियम, व्यवहार आदि भिन्न प्रकार के हैं, फिर भी अपना स्वयंसेवक वहाँ संगठन की धारणा लेकर जाता है और उसे वहाँ प्रस्थापित करने का प्रयत्न करता है। हम सभी को इस बात पर विचार करना चाहिए कि इस प्रकार की प्रत्यक्ष चेष्टा वहाँ होती है या नहीं।

ये सब जो भिन्न-भिन्न काम है, उन सबका उद्दिष्ट एक ही है कि यह देश अपना है, यह समाज अपना है, यह राष्ट्र अपना है तथा इस राष्ट्र का श्रेष्ठ जीवन निमार्ण करने के लिए विभिन्न क्षेत्रों के यह सब व्यवहार हो रहे हैं। राष्ट्र ही हमारा उपास्य है, उसी की सेवा में सब कार्य हैं। कुछ लोग कहेंगे कि यदि हमने अपना हिन्दू राष्ट्र का विचार कहा तो सभी लोग उसे नहीं मानेंगे। परन्तु इस सत्य की उद्घोषणा को कुछ लोग आज मानें या न मानें, उससे कुछ फ़र्क़ नहीं पड़ता। हमारा दृष्टिकोण स्पष्ट हो और उसके सम्बन्ध में अपने मन में पूर्ण विश्वास हो तो आग्रहपूर्वक प्रतिपादन करने पर सच बात को लोग मानने लगेंगे। हम सभी का अनुभव है कि और मेरा भी अनुभव है कि लोग ऐसा मानते हैं।

हमें यह भी ध्यान रखना होगा कि शाखा के बिना हम भिन्न-भिन्न कार्य नहीं कर पायेंगे। जहाँ अपनी शाखा अच्छी प्रकार से चलती है वहाँ कोई भी कार्य उठाया तो हम उसे निश्चियपूर्वक सफल कर सकते है। अत: संघ शाखा के कार्यक्रम, उसकी आचार्य पद्धति, स्वयंसेवकों का व्यवहार, स्वयंसेवकों का स्वभाव, तथा उनका गुणोत्कर्ष आदि बातों की ओर हम ध्यान दें तथा उनका प्रचार एवं दृढ़ीकरण करने को एकाग्रचित्त से प्रयत्न करे।

इतना यदि हम लोग कर लेंगे तो हमसब क्षेत्रों में विजय प्राप्त कर लेंगे और जितना यह कार्य सुदृढ़ता से चलेगा और उसे हम एक अन्त:करण से करेंगे उतना अपने लिए विजय ही विजय है।

गुरु गोलवलकर के इस भाषण के समाप्त होने पर अनेक कार्यकर्ता आँखों में आँसू लिए गुरु गोलवलकर के निकट आये। गुरु गोलवलकर उनके निकट आये और स्वयंसेवकों के बोझिल मन को हास्य-विनोद द्वारा हल्का करने का प्रयास करते रहे।

सम्भवत: यही वह बैठक थी जिसमें गुरु गोलवलकर ने अन्य वरिष्ठ प्रचारकों के साथ बैठकर अगले संघ प्रमुख के रूप में गुरु गोलवलकर का नाम तय किया था।

26 मार्च, 1973 को गुरु गोलवलकर महल कार्यालय के निकट स्थित मोहिते संघ कार्यालय पर प्रार्थना के लिए गये। पिछले 33 वर्षों से गुरु गोलवलकर बिना प्रार्थना के रहे नहीं। यह 26 मार्च की प्रार्थना अन्तिम रही। इसके दूसरे दिन 27 को गुरु गोलवलकर को अपने कमरे के निकट बनी छत पर खड़े होकर ही प्रार्थना करने को विवश होना पड़ा। इसे कुछ दिनों बाद वे स्वयं अपने हाथों से स्नान करने में भी असमर्थ थे। 3 अप्रैल, 1973 को अमावस थी। इसके पूर्व दिनांक 2 अपैल को गुरु गोलवलकर ने स्वयं के हस्ताक्षर के तीन पत्र लिखे और कार्यालय प्रमुख श्री पाण्डुरंग क्षीरसगर जी के हाथों सौंप दिये।

इसी समय नागपुर का संघ शिक्षा वर्ग प्रारम्भ हो चुका था। देश में अन्यत्र भी वर्ग चल रहे थे। श्री गुरु गोलवलकर का वर्ग में जाना ख़राब स्वास्थ्य के चलते असम्भव था। इस कारण गुरु गोलवलकर चिन्तित थे। स्वयंसेवकों से वे मिलना चाहते थे। अन्तत: ऐसी योजना बनायी गयी कि 16 से वर्ग में तृतीय वर्ष के लिए आये हुए स्वयंसेवक प्रान्तवार गुरु गोलवलकर से मिलें। यह बैठक 20 से 25 मिनट तक चला करती थी। परिचय तथा पाँच मिनट गुरु गोलवलकर का बोलना यह बैठक का स्वरूप था। गुरु गोलवलकर अपने पाँच मिनट के भाषण में स्वयंसेवकों को जी जान से, दृढता से संघ-कार्य करने का आह्वान किया करते थे। उनका प्रत्येक शब्द स्वयंसेवकों के मन में बैठ जाता।

गुरु गोलवलकर के स्वास्थ्य के बारे में पूछताछ करने के लिए विभिन्न प्रान्तों से संघ के कार्यकर्ता तथा अन्य क्षेत्रों में कार्य करने वाले महानुभावों का आना प्रारम्भ हुआ। अनगिनत लोग आते और अपना श्रद्धा-भाव व्यक्त करते। गुरु गोलवलकर का जनसम्पर्क विशाल था। संघ के बाहर भी अनेक विख्यात लोगों से उनका सम्पर्क था। इस समय गुरु गोलवलकर एक-दो शब्दों से अधिक नहीं बोल पाते थे। 31 मई से गुरु गोलवलकर की सासँ भरने लगी थी। उनके मुँह से सूचक उद्‌गार निकलने लगे थे। राष्ट्र सेविका समिति की संचालिका मौसी केलकर 3 जून को भेंट करने आयी तब गुरु गोलवलकर ने उनसे कहा— मैं अब पूर्ण रूप से तैयार हूँ। अर्थ स्पष्ट था। अब मैं ईश्वर के बुलावे की बाट जोह रहा हूँ, अपनी ओर से मैं तैयार बैठा हूँ।

ज्येष्ठ शुक्ल पंचमी दि 5 जून, 1973। गुरु गोलवलकर ने सुबह स्नान किया। आसान पर बैठकर संध्या की। साँस लेना दूभर होने के कारण डॉ. आबाजी थत्ते ने आक्सीजन देने का प्रयास किया। किन्तु गुरु गोलवलकर ने एक हाथ ऊपर करके कहा— अरे आबा आज घण्टी बज रही है। यह रहने दो। आबाजी थत्ते अवाक् रह गये। असमंजस में पड़े वे गुरु गोलवलकर का मानसरोवर सा शान्त मुख मण्डल निहारते रहे। गुरु गोलवलकर ने अपने हाथ-पाँव के नाखून निकाले। बाद में वे कुर्सी पर बैठे, किन्तु इसके पूर्व ही हमेशा उनके साथ रहने वाला कमण्डलु उन्होंने दायीं ओर रखा। गुरु गोलवलकर यह कमण्डलु हमेशा बायीं और रखते थे। प्रवास के लिए प्रस्थान करते समय ही वह दायीं ओर रखा करते थे। डॉ. थत्ते को यह संकेत बहुत वेदनादायक लगा। गुरु गोलवलकर को वेदना हो रही थी। वे बहुत बेचैन थे। डॉ. थत्ते के सहयोग से गुरु गोलवलकर लघुशंका को गये। हाथ पाँव धोये। शायद उन्हें लग रहा हो कि भगवान के पास साफ़-सुथरा शरीर लेकर ही जाना चाहिए।

डॉक्टरों ने दोपहर को ही बतला दिया था कि गुरु गोलवलकर का स्वास्थ्य नियन्त्रण से बाहर हो रहा है। सुधार होना कठिन है। श्री बालासाहेब देवरस को सन्देश भेजा गया। शाम के समय गुरु गोलवलकर ने कुर्सी पर बैठकर ही प्रार्थना की। रात 8 बजे गुरु गोलवलकर के लिए चाय आयी परन्तु उन्होंने मना कर दिया। रात आठ बजे गुरु गोलवलकर बाबूराव चौथाईवाले के सहयोग से स्नान के लिए गये। स्नान करके बाहर आते गुरु गोलवलकर ने अपनी गर्दन बाबूराव के कन्धे पर टिका दी। गुरु गोलवलकर एक क़दम भी आगे नहीं बढ़ सके। गुरु गोलवलकर की सेवा में रहने वाले विष्णुपन्त मुठाल ने यह देखा और वे दौड़कर उनके पास आये। उन्होंने गुरु गोलवलकर को उठाया और कुर्सी पर बैठाया। डॉ. थत्ते दौड़कर गुरु गोलवलकर के पास पहुँचे। अन्य डॉक्टरों की टीम भी पहुँची। डॉक्टरों ने सलाह दी।

अब कोई लाभ नहीं हो सकता, उन्हें शान्तचित्त से विदा होने दें। रात आठ बजकर पाँच मिनट पर गुरु गोलपलकर ने अन्तिम साँस ली। गुरु गोलवलकर की आत्मा देह के कारावास से मुक्त हो गयी थी।

कार्यकर्ताओं ने गुरु गोलवलकर के पार्थिव शरीर सीढ़ियों से नीचे लाकर एक बड़े कमरे बड़ी सावधानी से रखा। गुरु गोलवलकर के देहान्त की ख़बर तेज़ी से फैल गयी। आकाशवाणी केन्द्रों ने गुरु गोलवलकर के देहान्त का समाचार प्रमुखता से प्रसारित किया। रात के 10 बजे तक संघ मुख्यालय में हज़ारों की संख्या में लोग इक्ट्ठे हो चुके थे। दूसरे दिन दोपहर को बालासाहेब देवरस पहुँचे। गुरु गोलवलकर के पार्थिव शरीर के पास बैठकर वे फूट-फूटकर रोने लगे। इस दौरान गीता-पाठ अखण्ड रूप से चल रहा था। गुरु गोलवलकर द्वारा पाण्डुरंग क्षीरसागर को दिये गये तीन पत्र सबके सामने खोले गये। एक पत्र में संघ के सरसंघचालक के नाते नेतृत्व का भार बाला साहेब देवरस के कन्धो पर सौंपा गया था। महाराष्ट्र प्रान्त संघचालक बाबासाहेब भिड़े ने यह पत्र पढ़कर सुनाया। एक पत्र में गुरु गोलवलकर ने आज्ञा दी थी कि उनका कोई स्मारक न बनाया जाये। तीसरे पत्र में गुरु गोलवलकर ने क्षमा याचना की थी। असामान्य होते हुए भी गुरु गोलवलकर ने सामान्य व्यक्ति की भूमिका निभायी थी। गुरु गोलवलकर ने अतिविनम्र भाव से लिखा था— मुझसे जाने-अनजाने में यदि किसी के हृदय को ठेस पहुँची हो तो मैं हाथ जोड़कर माफ़ी माँगता हूँ। अपने भाव को स्पष्ट करने के लिए गुरु गोलवलकर ने सन्त तुकाराम का एक अभंग लिखा था।

गुरु गोलवलकर की महायात्रा नूतन सरसंघचालक बालासाहेब देवरस द्वारा पुष्प अर्पण के बाद प्रारम्भ हुई। गुरु गोलवलकर के पार्थिव शरीर के पीछे अपार जनसागर उमड़ पड़ा था। तीन लाख से अधिक लोग इस महापुरुष को अन्तिम विदाई देने इस महायात्रा में सम्मिलित हुए थे। पुणे के वासुदेव गोलवलकर ने मंत्राग्नि दी। निरन्तर 33 वर्षों तक संघ कार्य के लिए समर्पित एक दधीचि का देह साथ लेकर ज्वालाएँ दिव्यलोक में केशवधाम की ओर चल पड़ीं। कुछ देर बाद भगवा ध्वज फहराया गया। संघ की प्रार्थना अवरुद्ध कण्ठों से कही गयी। अब रेशमबाग मैदान में दो चैतन्यरुपी महापुरुष थे। एक डॉ. हेडगेवार और दूसरी गुरु गोलवलकरँ

संघ के उत्सव

हर देश में, हर समाज में और हर धर्म में उसके द्वारा मनाये जा रहे उत्सव उस समाज व धर्म की विशेषता होते हैं। यह उत्सव धर्म विशेष की विशेषता प्रकट करते है। वास्तव में उत्सव क्या है? और इस शब्द की उत्पत्ति कैस हुई? यह शब्द 'उत्' तथा 'सव' के संयोग से उत्सव के रूप में निष्पन्न हुआ है। उत् के कई अर्थ है, यह एक उपसर्ग है जिसे विभिन्न शब्दों के आगे लगाकर नया शब्द गठित कर लिया गया है। 'उत्' का अर्थ, ऊपर, अतिरेक, उच्चतर, श्रेष्ठ, प्राधान्य, प्रबलता आदि जब कि 'सव' का अर्थ यज्ञ, सूर्य, चन्द्रमा, अग्निव सन्तान आदि से है। कुल मिलाकर उत्सव में आनन्दातिरेक की भावना निहित है। उत्सवों के माध्यम से नव उत्साह, उमग का वातावरण निर्माण होता है। उत्सवों में सूर्य का आत्मबल, चन्द्र की मनस्विता, अग्नि की तेजस्विता विद्यमान है। इसलिए समय-समय पर होने वाले उत्सव समाज जीवन में उदात्त गुणों की वृद्धि, समता व समरसता के सतरों का निर्माण कर समाज जीवन को उल्लासमय बनाते हैं। निस्सन्देह उत्सवों से मन, आत्मा और शरीर सभी उल्लसित होते हैं।

इन्हीं सब बातों पर गम्भीर चिन्तन करके राष्ट्रीय स्वयंसेवक संघ ने अपने यहाँ उत्सव मनाने की परम्परा शुरू की। यहाँ पर यह ध्यान देने योग्य है कि संघ ने अपनी ओर से कोई नये उत्सवों की स्थापना नहीं की। अपितु ये सभी वे उत्सव हैं जो समाज जीवन में राष्ट्रीय महत्त्व के हैं और जिन्हें हिन्दू समाज अनन्त काल से मनाता आ रहा है। हिन्दू साम्राज्य दिनोत्सव एक ऐसा उत्सव है जो समाज की सोई हुई अस्मिता को झकझोरकर उसे जागृत करने की प्रेरणा देता है। इसलिए संघ ने उक्त उत्सव को अपने परम्परागत उत्सवों की श्रृंखला समाहित कर लिया है। राष्ट्रीय स्वयंसेवक संघ में छह उत्सव मनाये जाते हैं जो निम्न है—

विजयादशमी महोत्सव
मकरसंक्रान्ति महोत्सव
वर्ष प्रतिपदा महोत्सव

हिन्दू साम्राज्य दिनोत्सव
गुरुपूर्णिमा महोत्सव
रक्षाबन्धन महोत्सव

1. विजयादशमी महोत्सव

अपनी परम्परा में अश्विन शुक्ल दशमी अक्षय स्फूर्ति का एक दिवस है। दैवी तथा दानवी प्रवृत्ति में संघर्ष तथा दैवी प्रवृत्ति द्वारा दानवी प्रवृत्ति पर प्राप्त विजय का,अनादि काल से अनेक घटनाओं द्वारा सजीवित किया गया यह दिव्योज्ज्वल प्रतीक है, इसीलिए किसी भी शुभ सात्त्विक तथा राष्ट्र गौरवकारी कार्य को प्रारम्भ करने के लिए यह मुहूर्त सर्वोत्तम माना गया है। विजय की अदम्य प्रेरणा इसके द्वारा उत्पन्न होती है। सर्व दिव्य गुणों की समवायरूप दुर्गा देवी ने इसी दिन आसुरी सामर्थ्य पर विजय प्राप्त की थी। सभी मानवी मूल्यों को कुचलकर, सद्गुण व सद्प्रवृत्ति को स्थान न देने वाले उन्मत्त रावण को इसी दिन मर्यादा पुरुषोत्तम रामचन्द्र ने रक्त स्नान कराया था तथा तैंतीस कोटि देवताओं को मुक्त किया था। रामलीला तथा दुर्गापूजा इन दोनों उत्सवों— इस विजयशाली इतिहास की पावन स्मृति को लोक-मानस में बनाये रखने की दृष्टि से ही मनाया जाता है। विजयशाली उत्सव ही प्रत्यक्ष शक्ति का, सामर्थ्य का पूजन है।

विजयादशमी पर शक्ति-पूजन के साथ ही शमी पूजन भी किया जाता है। इस दिन शस्त्र-पूजन की भी परम्परा है। बारह वर्ष के वनवास तथा एक वर्ष के अज्ञातवास के पश्चात् पाण्डवों ने अपने शस्त्रों का पूजन इसी दिन किया था और उन्हें पुनः धारण किया था। पाण्डवों ने अपने अज्ञातवास काल में अपने इन शस्त्रों को शमीवृक्ष पर ही छिपाकर रखा था।

औरंगजेब के काल में हिन्दुत्व का स्वाभिमान लेकर हिन्दू पद-पादशाही की स्थापना करने वाले छत्रपति शिवाजी महाराज द्वारा सीमोल्लंघन की परम्परा का प्रारम्भ इसी दिन से हुआ था। राष्ट्रीय स्वयंसेवक संघ का कार्य इसी दिन प्रारम्भ हुआ था। राष्ट्रीय स्वयंसेवक संघ के प्रथम सरसंघचालक डॉ. हेडगेवार ने नागपुर के मोहिते बाड़े में अश्विन शुक्ल दशमी संवत 1982 तद्नुसार 27 सितम्बर, 1925 ई. में संघ कार्य की स्थापना की। विजयादशमी के पवित्र दिन संघ का कार्य शुरू हुआ इसलिए सभी स्वयंसेवकों ने डॉ. हेडगेवार से विनती की कि संघ-स्थापना का उत्सव भी दशहरे के दिन आयोजित किया जाये। डॉ. हेडगेवार ने स्वयंसेवकों से पूछा कि क्या इस उत्सव को संघ-स्थापना दिवस के रूप में मनाना उचित होगा? कही इससे

संघ का संस्थाभिमान तो नहीं बढेगा? डॉ. हेडगेवार ने स्वयंसेवकों से कहा कि हमें तो सम्पूर्ण हिन्दू समाज को संगठित करना है, अत: उस कार्य में यह सत्याभिमान रखना कहा तक उचित रहेगा?

डॉ. हेडगेवार के इन प्रश्नों ने स्वयंसेवकों के विचारों को नयी दिशा दी। दशहरे के दिन दुर्गा माता ने असुरों का वध किया। अज्ञातवास के बाद इसी दिन पाण्डवों ने शस्त्रधारण कर युद्ध शुरू किया। ऐतिहासिक काल में, शत्रु पर विजय प्राप्त करने, हिन्दू राजा इसी दिन शस्त्र धारण कर सीमोल्लंघन करते थे। दशहरे के सम्बन्ध में, स्वयंसेवकों ने उक्त विचार प्रकट किये। सबके विचार ध्यान से सुनने के बाद डॉ. हेडगेवार ने कहा—विजय प्राप्त करने के लिए दशहरा सर्वोत्तम मुहूर्त के रूप में माना जाता है। विजयादशमी विजय का पर्व है। विजय की आकांक्षा हृदय में लेकर किए जाने वाले हर कार्य में, विजयादशमी का उत्सव मनाना उचित है। आसुरी शक्ति पर प्रभु रामचन्द्र जी की विजय, पाशवी शक्तियों को मातकर दुर्गादेवी द्वारा प्राप्त विजय की स्मृति में सीमोल्लंघन भी स्ययंसेवकों और समाज को प्रेरणा दे सकेगा। इत: इस दिन गणवेश में स्वयंसेवकों द्वारा अनुशासनबद्ध होकर संचलन करते हुए सीमोल्लंघन कार्यक्रम करना उचित रहेगा। और इसके बाद संघ में विजयादशमी उत्सव मनाया जाने लगा।

2. मकर संक्रमण महोत्सव

मकर संक्रमणोत्सव लगभग सम्पूर्ण देश में किसी न किसी रूप में मनाया जाता है। जब सूर्यदेव धनु राशि को पार कर मकर राशि में प्रवेश करते हैa तो उस दिन से दक्षिणायन समाप्त होकर उत्तरायण प्रारम्भ होता है। अर्थात् पृथ्वी के उत्तरी गोलार्द्ध में दिन बड़े और रात्रि छोटी होने लगती है। यों तो सूर्य प्रतिमास एक राशि छोड़कर दूसरी राशि में प्रवेश करते है, सूर्य के इस प्रवेश काल को ही संक्रान्ति काल कहा जाता है, किन्तु जब सूर्य का संक्रमण धनु राशि से मकर राशि में होता है तो वह समय बहुत ही पवित्र एवं पुण्यकाल का माना जाता है। क्योंकि यह काल अज्ञानान्धकार से प्रकाश रूपी ज्ञान की और असत्य से सत्य की और तथा मृत्यु से अमृत (जीवन) की और जाने का स्फूर्तिदायक एवं प्रेरणाप्रद काल है। सरसंघचालक डॉ. हेडगेवार का मानना था कि हर व्यक्ति समाज का ऋणी है। निरपेक्ष भावना से समाज हित का कार्य कर वह ऋण चुकाने का दायित्व समाज के हर व्यक्ति को अपना प्रथम कर्तव्य मानकर निभाना चाहिए। यही हिन्दू जीवन दृष्टि है। आत्म-विस्मृति के कारण अन्धकार में रहने वाले अपने समाज को स्व-सामर्थ्य, आत्मशक्ति और राष्ट्रीयता

का बोध कराना अर्थात् अन्धकार से प्रकाश की ओर ले जाना ही संघ का कार्य है। अत: हमें 'तमसो मा ज्योतिर्गमय' का सन्देश देने वाला मकर-संक्रमण का उत्सव भी मनाना चाहिए। यह सुझाव सभी स्वयंसेवकों ने उचित समझा। इस तरह हिन्दू संस्कृति की विशेषताओं की रक्षा करने को स्फूर्ति देने वाला मकर संक्रमोत्सव सार्वजनिक रूप से मनाने का निर्णय लिया गया।

3. वर्ष प्रतिपदा महोत्सव

भारतीय काल गणनानुसार वर्ष प्रतिपदा के दिन नवीन संवत्सर का आरम्भ होता है। वर्ष प्रतिपदा का मुहूर्त सभी शुभ कार्यों को प्रारम्भ करने के लिए उचित माना गया है। भारत वर्ष में अत्यन्त प्राचीन काल से चली आ रही काल गणना वर्ष प्रतिपदा से ही प्रारम्भ होती है। भारतीय प्राचीन वाङ्मय के अनुसार सृष्टि का प्रारम्भ इसी दिन से हुआ। सृष्टि के रचयिता ब्रह्मा ने चैत्र शुक्ल प्रतिपदा को ही ब्रह्माण्ड की रचना प्रारम्भ की। यही कारण है कि अपने देश में प्रचलित सभी के सभी संवत्सर इसी दिन से प्रारम्भ होते है।

सम्राट विक्रमादित्य ने आक्रमणकारी शकों को पूरी तरह से भारतभूमि से निकालकर उन्हें निर्णायक रूप से पराजित किया था। उसी की स्मृति में आज के दिन विक्रम संवत् प्रारम्भ हुआ।

कालक्रम से वर्ष प्रतिपदा के साथ अनेकों सामाजिक, ऐतिहासिक सन्दर्भ जुड़े हैं। प्रभू रामचन्द्र का राज्याभिषेक उत्सव वर्ष प्रतिपदा के दिन ही हुआ। सिखों के द्वितीय गुरु अंगददेव जी का प्रकटोत्सव भी आज के दिन मनाया जाता है। महर्षि दयानन्द ने आर्य समाज की स्थापना वर्ष प्रतिपदा को ही की थी। सिन्ध प्रान्त के प्रसिद्ध समाज रक्षक वरुणावतार सन्त झूलेलाल का जन्म दिन भी वर्ष प्रतिपदा ही है। भारत का राष्ट्रीय संवत् (शालिवान शक संवत्) भी आज से प्रारम्भ होता है। डॉ. हेडगेवार ने स्वयंसेवकों से कहा था कि मनुष्य की जैसी श्रध्दा होगी और तदनुसार वह जीवन में अथक प्रयत्न करेगा तो वैसा ही वह बनेगा। हम अमृतत्व के पुत्र हैं—हमने अपने हिन्दू राष्ट्र को स्वतन्त्र करने का संकल्प लिया है। यह संकल्प करने का सर्वोत्तम मुहूर्त वर्ष प्रतिपदा का है। गुढ़ी पाड़वा को इस दृष्टि से उत्कृष्ट मुहूर्त माना जाता है। शालिवाहन शक का आरम्भ भी इसी शुभ दिन से होता है। इसलिए वर्ष प्रतिपदको नववर्ष के आरम्भ का शुभ स्मरण करानेवाले दिन के रूप में मनाने का निर्णय लिया गया। राष्ट्रीय स्वयंसेवक संघ के संस्थापक केशव बलिराम हेडगेवार का जन्म भी आज के दिन अर्थात् नववर्ष प्रतिपदा को ही हुआ था।

4. हिन्दु साम्राज्य दिवस

राष्ट्रीय स्वयंसेवक संघ में मकरसंक्रान्ति, गुरुपूजा, रक्षाबन्धन, विजयादशमी जैसे साधारणतः अपने समाज में मनाये जानेवाले उत्सव ही मनाये जाते हैं। परन्तु यह हिन्दू साम्राज्य दिनोत्सव एक ऐसा उत्सव है जो समाज में साधारणतः मनाया नहीं जाता। कई लोगों को तो इस बात का पता भी नहीं है कि इतिहास में ऐसा महोत्सव मनाने लायक़ कोई प्रसंग भी आया है। इस उत्सव का महत्त्व इसलिए है कि 400 वर्ष पूर्व एक ऐसा राज्याभिषेक हुआ था जिससे उस समय की सारी परिस्थितियाँ बदल गयीं। हिन्दू समाज के लिए उस समय विपरीतता की पराकाष्ठा थी। बडे-बडे विद्वान्, शूरविरों के दिमाग़ में यह विचार भी नहीं आया कि इस परिस्थिति को बदला जा सकता है। अनेक वर्षों से ऐसी ही स्थिति रहने के कारण उसे बदलने की किसी की इच्छा ही नहीं रह गयी थी। उस समय समाज में यह विचार था कि शासन करना या राजा बनना हिन्दुओं का काम नहीं। राज्य करना यह तो मुसलमानों का ही काम है। परन्तु शिवाजी ने वह कर दिखाया जिनको सारी दुनिया उस समय असम्भव मानती थी। शिवाजी ने समाज की बिखरी अवस्था को, साधारण व्यक्तियों को एकत्र कर उनके अन्दर अदम्य साहस भरकर, संगठित करके साम्राज्य की स्थापना की, अपना राज्याभिषेक किया।

शिवाजी महाराज ने सब प्रकार का संघर्ष करते हुए अपने जीवन में ही विजय प्राप्त की। अपने ध्येय को पूर्ण किया। अतः दो प्रमुख कारणों से शिवाजी महाराज को याद किया जाता है। प्रथम तो प्रतिकूल परिस्थिति में संघर्ष कर समाज की भावना तथा दशा बदली तथा दूसरी बात अपने ध्येय की प्राप्ति की। प्रदीर्घ आत्मविस्मरण के कालखण्ड को भेदकर स्पष्ट शब्दों में शिवाजी महाराज ने यह घोषणा गुंजाई कि भारत का शुद्ध राष्ट्र जीवन हिन्दू जीवन है और हिन्दवी स्वराज की पुनः संस्थापना उनका मूल उद्देश्य है।

अत्यन्त निराशाजनक परिस्थिति में स्वदेश तथा स्वधर्म की स्वतन्त्रता एवं सुरक्षा का ककण बाँधकर शिवाजी ने देशप्रेम, अतुल प्रतिभा, असाधारण साहस तथा दृढ़ निश्चय के बल पर परकीय सत्ता को परास्त किया। अपने कर्तव्य से विजय की अक्षुण्ण परम्परा निर्माण कर हिन्दवी स्वराज का स्वप्न साकार किया और अन्त में अपना राज्याभिषेक करवाया। राज्याभिषेक का ज्येष्ठ शुक्ल त्रयोदशी के दिन हिन्दू सम्राट ने वैभवशाली सिंहासन पुनः एक बार हासिल कर उन्होंने संसार को दिखा दिया कि हिन्दू सभी दृष्टि से मज़बूत और सक्षम है।

5. गुरु पूर्णिमोत्सव

संघ कार्य में गुरु पूर्णिमा एक अत्यन्त महत्त्वपूर्ण और पवित्र अवसर है। इसे व्यास पूर्णिमा भी कहते हैं। व्यास महर्षि ने हमारे राष्ट्र जीवन के श्रेष्ठतम गुणों को निर्धारित करते हुए, उनके महान् आदर्शों को चित्रित करते हुए, विचार तथा आचारों का समन्वय करते हुए न केवल भारतवर्ष का अपितु सम्पूर्ण मानव जाति का मार्गदर्शन किया। इसलिए भगवान वेद व्यास जगत् के गुरु हैं। इसलिए कहा गया है 'व्यासोनारायणं स्वयम्'। इसी दृष्टि से गुरु पुर्णिमा को व्यास पूर्णिमा भी कहा जाता है। जिसे संघ ने श्रध्दापूर्वक मार्गदर्शक या गुरु माना है।

संघ-कार्य में किसी व्यक्ति विशेष को गुरु नहीं माना गया हैं। शास्त्रों में गुरु की बड़ी महत्ता कही गयी है। गुरु को ईश्वर से भी श्रेष्ठ माना गया है। हमारे ऋषियों ने गुरु के गुण विस्तार के साथ बताये है। किसी व्यक्ति में हम कुछ श्रेष्ठ बातें देख लेते है, तो हम उसका आदर करने लगते है परन्तु कुछ दिनों में जब दोष दिखायी पड़ते है तो अनादर उत्पन्न होने लगता है, यह घोर अनुचित है। क्योंकि गुरु का त्याग अपने यहाँ बड़ा पाप माना गया है। इसलिए संघ ने किसी मनुष्य के स्थान पर भावना-चिन्ह, लक्षण या प्रतीक को गुरु मानने का विचार किया और संघ के भगवा ध्वज को संघ में गुरु का दर्जा दिया गया।

हमारे समाज की सांस्कृतिक जीवनधारा में यज्ञ का बड़ा महत्त्व रहा है। यज्ञ शब्द के अनेक अर्थ हैं। व्यक्तिगत जीवन को समर्पित करते हुए समष्टि जीवन को परिपुष्टि करने के प्रयास को ही यज्ञ कहा गया है। सद्गुण रूप अग्नि में अयोग्य, अनिष्ठ अहितकर बातों का होम करना ही यज्ञ है। श्रध्दामय, त्यागमय, सेवामय, तपस्यामय जीवन व्यतीत करना ही यज्ञ है। यज्ञ की अधिष्ठावीं देवत्री अग्नि हैं। अग्नि का प्रतिक है ज्वाला और ज्वालाओं का प्रतिरूप है भगवा ध्वज। जीवन के हर क्षेत्र में बिल्कुल विशुद्ध ज्ञान की प्रतिष्ठापना करना ही हमारी संस्कृति की विशेषता रही है। अज्ञान के नाम के लिए ही हमारे ऋषि-मुनियों ने उग्र तपश्चर्या की है। अज्ञान का प्रतीक है अन्धकार और ज्ञान का प्रतीक है सुर्य। पुराणों में कहा गया है कि सूर्यनारायण रथ में आते हैं। उनके रथ में सात घोड़े लगे है और उनके आगमन के बहुत पहले उनके रथ की सुनहरी गैरिक ध्वजा फड़कती हुई दिखायी देती है। इसी ध्वज को हमारे समाज का परम आदरणीय प्रतीक माना गया है। यह भगवान का ध्वज है। इसलिए इसे भगवद्-ध्वज कहते है। उसी से आगे चलकर शब्द बना है 'भगवा ध्वज'।

6. रक्षाबन्धन महोत्सव

प्राचीन काल से भारतवर्ष के उत्सव एवं पर्व सामाजिक समरसता एवं सांस्कृतिक मूल्यों को बढ़ाने वाले रहे है। रक्षा बन्धन इसी परम्परा की एक सशक्त कड़ी है। रक्षाबन्धनोत्सव को श्रावणी पर्व भी कहा जाता है। प्राचीन काल में श्रावणी पर्व शिक्षा से सम्बन्धित पर्व माना जाता था। उस समय अपने देश में वर्षाकाल में यातायात के सुलभ साधन उपलब्ध न होने के कारण विद्या अध्ययन केन्द्र (गुरुकुल) जो नगरों से दूर बाहर जंगलों में होते थे, एकान्तवास रहता था। शिक्षा संस्थान इन दिनों बन्द कर दिये जाते थे। ऐसे समय आचार्यवृन्द श्रावणी पूर्णिमा से स्वाध्यायरत होकर अधिक फलोपार्जन हेतु उपाकर्म करते जो श्रावणी से आरम्भ होकर मार्गशीर्ष मास तक निरन्तर चलता था। समय के साथ-साथ इस पर्व का रूप भी परिवर्तित होता गया। इस पर्व का आरम्भ और विसर्जन एक ही दिन किया जाने लगा। स्कन्द पुराण के अनुसार श्रावणी पूर्णिमा को प्रातः ब्रह्ममुहूर्त में विद्वान् लोग ब्रह्मणादि (श्रृति-स्मृतिज्ञान में निष्णात विद्वान्) सरोवर में स्नान कर नवीन यज्ञोपवीत धारण करते थे तथा पितृ एवं ऋषि व देवताओं का तर्पण करने के बाद राजाओं एवं अन्य बन्धु-बान्धवों तथा यजमानों के हाथ में शुद्ध स्वर्णित सूत्र बाँधते हुए शुभकामनाएँ देते थे।

पुराणों में एक कथा आती है कि इस दिन श्रावणी नक्षत्र के प्रारम्भ में भगवान विष्णु ने 'हयग्रीव' अवतार लिया था, तब से वैष्णव लोग इसे हयग्रीव जयन्ती के रूप में मनाने लगे। सबसे महत्त्वपूर्ण घटना देवासुर संग्राम की है। जिससे रक्षासूत्र अथवा रक्षा बन्धन के महत्त्व का ज्ञान होता है। सर्वविदित है कि देव-दानव युद्ध बारह वर्षों तक चलता रहा। देवताओं की पराजय प्रायः निश्चित प्रतीत हो रही थी। देवराज इन्द्र युद्ध भूमि से भागने की स्थिति में आ गये थे। यह समाचार उनकी पत्नी शची ने देवगुरु बृहस्पति को जाकर सुनाया और अपने पति इन्द्र की विजय का उपाय पूछा। गुरु बृहस्पति के सुझाव से इन्द्राणी ने रक्षा-व्रत का आयोजन कर अपने सतीत्व बल के आधार पर देवराज इन्द्र के दाहिने हाथ पर शक्ति-सम्पन्न रक्षासूत्र बाँधा। इस प्रकार शची (इन्द्राणी) द्वारा प्रदत्त सतीत्व बल आधारित रक्षा-कवच के प्रभाव से इन्द्र ने दानवों पर विजयी पायी।

रक्षाबन्धन पर्व सामाजिक समता व समरसता का पर्व है। इसमें समाज का हर स्त्री-पुरुष बिना किसी वर्ण व भेदभाव के एक-दूसरे को रक्षासूत्र बाँधते हुए संकल्प लेता (या लेती) है कि मैं अपनी शक्ति व बल के आधार पर आपकी रक्षा करूँगा। प्रत्येक व्यक्ति का अपना-अपना बल है। उदाहरण के लिए किसी में बुद्धि बल है तो

किसी में ज्ञान बल, इस प्रकार बाहुबल धन-बल, तपोबल, सतीत्व बल, आदि-आदि सब में अपना-अपना है। जिसमें जो बल या शक्ति है वह उसी के द्वारा सामनेवाले की रक्षा करेगा।

इसी तरह राष्ट्रीय स्वयं सेवक संघ के स्वयंसेवक भगवा ध्वज को रक्षा-सूत्र बाँध कर संकल्प लेते है कि इस ध्वज की रक्षा का भार हम पर है। जिस समाज, राष्ट्र या संस्कृति का यह पवित्र ध्वज प्रतीक है, हम उसकी रक्षा करेंगे।

□□